Udo Reifner
Risiko Baufinanzierung

Risiko Baufinanzierung

Rechtliche
und wirtschaftliche Probleme
privater Bauherren

von

Udo Reifner

unter Mitarbeit von

Rolf Schulz-Rackoll
Inken Sönksen
Ruth Kaatz
Roland Keich

Luchterhand

Die Deutsche Bibliothek – CIP- Einheitsaufnahme

Reifner, Udo:
Risiko Baufinanzierung : rechtliche und wirtschaftliche
Probleme privater Bauherren / von Udo Reifner. Unter Mitarb.
von Rolf Schulz-Rackoll... – Neuwied ; Kriftel ; Berlin :
Luchterhand, 1993
  ISBN 3-472-00920-9

Alle Rechte vorbehalten.
© 1993 Hermann Luchterhand Verlag, Neuwied · Kriftel/Ts. · Berlin
Das Werk einschließlich aller seiner Teile ist urheberrechtlich geschützt. Jede
Verwertung außerhalb der engen Grenzen des Urheberrechtsgesetztes ist ohne
Zustimmung des Verlages unzulässig und strafbar. Das gilt insbesondere für
Vervielfältigung, Übersetzung, Mikroverfilmung und die Einspeicherung und
Verarbeitung in elektronischen Systemen.
Umschlaggestaltung: Reckels, Schneider-Reckels & Weber, Wiesbaden
Satz: Satz-Offizin Hümmer GmbH, Waldbüttelbrunn
Druck, Binden: Wilhelm & Adam, Heusenstamm
Printed in Germany, Mai 1993

Vorwort

Das vorliegende Buch geht auf eine Untersuchung über gescheiterte Baufinanzierungen für das Bundesbauministerium zurück, die 1989 abgeschlossen wurde. Es wird erst jetzt veröffentlicht, weil die Verfasser der Auswertung durch die Auftraggeber nicht vorgreifen wollten. Konsequenzen sind jedoch – bisher ersichtlich – praktisch nicht gezogen worden. Stattdessen wurden Verbraucherschutzrechte in der Wohnungsfinanzierung (Freigabe der bankmäßigen Haustürgeschäfte, Anwendung des Verbraucherkreditgesetzes) abgebaut.[1] Vor allem die Bausparkassen haben in den neuen Bundesländern eine Absatzstrategie verfolgt, die allein auf Umsatzsteigerung ausgerichtet ist und mit der sie das stagnierende Westgeschäft kompensieren konnten.[2] Die hier aufgezeigten Probleme, wonach das Bausparen, wenn es für Sofortfinanzierungen propagiert wird, zu einem ruinösen Spiel mit der Zukunft wird, können und werden wieder verstärkt auftreten. In dieser Situation wurde keine öffentliche Aufklärung und keine Selbstbeschränkung angeboten. Vielmehr mußte der Eindruck vorherrschen, daß die Bundesregierung und hier insbesondere das Finanzministerium mit seinen

---

1 In einer Broschüre des Bundesbauministeriums von 1990 mit dem Titel »Der Weg zur eigenen Wohnung« , die die Probleme der »Finanzierung und die staatlichen Hilfen« (S. 3) betrifft, heißt es angesichts der dem Ministerium bereits vorgelegten Studie in dieser Pauschalität wenig überzeugend:
»Wohneigentum ermöglicht eine individuelle Lebensgestaltung, trägt zur Unabhängigkeit bei und verschafft soziale Sicherheit. Wer in der eigenen Wohnung wohnt, braucht sich nicht um zukünftige Mietsteigerungen oder gar eine Kündigung zu sorgen. Der Eigentümer baut sich vor allem aber auch ein eigenes Vermögen und damit ein Sicherheitspolster für das Alter auf.« (S. 2) Lediglich auf der letzten Seite der Broschüre findet sich ein Spiegelstrich, wo angedeutet wird, daß Disagio, Zins- und Tilgungsstundungsdarlehen Probleme bereiten können. Zinssteigerungen, Überschuldung, Zwangsvollstreckung, Abhängigkeit von Kreditgebern, Belastungen und eigeninteressierte Berater finden dagegen keine Erwähnung.
2 Während im Westen das Bausparneugeschäft weiter zurückging und auf unter 2 Mio. Verträge fiel, wurden im Osten steigend fast genauso viele, nämlich 1,9 Mio. Bausparverträge mit einer Bausparsumme von 28 Mrd. DM abgeschlossen (SZ 28. 2. 1992,29). 32 % des Neugeschäftes entspr. 55 Tsd. Verträge oder 1,5 Mrd. DM Bausparsumme kamen 1991 bei der Leonberger Bausparkasse aus dem Osten (SZ v. 8. 5. 1992, 41); 4,2 Mrd. DM Bausparsumme holte dort die Bausparkasse Schwäbisch-Hall (FR v. 11. 3. 1992,9); bei Wüstenrot kam 1991 20 % des Neugeschäfts aus dem Osten, wobei allerdings bereits ein Rückgang zu verzeichnen war (Stuttgarter Zeitung 7. 7. 1992, 11). Die Landesbausparkassen Ost hatten bis Juni 1992 230000 Kunden mit 7 Mrd. DM Bausparsumme angeworben. (Handelsblatt v. 9. 6. 1992, 11) Die Alte Leipziger konnte gar ihren Umsatz um 49 % steigern, wobei 1/3 aus den neuen Bundesländern kam (HB v. 24. 5. 1992,11).

Plänen zum Verkauf der Wohnungen an die Mieter eine risikobehaftete Verschuldung der mit den so komplexen und auf Vertreterwerbung aufgebauten Finanzierungsgeschäften überforderdeten Bürger im Osten bewußt in Kauf nahm, um durch Umwandlung eines Mieterwohnungsmarktes in einen (kreditfinanzierten) Eigentümerwohnungsmarkt die Kosten der Wohnungsbausanierung im Osten wie auch im Westen zu privatisieren.[3]

Diese Wohnungsbaupolitik wurde inzwischen nicht nur von den Mieterverbänden[4], sondern auch von den Wohnungsunternehmen[5] kritisiert. Die Ergebnisse dieser Politik der Privatverschuldung, die erhebliche Provisionen und Gewinne sowie Sanierungen im Bankenbereich ermöglichte, werden erst in einigen Jahren deutlich werden.

Die vorliegende Untersuchung hatte auf die Gefahren der Umschuldung, von Zinsstundungskrediten, variablen Zinsabschlüssen sowie den Unsitten beim Disagio hingewiesen. Darüber hinaus hatte sich ergeben, daß eine Vielzahl gescheiterter Baufinanzierungen und der Ruin von vielen Familien und Hausbauern mit Finanzierungsformen wie der Bausparsofortfinanzierung zusammenhängen, die in den untersuchten Fällen sich als undurchsichtig, risikoreich und überteuert erwiesen. Ähnlichen Bedenken bzgl. Risiko sowie Undurchsichtigkeit und mangelnder Preistransparenz ergaben sich auch für die untersuchten Lebensversicherungskredite, für die dies der Bundesgerichtshof inzwischen bestätigt hat (vgl. BGH WM 1989, 665).

Die Bausparsofortfinanzierung hat unter falschem Etikett gutgläubige Bankkunden fehlgeleitet. Die Hausbauer sparen hier tatsächlich nichts, sondern müssen zusätzlichen Kredit aufnehmen, um ein Sparguthaben vorzutäuschen. Dieses genießt dann wiederum eine, wie die Untersuchung zeigt, regelmäßig weit überschätzte öffentliche Förderung, die dafür nicht vorgesehen war und letztlich vor allem die Bausparkassen und die Provisionsvertreter subventioniert. Mit dieser im Einvernehmen zwischen Staat und Wirtschaft seit den 80er Jahren sich verbreitenden Finanzierungsform konnte verdeckt werden, daß das traditionelle Bauspargeschäft praktisch am Ende ist.

Die Geschichte des hier aufgezeigten Berichts ist aber nicht weniger aufschlußreich.

---

3 vgl. Bundesbauministerin Adam-Schwaetzer lt. Handelsblatt v. 6. 10. 1992, 9 zu Privatisierungen; aber auch die ablehnende Stellungnahme der Bundesbauministerin im November 1992 zu den Plänen des Finanzministerium zum Totalverkauf.

4 Vgl. »Mieter kritisieren Förderung der Wohnungsumwandlung« Handelsblatt v. 9. 10. 1992, 6, wonach den Staat an Steuersubventionen die Umwandlung von nur 10 000 Miet- in Eigentumswohnungen in 8 Jahren ca. 550 Mio. DM kosten.

5 Vgl. »Mietteuerung vorprogrammiert« SZ v. 6. 10. 1992, 23 »Die Wohnungseigentumsförderung durch Steuervorteile begünstige vor allem Besserverdienende« (Verband bayerischer Wohnungsunternehmen).

Der Bericht wurde im Auftrag des Bundesbauministeriums im Juli 1989 abgeschlossen und sollte zum damaligen Zeitpunkt die in der Öffentlichkeit und im Fernsehen auf Grund von über 60 000 Zwangsversteigerungen vermehrt diskutierten Probleme von gescheiterten »Häuslebauern« aufnehmen und untersuchen. Anstoß zu dieser Untersuchung waren vor allem die öffentlichkeitswirksamen Aktionen des »Vereins für Kreditgeschädigte e. V.« in Sulingen, der sich in besonderer Weise mit den Baufinanzierungsmethoden und Umfinanzierungen der Bausparkasse Mainz auseinandergesetzt hatte. Wie sich in der späteren Untersuchung zeigte, waren diese Praktiken nicht nur (wenn auch dort in besonders auffälliger Weise) bei der Bausparkasse Mainz konzentriert.

Die Betroffenen hatten gefordert, daß für eine objektive und schonungslose Aufklärung keine Spezialinstiute beauftragt werden sollten, die durch Aufträge für den Bankensektor in Loyalitätsprobleme geraten könnten. Mitarbeiterinnen und Mitarbeiter des IFF hatten bereits von 1981 bis 1985 im Auftrag des Bundesjustizministeriums und der EG-Kommission eine Untersuchung über Ratenkredite an Konsumenten vorgelegt, die mit ihrer Aufdeckung von Mißständen wucherischer Kredite für erhebliches öffentliches Aufsehen gesorgt und erheblichen Widerstand vor allem der Teilzahlungsbanken heraufbeschworen hatte.[6] Bereits die damalige Untersuchung war nicht von der Bundesregierung der Öffentlichkeit zugänglich gemacht worden (vgl. dazu Reifner/Volkmer, Ratenkredite an Konsumenten, Hrsg. Verbraucher-Zentrale Hamburg, Hamburg 1984).

Das IFF hat den Auftrag trotz offensichtlicher Unterfinanzierung übernommen und größtenteils mit ehrenamtlicher Arbeit den vorliegenden Bericht angefertigt. Dabei wurden die Wünsche des Wohnungsbauministeriums, möglichst weder die Politik der Bundesregierung noch neue Gesetzesinitiativen ins Zentrum zu stellen, respektiert. Ausdrücklich wurde auch der Schluß des Berichts auf die Entwicklung von Modellberatungsstellen hin ausgerichtet, die bei den kooperationsbereiten Verbraucher-Zentralen mit Unterstützung des Bundesbauministeriums Beratungen anbieten sollten, die im Gegensatz zur kommerziellen Vertreterberatung vor allem auch Verbraucher vor der Baufinanzierung um jeden Preis warnen sollten.

Nachdem sich bei Vorlage des Berichts der Referent zunächst beeindruckt zeigte und die Mißstände als unglaublich bezeichnete, gingen beide Parteien davon aus, daß einer Veröffentlichung nichts mehr im Wege stehe. Als dann

---

6 Vgl. Reifner, Ratenkredite an Konsumenten, Hrsg. Verbraucher-Zentrale Hamburg, Hamburg 1984; dazu Irreführende Verbraucherberatung im Ratenkreditgeschäft, (Hrsg. Bankenfachverband Konsumenten- und gewerbliche Spezialkredite (BKG) e. V. Bonn 1984) mit Abdruck des Briefes des BKG an das Bundeswirtschaftsministerium (S. 100) und an das Bundesjustizministerium (S. 94 f.) mit der Bitte um Intervention.

jedoch keine weiteren Reaktionen vom Ministerium kamen und auch die letzte Rate nicht bezahlt wurde, forderte das IFF das Bundesbauministerium entsprechend den vertraglichen Vereinbarungen zur Freigabe des Berichtes für die eigene Veröffentlichung auf, wobei laut Vertrag die Freigabe nur verweigert werden darf, wenn die Geheimhaltung »im öffentlichen Interesse« liegt.

In einem überraschenden Telefonat im Januar 1990 wurden dann plötzlich mündlich umnfangreiche Änderungswünsche zum Inhalt angekündigt und verlangt, eine Weitergabe des Berichtes zu unterlassen. Anträge der Verbraucherverbände, auf der Grundlage dieses Berichtes nunmehr Modellberatungsstellen zu unterstützen, wurden mit wenigen Zeilen sowohl im Bau- wie auch im Wirtschaftsministerium abgelehnt.

Im Herbst 1992 erfuhr das IFF nunmehr aus einer Kopie eines Ablehnungsschreibens an einen Bankkunden, der den Bericht einsehen wollte, und das vom parlamentarischen Staatssekretär Jürgen Echternach persönlich unterzeichnet war, daß der Bericht nach Auffassung des Ministeriums grundsätzlich nicht einmal in einzelnen Kopien herausgegeben werden sollte, weil er unklar und undurchsichtig sei. Über diese Einschätzung, die sich auch auf die untersuchten Finanzierungen beziehen könnte, sollen sich die Leser ein eigenes Urteil bilden können.

Bei anderen Instanzen hat der Bericht dagegen größeres Interesse geweckt. Über eine private Stiftung konnte ein Aufklärungsbuch des IFF über die Gefahren der Baufinanzierung gerade in den neuen Bundesländern erstellt werden.[7] Eine Broschüre sowie ein Gutachten für die Verbraucherberater über die Umwandlung von Miet- in Eigentumswohnungen in den neuen Bundesländern wurde für die Arbeitsgemeinschaft der Verbraucher erstellt. Schließlich übernahmen einige Verbraucher-Zentralen die Kosten der Entwicklung eines eigenen EDV-gestützten Baufinanzierungsberatungssystems BAUFUE durch das IFF, das ab Anfang 1993 zusammen mit den erabeiteten Materialien Grundstock für ein neues anbieterunabhängiges Baufinanzierungsberatungsangebot in den Verbraucher-Zentralen sein wird.

Um den Wohnungsmarkt steht es nicht zuletzt so schlecht, weil mit überhöhten Grundstückpreisen, dramatischem Anstieg der Baupreise, Hochzinsniveau, steigenden Provisionserträgen in der Baufinanzierung und Gewinnen bei der Verwertung gescheiterter Bauinvestitionen allzu viele zu viel an etwas verdienen, das denjenigen, für die es letztlich erfolgen soll, zu wenig verspricht. Der aktuelle Zusammenbruch des englischen Baufinanzierungsmarktes mit annähernd 100 000 Zwangsversteigerungen, die 1 Millionen

---

7 Keich/Maretzke/Niedermeier, Der Traum von den eigenen vier Wänden, Luchterhand-Verlag Neuwied/Kriftel/Berlin 1993.

Verbraucherkonkurse vor allem der Mittelschicht in den USA sowie die geschätzten 1 Millionen Menschen ohne oder ohne akzeptable Unterkunft in Deutschland mögen warnende Hinweise darauf sein, was eine Politik, die die Baufinanzierung allein dem Ideenreichtum der Baufinanzierer überläßt, an Lasten auf die Zukunft verschiebt. Der geplante Verbraucherkonkurs durch die Bundesregierung ist hier kein Mittel zur Abhilfe, weil in ihm nur das Scheitern festgestellt, es jedoch nicht verhindert wird. Hier sollte präventiv eingegriffen werden, und zwar nicht zuletzt bei der Aufklärung und Beratung für Bauwillige, aber auch bei den Rechtspflichten der Finanzierungsinstitute.

Hamburg, April 1993

Inhalt

Vorwort V
Inhaltsverzeichnis XI
Abkürzungsverzeichnis XVII

Kapitel 1 Bedeutung und Ursachen der Überschuldung

A.	**Entwicklung der Wohnungsbaufinanzierung**	1
I.	Marktaufbau und Anbietergruppen: Unübersichtlicher Markt und viele Kreditarten	1
II.	Bedeutung des Marktes für Wohnungsbaukredite: Größenverhältnis zum Gesamtkreditmarkt und zu volkswirtschaftlichen Indikatoren	2
III.	Bestand an Wohnungsbaukrediten nach Anbietergruppen: Verschiebungen zugunsten privatrechtlicher Anbieter	7
IV.	Volumen der notleidenden Baufinanzierungen: Zunahme überschuldeter privater Haushalte	8
B.	**Zur Situation der Überschuldung**	11
C.	**Ursachen der Überschuldung**	13
D.	**Untersuchungen zur Überschuldung von Wohneigentümern**	20
I.	Zahlungsschwierigkeiten von Wohneigentümern (1986) ...	20
II.	Wirtschaftskrise und Eigentumsbildung im Wohnungsbau (1989)	22
III.	Situation von Wohneigentumskäufern in der Provinz Grande-Synthe (Frankreich) (1989)	23

Kapitel 2 Finanzierungsformen gescheiterter Kredite

A.	**Bausparsofortfinanzierung**	25
I.	Fallübersicht	26
II.	Typischer Verlauf einer Bausparsofortfinanzierung	28
	1. Der Wunsch nach einem eigenen Haus	28
	2. Der erste Bausparvertrag	29
	3. Integriertes Hausbau- und Finanzierungssystem	29

	4.	Das Finanzierungssystem	30
		a) Bausparvertrag mit Soforteinzahlung – Finanzierung über einen Ansparkredit	30
		b) Zwischenkredit über die gesamte Bausparsumme	32
		c) Zinsstundungs-und Tilgungsstreckungsdarlehen zur Senkung der hohen Zwischenkreditzinsen	33
	5.	Mehrfacher Verkauf des Sofortfinanzierungssystems	34
	6.	Finanzierung durch Kombination von Bankvorausdarlehen mit einem Bausparvertrag	35
III.		Kosten des Bausparsofortsystems – Beispielsrechnung	36
	1.	Bausparvertrag vom 12.3.1982	39
	2.	Ansparkredit und Zwischenkredit	41
	3.	Analyse der Finanzierung des Bausparvertrags	42
	4.	Zinsstundungs-/Tilgungsstreckungsdarlehen	43
	5.	Überzahlung des Bausparvertrages	47
	6.	Vergleich mit einem Hypothekenkredit	49
		a) Kostenvergleich	49
		b) Ratenhöhe	53
		c) Besonderer Verlust bei vorzeitiger Beendigung	55
	7.	Kompensation der Verluste durch staatliche Bausparförderung?	55
		a) Arbeitnehmersparzulage	55
		b) Wohnungsbauprämie	56
		c) Steuervergünstigungen durch Werbungskosten	57
		d) Sondervergünstigungen für Bausparprämien gem. § 10 EStG	59
		e) Sonderprogramm der Bundesregierung zur Bausparzwischenfinanzierung	61
		f) Ergebnis	63
B.		**Die Kombination von Kapitallebensversicherung und Hypothekendarlehen**	63
I.		Konstruktion dieser Finanzierungsform	63
II.		Berechnungsbeispiel	67
C.		**Hypothekendarlehen**	69
I.		Bauherrenfinanzierung	69
	1.	Finanzierungskombinationen	70
	2.	Finanzierungslücke	70
	3.	Unerwartete Erhöhung der Ratenbelastung	71
	4.	Anpassungkredite und Zwangsversteigerung	72
II.		Haus- und Wohnungskauf	73
	1.	Falschberatung beim Althausverkauf	73

	2. Fehlgeschlagene »Erwerbermodelle"	75
III.	Ergebnis	76

Kapitel 3 Finanzierungsphasen gescheiterter Kredite

A.	**Planungsphase**	79
I.	Mangelnde Transparenz	79
	1. Disagio	79
	2. Preisdurchsichtigkeit bei Finanzdienstleistungspaketen	82
	3. Die zu erwartende monatliche Belastung	83
	4. Veränderungen der Konditionen während der Laufzeit	84
II.	Bewertung des Kreditbedarfs	85
	1. Überbewertung der Eigenleistung	85
	2. Objektkosten	86
III.	Öffentliche Förderung	87
IV.	Werbung	88
	1. Adressaten	88
	2. Finanzierungsvolumen	89
	3. Baukosten	90
	4. Eigenleistung	90
	5. Ergebnis	91
V.	Vermittlerverhalten	91
	1. Forcierter Bauwunsch	91
	2. Überteuerte Finanzierung	92
	3. Vertrauensproblem	92
B.	**Anpassungsphase**	93
I.	Zinsstundungs- und Tilgungsstreckungsdarlehen	94
II.	Umschuldungen	95
	1. Umschuldungsverluste	95
	2. Umschuldungstransparenz	96
	a) Erste Kreditkonstruktion (Interne Umschuldung)	97
	b) Zweite Kreditkonstruktion (Externe Umschuldung)	101
	c) Ergebnis	102
	d) Alternative Umschuldungslösung	103
III.	Kettenbausparverträge	104
C.	**Scheitern der Finanzierung**	105
I.	Kündigungsverluste	105
II.	Rechtliche Gegenwehr	105
III.	Zwangsversteigerung	106
IV.	Beratungshilfe Dritter	107

D.	**Darstellung der Problemphasen an Hand eines ausgewählten Fallbeispiels**	108
I.	Finanzierungsplan vom April 1983	108
II.	Vom Vertragsschluß bis zum Zusammenbruch	110
	1. Der Darlehensvertrag	110
	2. Öffentliche Wohnungsbauförderung	111
	3. Eintritt der Zahlungsschwierigkeiten	113
	4. Zusammenbruch der Baufinanzierung	115
	a) Verhalten der Banken	115
	b) Verhandlungen Dritter mit den Gläubigern	117

Kapitel 4   Ruinöse Baufinanzierung im Spiegel des geltenden Rechts

A.	**Rechte bei der Überprüfung gescheiterter Baufinanzierung**	118
I.	Transparenz	118
	1. Tilgungsverrechnung	118
	2. Effektiver Jahreszinssatz	120
II.	Nichtigkeit und Aufklärungsverschulden	120
	1. Nichtigkeit	120
	2. Grundsätze zum Aufklärungsverschulden	121
	3. Einzelne Fallkonstellationen zum Aufklärungsverschulden	122
	a) Beratungsvertrag	122
	b) Komplexe Finanzierungen und Umschuldungsdruck	123
	c) Wissensvorsprung, Steuer und Disagio	124
	d) Aufklärung über zukünftige Belastungen	125
	e) Gesamtfinanzierung und Bausparkassen	125
III.	Verhalten bei Scheitern der Kreditbeziehung	126
IV.	Zinseszinsvereinbarungen	127
V.	Rechtliche Bewertung und Effektivität der Rechte	128

Kapitel 5   Präventive und kompensatorische Möglichkeiten bei gescheiterter Baufinanzierung

A.	**Information und rechtlicher Schutz – konzeptionelle Möglichkeit**	130
I.	Vorschläge und Ergebnisse der Awos-Studie	130
II.	Die Ergebnisse der vorliegenden Studie	133
B.	**Aufbau eines unabhängigen Informationssystems für gefährdete Baufinanzierungen**	136
I.	Das bestehende Beratungsangebot	136

II.	Grundprinzipien einer Baufinanzierungsberatung – Konzeption des EDV-Programms BAUFUE des IFF	137
III.	Inhalt eines Beratungssystems bei den Verbraucher-Zentralen	138
	1. Ausbau von CALS und CADAS zum Baufinanzierungsberatungsprogramm BAUFUE	139
	a) Finanzmathematische Hilfe	139
	b) Haushaltsberatung	140
	c) Rechtsberatung	140
	2. Der Einsatz des Baufinanzierungsberatungssystems in den verschiedenen Finanzierungsphasen	141
	a) Planungsphase	141
	b) Anpassungsphase	142
	3. Phase endgültigen Scheiterns	142
C.	**Schutzrechte im Bereich der Baufinanzierung**	143
I.	Planungsphase	144
	1. Widerrufsrecht innerhalb einer Woche vor Auszahlung der Darlehensvaluta	144
	2. Vorausgehendes bindendes Angebot	144
	3. Konditionenangabe	145
	4. Steuererleichterungen	146
II.	Anpassungsphase	147
	1. Zins-Caps und variable Konditionen	147
	2. Zinseszinsverbot	148
	3. Disagio	148
III.	Scheitern der Kreditbeziehung	149
	1. Verzugszinsproblematik	149
	2. Tilgungsverrechnung im Verzug	149
	3. Ausschluß des Rechtswegs durch Unterwerfung unter die sofortige Zwangsvollstreckung	150
D.	**Ergebnis**	151
E.	**Notwendigkeit eines Umdenkens auf dem deutschen Baufinanzierungsmarkt**	151
	Bausparsofortfinanzierung (Aufschlagtafel)	155

Abkürzungsverzeichnis

a. a. O.	am angegebenen Ort
a. F.	alte Fassung
Abs.	Absatz
AGB	Allgemeine Geschäftsbedingungen
AGBG	Gesetz zur Regelung des Rechts der Allgemeinen Geschäftsbedingung
Anm.	Anmerkung(en)
Aufl.	Auflage
BB	Betriebs-Berater
BFH	Bundesfinanzhof
BGB	Bürgerliches Gesetzbuch
BGBl.	Bundesgesetzblatt
BGH	Bundesgerichtshof
BGHZ	Entscheidungen des Bundesgerichtshofes in Zivilsachen
ca.	cirka
d. h.	das heißt
DBB	Deutsche Bundesbank
EG	Europäische Gemeinschaft
ErbbauVO	Erbbau-Verordnung
EStG	Einkommensteuergesetz
etc.	et cetera
f., ff.	folgende
gem.	gemäß
GewO	Gewerbeordnung
ggf.	gegebenenfalls
h. M.	herrschende Meinung
HGB	Handelsgesctzbuch
i. H.	in Höhe
i. S.	im Sinne
i. V. m.	in Verbindung mit
Jg.	Jahrgang
kum.	kumuliert
LG	Landgericht
m.	mit
m. w. N.	mit weiteren Nachweisen
max.	maximal
Mio.	Million(en)
Mrd.	Milliarde(n)
NJW	Neue Juristische Wochenschrift
NJW-RR	Neue Juristische Wochenschrift – Rechtsprechungsreport
Nr.	Nummer
OLG	Oberlandesgericht
p. a.	per anno
p. M.	pro Monat
qm	Quadratmeter
RBerG	Rechtsbereinigungsgesetz
rd.	rund

Abkürzungsverzeichnis

Rdn.	Randnummer
S.	Seite
u. a.	unter anderem
v.	vom
v. H.	von Hundert
VerbrKreditG	Verbraucherkreditgesetz
VermBG	Vermögensbildungsgesetz
vgl.	vergleiche
VuR	Verbraucher und Recht
WM	Wertpapier-Mitteilungen
WoPG	Wohnungsprämiengesetz
z. B.	zum Beispiel
z. B.	zum Beispiel
z. Z.	zur Zeit
Ziff.	Ziffer
ZIP	Zeitschrift für Wirtschaftsrecht und Insolvenzpraxis

Kapitel 1 Bedeutung und Ursachen der Überschuldung

A. Entwicklung der Wohnungsbaufinanzierung

I. Marktaufbau und Anbietergruppen: Unübersichtlicher Markt und viele Kreditarten

Auf dem deutschen Wohnungsbaufinanzierungsmarkt treten als Anbieter verschiedene Bankengruppen auf. Sie teilen sich in Spezialinstitute (Hypothekenbanken, Bausparkassen) und in ihrer Tätigkeit freie Banken, bei denen das Baufinanzierungsgeschäft ein Teil ihres Geschäftsbetriebs darstellt. Auf dem deutschen Baufinanzierungsmarkt sind folgende Bankengruppen tätig:
- Realkreditinstitute (private und öffentlich-rechtliche),
- Kreditbanken (Großbanken, Regional- und sonstige Kreditbanken),
- Sparkassen (Girozentralen und Landesbanken, freie und öffentlich-rechtliche Sparkassen),
- Genossenschaftsbanken (Zentralbanken, Volks- und Raiffeisenbanken, Kreditgenossenschaften),
- Bausparkassen (private und öffentliche) sowie
- Lebensversicherungsgesellschaften.

Jede Bankengruppe bietet unterschiedliche Wohnungsbaukreditarten an. Die Kreditarten richten sich nach der jeweiligen Refinanzierung der Bankengruppe. Zum Beispiel refinanzieren sich: die Realkreditinstitute durch die Ausgabe von festverzinslichen Wertpapieren (Pfandbriefe, Kommunalobligationen), die Sparkassen und Kreditbanken durch u. a. Spareinlagen, festverzinsliche Wertpapiere und InterbankenGeschäfte, die Bausparkassen über Spareinlagen, die nur für wohnungswirtschaftliche Zwecke verwendet werden dürfen, und die Lebensversicherungsgesellschaften aus Prämieneinnahmen von ihren Versicherten. Diese Vielzahl von Anbietergruppen mit ihren jeweiligen Refinanzierungsmöglichkeiten bewirkt ein breites Angebot von Baufinanzierungskrediten.

In den 70er und 80er Jahren begann zwischen den Anbietergruppen und bei der Gestaltung der Baufinanzierungskredite eine bedeutende Verschiebung. Hieraus entwickelten sich Probleme, die die Zunahme der Zahl von notleidenden Baufinanzierungen und damit die Überschuldungen von privaten Haushalten mitverursachten. Im Hinblick auf die neuen Bundesländer und die derzeitige schwierige Lage auf dem Wohnungsmarkt – es fehlen über 2,3 Mio. Wohnungen – gewinnen die Veränderungen auf dem Baufinanzierungsmarkt verstärkt an Bedeutung.

II. Bedeutung des Marktes für Wohnungsbaukredite: Größenverhältnis zum Gesamtkreditmarkt und zu volkswirtschaftlichen Indikatoren

Der gesamte Kreditmarkt in Deutschland (Kredite an inländische Unternehmen und Privatpersonen nur von Kreditinstituten, ohne Bausparkassen, Versicherungen, Kaufhäusern etc.) besitzt ein Volumen von 2 451 583 Mio. DM (Ende 1991) (vgl. im folgenden Monatsberichte der Deutschen Bundesbank, 44. Jahrgang Nr. 4, April 1992). An Privatpersonen wurden inklusive Wohnungsbaukredite 828 351 Mio. DM, davon 294 962 Mio. DM an Krediten ohne Wohnungsbaukredite, vergeben. Das Volumen der Wohnungsbaukredite (gewerbliche und private) am Gesamtkreditmarkt hat einen Anteil von ca. 37 % (1991: 911 775 Mio. DM). Hierbei ist zwischen den privaten Hypothekenkrediten auf Wohngrundstücke (549 898 Mio. DM) und sonstigen Krediten für den Wohnungsbau (361 877 Mio. DM) zu unterscheiden.

Ein Indikator für die volkswirtschaftlich Bedeutung des Baufinanzierungsmarktes ist sein Verhältnis zum Bruttoinlandsprodukt (zu Marktpreisen):

Entwicklung der Wohnungsbaufinanzierung

Verschuldungsquote (Wohnungsbau) 1984–1991

Jahr	BIP* in Mio. DM	Wohnungsbaukredite (an inländische Unternehmen u. Privatpersonen, nur bei Kreditinstituten) in Mio. DM	Verhältnis Kredite : BIP in %
1984		607 859	
1985		652 997	
1986		683 772	
1987	1 990 500	706 533	35,50
1988	2 096 000	733 110	34,98
1989	2 220 900	771 679	34,75
1990	2 403 100	860 427	35,80
1991	2 599 300	911 775	2,85

* 1989–1991 vorläufig

Quelle: Deutsche Bundesbank Monatsberichte, eigene Berechnungen

Die Höhe der Wohnungsbaukredite betrug seit Mitte der 80er Jahre mit leichten Schwankungen etwa ein Drittel des Bruttoinlandsproduktes.

Ein weiterer Indikator der volkswirtschaftlichen Bedeutung der Wohnungsbaukredite ist die Verteilung pro Einwohner. In den letzten Jahren war folgende Entwicklung zu verzeichnen:

Bedeutung und Ursachen der Überschuldung

Übersicht: Verschuldungsentwicklung pro Einwohner (1984 bis 1989)

Jahr	Kredite gesamt in Mio. DM	Wohnungs-baukredite in Mio. DM	Bevölke-rung in Mio.	Verteilung Kredite gesamt DM/p. E.	Verteilung Whg.bau-kredite DM/p. E.
1984	1 446 757	607 859	61,126	23 668,44	9 944,36
1985	1 547 543	652 997	60,975	25 379,96	10 709,26
1986	1 614 225	683 772	61,010	26 458,37	11 207,54
1987	1 665 292	706 533	61,077	27 265,45	11 567,91
1988	1 753 660	733 110	61,450	28 538,00	11 930,19
1989	1 879 758	771 679	79,113*	23 760,42	9 754,14*
1990	2 218 287	860 427	79,113	28 039,48	10 875,92
1991	2 451 583	911 775	79,113	30 988,37	11 524,97

* inkl. neue Bundesländer; alte Bundesländer 62,679 Mio.
** Gesamtdeutschland; alte Bundesländer: 29 990 DM bzw. 12 312 DM
Quelle: Deutsche Bundesbank, Statistisches Bundesamt

Die Übersicht verdeutlicht, daß die Verschuldung pro Einwohner bei den Wohnungsbaukrediten geringer anstieg, als bei den Krediten insgesamt. Daraus läßt sich schlußfolgern, daß die Verschuldungszunahme überwiegend ursächlich bei Krediten liegt, die nicht dem Wohnungsbau dienen.

Das Pendant zur Kreditaufnahme für den Wohnungsbau privater Haushalte ist die Sachvermögensbildung. In den letzten zwei Jahrzehnten stieg die private Sachvermögensbildung deutlich, jedoch geringer als die Geldvermögensbildung. Eine wichtige Ursache für die Erhöhung ist in der Verteuerung der Bauleistung und der Grundstücke zu sehen (seit 1970 ca. +150%; vgl. Deutsche Bundesbank). Der Anteil der Sachvermögensbildung am verfügbaren Einkommen sank von 1970 bis 1990 (siehe nachstehende Tabelle). Der Anteil der Eigenmittel blieb seit Mitte der 70er Jahre relativ konstant, während im gleichen Zeitraum der Anteil der Finanzierung über Kredite abnahm.

Entwicklung der Wohnungsbaufinanzierung

Sachvermögensbildung der privaten Haushalte und ihre Finanzierung (einschl. privater Organisationen ohne Erwerbszweck)

Jahres-durch-schnitt	Sachvermö-gensbil-dung[1]	Finanzierung			
		Eigenmit-tel[2]	Kreditaufnahme		
			insgesamt	bei Banken	sonstige
in Mrd. DM					
1970/74	39,5	17,6	21,9	13,2	8,7
1975/79	46,0	13,9	32,1	23,9	8,2
1980/84	59,8	18,4	41,5	30,7	10,8
1985/89	50,7	22,1	28,5	29,5	(1,0)
1990/91	70,7	33,1	37,6	28,7	8,9
in % des verfügbaren Einkommens					
1970/74	7,4	3,3	4,1	2,5	1,6
1975/79	5,9	1,8	4,1	3,1	1,0
1980/84	5,7	1,7	4,0	2,9	1,1
1985/89	4,0	1,8	2,3	2,3	(0,0)
1990/91	4,5	2,1	2,4	1,8	0,6

1 Aufwendungen für die Neuerichtung und für den Um- bzw. Ausbau von Wohngebäuden sowie für Grunderwerb im Inland; nach Abzug der Abschreibungen.
2 Vermögensübertragungen und laufende Ersparnis; als Rest ermittelt.
Differenzen in den Summen durch Runden der Zahlen
Quelle: Monatsberichte der Deutschen Bundesbank, Jg. 44, Nr. 4, April 1992, S. 17

Insgesamt ist festzuhalten, daß die Wohnungseigentumsbildung in Deutschland in den letzten zwanzig Jahren einen hohen Stellenwert besaß, aber steigende Preise zunehmend die Bildung von Sachvermögen erschwerten. Außerdem werden die privaten Wohnungsbauinvestitionen verstärkt für Ausbauten und Modernisierungen verwendet (Anteil 1970 ca. 10 %, 1990/91 ca. 30 %; vgl. Monatsberichte der Deutschen Bundesbank, Nr. 4, April 1992, S. 18), wodurch die Neubauaktivität verringert wird. Darüber hinaus bewirkte der hohe Eigenkapitalanteil an den Finanzierungen in der Vergangenheit eine Begrenzung der Neukreditaufnahmen (1990/91 ca. 37,5 Mrd. DM; siehe Tabelle), wobei ihr Anteil zyklisch zur Bauleistung schwankte.

Bedeutung und Ursachen der Überschuldung

Sachvermögensbildung der privaten Haushalte und ihre Finanzierung (einschl. privater Organisationen ohne Erwerbszweck)

Jahres-durch-schnitt	Geld- und Sachvermö-gensbildung [1]	Finanzierung			
		Kreditauf-nahme [2]	Eigenmittel		
			insgesamt	Vermögens-übertragun-gen	laufende Nettoer-sparnis [3]
in Mrd. DM					
1970/74	113,1	27,6	85,5	5,8	79,7
1975/79	151,6	47,5	104,1	6,9	97,2
1980/84	182,0	52,0	129,9	5,4	124,5
1985/89	196,6	42,2	154,5	2,7	151,8
1990/91	282,6	66,0	216,6	(0,4)	216,9
in % des verfügbaren Einkommens					
1970/74	21,3	5,2	16,1	1,1	15,0
1975/79	19,5	6,1	13,4	0,9	12,5
1980/84	17,4	5,0	12,4	0,5	11,9
1985/89	15,6	3,3	12,2	0,2	12,0
1990/91	18,2	4,2	13,9	(0,0)	14,0

[1] Erwerb von Wohnungseigentum im Inland nach Abzug der Abschreibungen) sowie Geldvermögensbildung.
[2] Für Wohn- und Konsumzwecke.
[1] Als Rest ermittelt.
Differenzen in den Summen durch Runden der Zahlen
Quelle: Monatsberichte der Deutschen Bundesbank, Jg. 44, Nr. 4, April 1992, S. 20

Ein bisher unberücksichtigter Problembereich wird die Steigerung der Abschreibungen sein. Sie werden mit zunehmenden Alter der Wohnungssubstanz steigen und mindern die private Ersparnis für die Sachvermögensbildung. Dadurch wäre eine verringerte Eigentumsbildung zu erwarten.

III. Bestand an Wohnungsbaukrediten nach Anbietergruppen: Verschiebungen zugunsten privatrechtlicher Anbieter

Der Bestand an Hypothekenkredite auf Wohnungsgrundstücke umfaßte im Jahr 1991 ein Volumen von rund 1 070 Mrd. DM. Der Markt für Wohnungsbaukredite nahm von 1984 (814,54 Mrd. DM) bis 1990 (1 033,74 Mrd. DM) um 26,91 % zu, wobei die Veränderungsraten der einzelnen Marktteilnehmer sich unterschiedlich entwickelte (siehe folgende Tabelle). Die Marktanteile der einzelnen Institutsgruppen verschoben sich von 1984 bis 1990 (vgl. auch nachstehende Tabelle):
- Marktanteilsgewinne konnten die
  Kreditbanken (1984: 10,10 %, 1990: 15,97 %),
  privaten Realkreditinstitute (1984: 11,90 %, 1990: 13,43 %)
  und die Sparkassen (1984: 21,00 %, 1990: 22,83 %)
  verzeichnen.
- Demgegenüber sanken die Marktanteile der
  Bausparkassen (1984: 17,70 %, 1990: 13,07 %),
  der Girozentralen der Sparkassen (1984: 8,50 %, 1990: 6,52 %)
  und der
  öffentl.-rechtl. Realkreditinstitute (1984: 10,80 %, 1990: 8,14 %).

Die Versicherungsunternehmen hielten relativ konstant einen Marktanteil um 8 %.

Insgesamt ist zu beobachten, daß eine Verschiebung zugunsten der privatwirtschaftlichen Institutsgruppen erfolgt. Ein Vergleich mit den Marktanteilen von 1968 bestätigt diesen Trend. Die öffentlich-rechtlichen Realkreditinstitute waren die eigentlichen Verlierer (1968: 25,10 % Marktanteil, 1990: 8,14 %). Die Sparkassen-Organisation (1968: 31,50 %, 1990: 29,36 %) und die öffentlichen Bausparkassen (1968: 4,90 %, 1990: 3,99 %) verloren ebenfalls an Marktanteilen. Während andere Marktteilnehmer in ihren Marktanteilen relativ konstant blieben, waren die Gewinner der Marktverschiebungen die Kreditgenossenschaften (1968: 4,20 %, 1990: 9,74 %) und die Kreditbanken (1968: 4,30 %, 1990: 15,97 %), insbesondere aber die Großbanken (1968: 0,30 %, 1990: 5,67 %).

Bis zu Beginn der 70er Jahre herrschte zwischen den Institutsgruppen bei der Wohnungsbaufinanzierung eine strikte Arbeitsteilung (vgl. im folgenden auch Th. Köpfler, Die Wohnungsbaufinanzierung, in: H. Jenkins (Hg.), Kompendium der Wohnungswirtschaft, München 1991, S. 448–466). In den 70er Jahren traten die Großbanken verstärkt auf den Markt. Es entstanden Zusammenschlüsse mit oder ohne Neugründungen von privaten Hypothekenbanken. Die letzte Dekade war vornehmlich von Zusammenschlüssen von Banken, Bausparkassen und Versicherungsunternehmen zu Finanz-

Bedeutung und Ursachen der Überschuldung

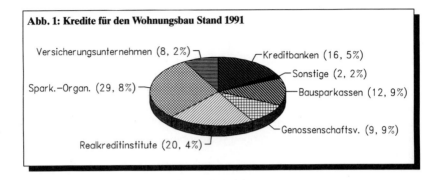

Abb. 1: Kredite für den Wohnungsbau Stand 1991

dienstleistungskonzernen geprägt. Diese Veränderungen ermöglichten auf dem Wohnungsbaukreditmarkt neue, breitere Kreditangebote. Gleichzeitig nahm die Bedeutung der Privatkunden deutlich zu. Die Folge aus diesen Entwicklungen war das Entstehen von sogenannten Verbundfinanzierungen oder auch »alles aus einer Hand«. Die Kreditangebote suggerieren nunmehr, keine »Standardfinanzierung«, sondern »maßgeschneidert« zu sein.

IV. Volumen der notleidenden Baufinanzierungen: Zunahme überschuldeter privater Haushalte

Für den Baufinanzierungsmarkt existiert zum Scheitern von Baufinanzierungen keine gesonderte statistische Erhebung. Als ein wichtiger Indikator kann aber die Zahl der Zwangsversteigerungen dienen. Es zeigte sich, daß mit der wachsenden Verschuldung ebenfalls die **Überschuldung** von Verbrauchern zunahm, also die Situation, in der Verbraucher aus ihren Haushaltseinkommen die finanziellen Kreditbelastungen nicht mehr decken können. Von 1978 bis 1988 erhöhte sich die Zahl der Zwangsversteigerungen von Wohnungseigentum um ca. 60 % auf rd. 50 000 (siehe nachstehende Tabelle). Die Überschuldung von Verbrauchern im Baufinanzierungsbereich nahm somit deutlich zu.

Obwohl seit 1987 eine Abnahme der Zwangsversteigerungen zu verzeichnen ist (1991: 22 456), steigt die Zahl der freihändigen Verkäufe, d. h. das die Objekte auf dem deutschen Immobilienmarkt verkauft werden konnten, ohne daß es zum Zwangsversteigerungstermin kam. Außerdem engagieren sich die Gläubigerbanken verstärkt selbst auf dem Immobilienmarkt, da zur Zeit hohe Wertsteigerungen von Immobilien zu erwarten sind. Folglich entsteht tatsächlich keine Entspannung bezüglich des Scheiterns von Baufinanzierungen.

Entwicklung der Wohnungsbaufinanzierung

Wohnungsbaukredite nach Anbietergruppen: Entwicklung und Bestand 1984–1991 (Privatpersonen und Unternehmen)

Institutsgruppen	Bestand in Mrd. DM 1984	1989	1990	1991	Veränderg. % 1984–1991	Marktanteil 1984	1989	1990	1991	Veränderg. % 1984–1990	Nachrichtlich: Marktanteil 1968
Kreditbanken	82,62	125,60	165,08	179,46	117,21	10,10	12,82	15,97	–	58,12	4,30
Großbanken	36,79	60,53	58,63	64,57	75,51	4,50	6,18	5,67	–	26,00	0,30
Regional- u. sonst. Kreditbanken (inkl. ausländische)	44,79	63,07	105,34	113,77	154,01	5,50	6,44	10,19	–	85,27	3,80
Privatbankiers	1,04	2,00	1,12	1,12	7,69	0,10	0,20	0,11	–	10,00	0,20
Sparkassen-Organis.	240,88	297,62	303,46	323,94	34,48	29,60	30,39	29,36	–	(0,81)	31,50
Girozentralen	69,58	69,72	67,45	73,99	6,34	8,50	7,12	6,52	–	(23,29)	8,10
Sparkassen	171,30	227,90	236,01	249,96	45,92	21,00	23,27	22,83	–	13,48	23,40
Bausparkassen	144,27	129,84	135,08	140,59	(2,55)	17,70	13,26	13,07	–	(2,62)	13,90
Private	97,70	89,24	93,82	97,93	0,24	12,00	9,18	9,08	–	(24,33)	9,00
Öffentliche	46,57	40,60	41,26	42,66	(8,40)	5,70	4,15	3,99	–	(30,00)	4,90
Genossenschaftsverbund	82,19	107,15	100,71	107,58	30,89	10,10	10,94	9,74	–	(3,96)	4,20
Zentralbanken	5,63	3,33	2,00	1,69	(69,99)	0,70	0,34	0,19	–	(72,86)	0,10
Kreditgenossenschaften	76,56	103,82	98,71	105,89	38,31	9,40	10,60	9,55	–	1,60	4,10
Realkreditinstitute	185,20	219,92	222,97	221,32	19,50	22,70	22,46	21,57	–	(4,98)	37,50
Private	97,28	138,23	138,82	139,41	43,31	11,90	14,12	13,43	–	12,86	12,40
Öffentlich-rechtl.	87,92	81,69	84,15	81,91	(6,84)	10,80	8,34	8,14	–	(24,63)	25,10
Kreditinstitute mit Sonderaufgaben	16,17	21,27	21,41	23,46	45,08	2,00	2,17	2,07	–	3,50	0,60
Versicherungsuntern.	63,21	77,95	85,03	?	26,91*	7,80	7,96	–	–	–	8,00
Gesamt	814,54	979,35	1033,74	?	–	100,00	100,00	100,00	100,00	–	100,00

Anmerkungen: * 1984–1990

Quelle: Bankenstatistik der Deutschen Bundesbank; Der Langfristige Kredit 11/1990, S. 352; eigene Berechnungen

Bedeutung und Ursachen der Überschuldung

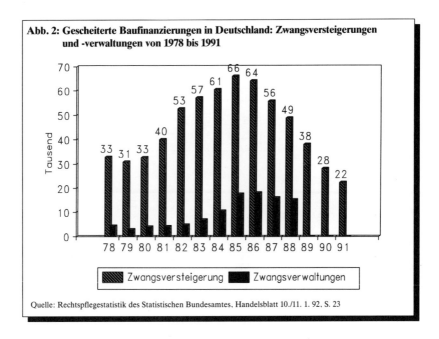

Abb. 2: Gescheiterte Baufinanzierungen in Deutschland: Zwangsversteigerungen und -verwaltungen von 1978 bis 1991

Quelle: Rechtspflegestatistik des Statistischen Bundesamtes, Handelsblatt 10./11. 1. 92, S. 23

Bei **Zahlungsschwierigkeiten/Überschuldung** der privaten Bauherren, die zum Scheitern von Baufinanzierungen führen, treffen im Einzelfall häufig mehrere Gründe zusammen (z. B. Arbeitslosigkeit, Scheidung, Krankheit und Erhöhung des Kreditbedarfs). Ein typisches Kennzeichen ist jedoch eine von Anfang an risikoreiche Baufinanzierung, die kaum Spielraum für zusätzliche Belastungen läßt. Damit werden im Anfangsstadium von Baufinanzierungen die Weichen für spätere Zahlungsschwierigkeiten gestellt. So spielt die Wahl der Kreditkonstruktion eine entscheidende Rolle. Das große Angebot an Baufinanzierungsvarianten muß daher nicht gleich eine hohe Qualität der Baufinanzierungen für den Verbraucher bedeuten. Bestimmte Kreditarten können demgegenüber sogar zum Nachteil des Schuldners wirken, bishin zur Überschuldung.

B. Zur Situation der Überschuldung

Von Überschuldung sprechen wir, wenn das aktuelle und zukünftige Einkommen eines Haushaltes nicht mehr ausreicht, um damit die übernommenen finanziellen Verpflichtungen zu bedienen. Es handelt sich somit um einen Zustand, in dem Schulden anwachsen statt sich abzutragen, so daß der Haushalt wirtschaftlich früher oder später zusammenbrechen muß. Im Bereich des Wohn- und Hauseigentums führt dies dazu, daß zunächst das Grundeigentum verwertet wird und darüberhinaus noch weitere Schulden die Lebensführung belasten. Eine Baufinanzierung, die in eine berschuldung mündet, ist somit eine **gescheiterte oder notleidende Baufinanzierung**.

Die Anträge auf Zwangsversteigerung von Wohngrundstücken sind zwischen 1980 und 1985 von 32 666 auf 66 048 angestiegen und 1987 wieder auf 55 718 zurückgegangen[1]. Von 1980 bis 1989 waren mehr als 500 000 Wohnungseigentümer betroffen[2].

Die Probleme in der Baufinanzierung können dabei nicht isoliert von der allgemeinen Problematik zunehmender Überschuldung gesehen werden.

Eine allgemeine Verschuldungs- oder gar Überschuldungsstatistik für private Haushalte, wie sie für öffentliche Haushalte und Länder bekannt ist, wird in der Bundesrepublik wie im übrigen wohl in keinem Land der Welt bisher geführt, so daß nur mittelbar auf Trends in der Entwicklung der Überschuldung geschlossen werden kann. Indikatoren hierfür sind etwa die Zunahme gerichtlicher Mahnverfahren[3] sowie der Anstieg der Konsumkreditschulden auf über 230 Mrd. DM im Jahre 1990.

Die typische Verschuldungskarriere beginnt über die Kreditverschuldung und führt dann zu einer Vielzahl von kleineren zusätzlichen Schulden, wenn der Kreditrahmen ausgeschöpft ist. Beim finanziellen Zusammenbruch eines privaten Haushaltes sind über 20 Gläubiger keine Seltenheit, wodurch eine sinnvolle Schuldenregulierung häufig praktisch unmöglich gemacht wird.

---

1 *Biehusen*, Wirtschaftskrise und Eigentumsbildung im Wohnungsbau, Idstein 1989, S. 228.
2 »Eigentumswohnungen halten den Löwenanteil«, in: Handelsblatt vom 22./23. 1. 1988, S. 23; *Döring*, Im Gerichtssaal wird wieder munter geboten, in: Süddeutsche Zeitung vom 8. 9. 1989, S. 22.
3 Im gerichtlichen Mahnverfahren erhält der Gläubiger ohne Prüfung der Berechtigung einen Titel für die Zwangsvollstreckung, wenn der Schuldner nicht widerspricht.

Bedeutung und Ursachen der Überschuldung

Mangelnde Zahlungsfähigkeit ist damit in der Bundesrepublik Deutschland ein Phänomen, das alle Bereiche umfaßt und nicht nur die Unterschichten, sondern auch die Mittelschichten mit einschließt.

Über ähnliche Problemlagen in fast allen westlichen Industriestaaten berichten Länderstudien, die bei der Konferenz »Arbeitslosigkeit und Verschuldung in Europa«, die vom Institut für Finanzdienstleistungen im September 1989 in Hamburg organisiert wurde, vorgelegt wurden.[4]

In den meisten Ländern zeigt sich im Gefolge der Kreditexplosion der 70er und 80er Jahre, daß eine zunehmende Anzahl von Menschen überschuldet ist und ihrer Kreditverpflichtung nicht mehr nachkommen kann. Obwohl es detaillierte, regelmäßige und vollständige Statistiken zur Überschuldung nicht gibt, muß davon ausgegangen werden, daß aufgrund der in einzelnen Ländern ergriffenen Maßnahmen die Anzahl der überschuldeten Haushalte erheblich ist und in einigen Ländern weiter steigt.

So machen z. B. die empirischen Erhebungen, die unabhängig voneinander in den Niederlanden, in Belgien und Österreich durchgeführt wurden, deutlich, daß etwa 3% bis 4% der Haushalte überschuldet sind. In Großbritannien ist die Anzahl der Haushalte, die ihren Kredit nicht zurückzahlen konnten, von 1,3 Millionen 1981 auf 2 Millionen 1987 gestiegen. In Frankreich gibt es zur Zeit etwa 200000 überschuldete Haushalte. Die österreichische Untersuchung zeigt darüberhinaus, daß sich 17% aller Schuldner durch eine solche Überschuldung aktuell bedroht fühlen.

Spezifisch für den Baubereich zeigt sich in Großbritannien eine Verschärfung der Überschuldung bei Grundstücken, die dazu führt, daß sich insgesamt das Verhältnis ausgegebener Hypothekenkredite (»Mortgage Loans«) zum damit erreichten Wert der erworbenen Grundstücke und Wohnungen zu Lasten der Wohneigentümer verschlechtert. Aus den USA wird ebenfalls berichtet, daß die Haushalte ihren Wohnungswert (equity) »konsumieren« und damit bei Neuerwerb und sinkender Eigenkapitalquote Zusammenbrüche unvermeidlich werden. In Frankreich haben inflationsgekoppelte Kreditverträge im Hypothekenkredit zusammen mit einem forcierten Wohneigentumserwerbsprogramm der Regierung Anfang der 80er Jahre zu erheblichen Problemen geführt, denen inzwischen mit einer Reihe von staatlichen Maßnahmen entgegengesteuert wird.

Aus einer Studie aus dem Jahre 1986 in Nord-Frankreich[5] geht hervor, daß bei vielen gescheiterten Baufinanzierungen Einkommensverluste zwischen Bezug und Scheitern eine wesentliche Ursache waren. Fast die Hälfte der Befragten hatte zu einem Zeitpunkt, in dem man bereits eine Schuldtilgung erwarten konnte, einen höheren Verschuldungsgrad als vorher.

---

4 *Reifner/Ford* (Eds.), Banking For People, Berlin 1992.
5 dazu noch sogleich unten.

Nach einem Bericht der OECD[6] stieg die Anzahl der Verbraucherkonkurse in den Ländern, die solche Verfahren kennen, z.b. in den USA von 34 200 1985 auf das 13fache (468 000) im Jahre 1988 und 1 Mio. 1992, in Australien betrug der Zuwachs von 1984/85 auf 1986/87 80 %. Der Index, in dem die durchschnittliche Haushaltsverschuldung im Verhältnis zum verfügbaren Durchschnittseinkommen gemessen wird, erhöhte sich in allen Ländern, allerdings besonders stark in solchen Ländern, in denen bereits eine hohe Verschuldung herrscht[7]. Der OECD-Bericht zählt die Bundesrepublik nicht zu diesen Ländern, so daß bei weiter anhaltendem Zuwachs in der privaten Verschuldung mit einer Beschleunigung zu rechnen ist.

C. Ursachen der Überschuldung

Der OECD-Bericht[8] zitiert im wesentlichen vier Gründe, die zu einer generellen Überschuldung der Haushalte allgemein beitragen:

Abb. 3: Ursachen der Überschuldung
»1. Veränderungen in der allgemeinen wirtschaftlichen Struktur
2. Veränderte Einstellungen zur Kreditaufnahme
3. Veränderungen beim Kreditangebot
4. Veränderungen bei den persönlichen Verhältnissen der Kreditnehmer.«

Vor allem über die beiden zuletzt genannten Bedingungen liegen aus der vom IFF angefertigten Globalstudie zusammenfassende Informationen vor. Dabei sollte jedoch beachtet werden, daß eine Verschuldung, die lediglich höhere Werte im Vermögen der Kreditnehmer widerspiegelt, nichts mit Überschuldung zu tun hat. Die folgenden Zahlen geben somit nur Risikofaktoren wieder.

Während der 70er und 80er Jahre wurde in allen europäischen Staaten das Kreditangebot an Privathaushalte erheblich erweitert. Konsumkredite werden inzwischen in großem Ausmaß für Konsumgüter, für den Wohnungsbau und in einigen Ländern auch zur Finanzierung von Studium und Ausbildung (z.B. Finnland und die Niederlande) verwandt.

Die Bedeutung der Verschuldung in den verschiedenen Ländern ergibt sich, wenn man die absolute Gesamtverschuldung auf die tatsächlich verschuldeten etwa 55–60 % der Haushalte bezieht und hieraus einen Durchschnittswert bildet.

---

6 OECD, Household Indebtness in Member Countries-A Comparative Study, Paris nicht öffentlicher Entwurf v. 7. August 1989 (Mskrpt im IFF).
7 a.a.O., S. 5.
8 a.a.O., S. 2.

Bedeutung und Ursachen der Überschuldung

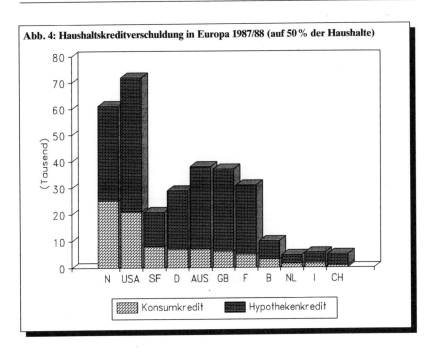

Abb. 4: Haushaltskreditverschuldung in Europa 1987/88 (auf 50 % der Haushalte)

Abb. 5: Kredite im Wohnungsbau (in Mrd. DM)

Jahr	Banken	Versich.
1980	309 685	36 395
1981	333 095	38,450
1982	354 040	48,620
1983	379 697	50,915
1984	404 569	54,454
1985	433 065	56,985
1986	456 915	59,499
1987	476 794	?
1988	495 079	?

Die Zunahme bei den Krediten für den Wohnungsbau ist besonders signifikant, wobei dies keineswegs spezifisch für die Bundesrepublik ist.

Obwohl die Haushalte in der Bundesrepublik noch mehrheitlich zur Miete wohnen, hat der Hypothekenkredit über die Förderung von Wohneigentumserwerb und Selbstbaumodellen auch Schichten in der Wohnungsfinanzierung erreicht, die sich traditionell dieses nicht leisten konnten. Mit neuen

Finanzierungsformen drängen vor allem Lebensversicherer in diesen Markt.

Auch die Bausparkassen haben ein System entwickelt, bei dem ohne Eigenkapital eine Vollfinanzierung des Hausbaus unter Anrechnung der sog. »Eigenleistung«, d. h. einer vorab bewerteten Eigenarbeit beim Neubau oder beim Umbau, ein kreditfinanzierter Eigentumserwerb möglich werden sollte.

Die allgemeinen Bedingungen der Kreditvergabe haben sich ebenfalls erheblich verändert. Dabei ist die Entwicklung durch zwei Tendenzen gekennzeichnet:
1. Variable Gestaltung der Konditionen und
2. Nutzung ungewöhnlicher Gestaltungen, um die bestehende strikte Spartentrennung zu überwinden.

Beide Faktoren führen zu erheblichen zusätzlichen Problemen im Bereich der Wohnungsbaukredite.

So ist es im Hypothekenkreditmarkt zunehmend üblich geworden, an Stelle von Festzinshypotheken Kredite zu variablen Konditionen mit relativ kurzen Laufzeiten und Optionen zur Refinanzierung zu verkaufen. Bei diesen Gestaltungen behalten sich die Kreditgeber vor, nach ihrem Ermessen mit Rücksicht auf die Kapitalmarktlage die Zinsen zu erhöhen. In Frankreich wurden sogar Kredite mit automatischen Zinserhöhungen angeboten. Dies führt dazu, daß bei hohen Zinsschwankungen die Kreditnehmer das Risiko einer Zinserhöhung in vollem Umfang mit ihrem eventuell nicht gestiegenen Einkommen auffangen müssen.

Eine Verdoppelung des Zinsniveaus bedeutet dabei im Extremfall, daß ein Haushalt, der eine Monatsrate von 1500,- DM einkalkuliert und auf dieser Grundlage für sich eine Finanzierung als lohnend und tragbar errechnet hatte, mit einer monatlichen Belastung von 3000,- DM fertig werden muß. Durch Tilgungsaussetzung und Zinsstundungen sowie Streckungen verteuert sich der Kredit weiter, so daß die Überschuldung insgesamt trotz kurzfristiger Entlastung langfristig kritischer wird.

Der folgende Überblick (Abb. 6) über einige wichtige Zinssätze im Hypothekenkredit macht das Ausmaß einer solchen Verteuerung deutlich.

In der folgenden Grafik (Abb. 7) ist die Veränderung der Belastung am Beispiel einer anfänglichen Monatsbelastung von ursprünglich 1500,- DM bei einem variablen Kredit ausgewiesen.

Der bundesrepublikanische Hypothekenkreditmarkt ist durch eine deutliche Spartentrennung gekennzeichnet. Diese Spartentrennung zwischen Geschäftsbanken, Hypothekenbanken, Bausparkassen und Lebensversicherern wird weniger durch Verbote als vielmehr durch ein System besonderer Gratifikationen aufrechterhalten.

Bedeutung und Ursachen der Überschuldung

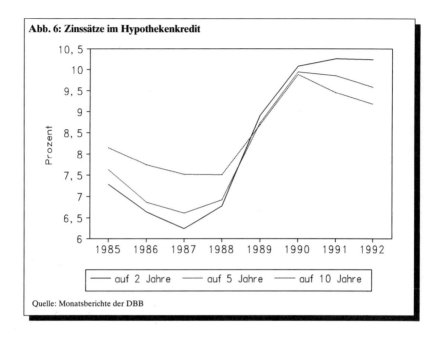

Abb. 6: Zinssätze im Hypothekenkredit
Quelle: Monatsberichte der DBB

Bei den Hypothekenbanken werden durch die besonderen Bestimmungen zur Kreditsicherheit einerseits, durch die bisher relativ niedrigen Beleihungsgrenzen andererseits günstige Zinssätze möglich gemacht.

In dem harten Wettbewerb um die Kunden haben sich jedoch die Marktanteile erheblich verschoben. Nach einem Aufschwung in den sechziger und siebziger Jahren stagnierte das Bauspargeschäft Anfang der achtziger Jahre. Hohe Arbeitslosigkeit sowie Veränderungen der Struktur des Wohnungsmarktes durch den Bau von Eigenheimen anstatt Mietwohnraum, Rückgang des Neubauvolumens und zunehmende Aktivität auch der Geschäftsbanken im Baufinanzierungssektor gingen auf Kosten des Marktanteils des »klassischen Bausparmodells«, bei dem der Kreditaufnahme eine Ansparphase vorausgeht.

Aus Abb. 8 wird dabei deutlich, wie stark die Bauspardarlehensgewährung sogar in absoluten Zahlen abgenommen hat.

Die Ursachen dieser Abnahme sind auch konjunktureller Art. Niedrige Hypothekenzinssätze, wie von 1976–1979 und ab 1988, haben das Ansparen unattraktiv gemacht, wodurch wiederum bei den bestehenden Verträgen sich die Zuteilungszeiten bis auf 7 Jahre verlängerten, was die Attraktivität dieser Kreditform weiter gemindert hat.

Ursachen der Überschuldung

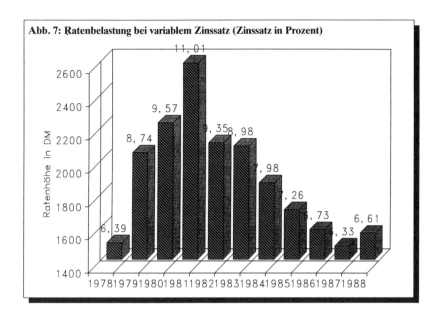

Die Bausparkassen paßten daraufhin ihr Marketing den veränderten Bedingungen an. Um verstärkt Neuabschlüsse zu tätigen, wurden der Außendienst erweitert und die Imagewerbung intensiviert. Durch Einführung der sog. »Finanzierung aus einer Hand«, bei der zusammen mit den Sparkassen als Kooperationspartner Hypothekenkredite vermittelt wurden, wurde das Dienstleistungsgeschäft ausgeweitet.

Neben dem klassischen Sparkreditsystem vermitteln die Bausparkassen heute auch Fertighäuser und koordinieren die Finanzierung, soweit andere Kreditinstitute in die Baufinanzierung einbezogen sind[9].

Die Bemühungen der Bausparkassen um Aktivierung des Bauspargeschäftes zeigten erste Erfolge Ende der achtziger Jahre, in denen beträchtliche Zuwachsraten bei Neuabschlüssen und Spargeldeinlagen erzielt werden konnten[10]. Die neuen Marktstrategien führten zu einer Öffnung auch ge-

---

9 vgl. *Stracke/Pohl*, Marktstrategien der Bausparkassen, Die Bank 1987, S. 421; vgl. dazu am Beispiel der Bausparkasse Wüstenrot, »Einfach alles« Der Spiegel vom 6. 2. 1989, S. 95 ; *Christoph Wocher*, Opas Bausparkasse lebt, sonst würden nicht alle einsteigen, Handelsblatt vom 9./10.12.1988, S. 3 ; speziell zum Finanzierungsangebot aus einer Hand am Beispiel der Bausparkasse Mainz, »Finanzierungsangebot aus einer Hand durch Kooperation mit der Commerzbank«, Handelsblatt vom 4. 8. 1988, S. 8.
10 vgl. dazu: »Das beste Bauspargeschäft seit acht Jahren«, Süddeutsche Zeitung vom 6.3.1989, S. 36; »Leonberger Bausparkasse: Sehr gutes Neugeschäft«, Handelsblatt

genüber Kunden, die bisher nicht zum typischen Kreis der Bausparer gehörten, weil sie bei Realisierung ihres Bauwunsches noch kein Bausparguthaben angesammelt hatten und über keine Eigenmittel verfügten.

In ähnlicher Weise gingen auch die Lebensversicherer vor. Auch die Kapitallebensversicherung erfordert nach dem gesetzlichen Leitbild einen vorherigen Sparvorgang, bevor dieser Betrag beliehen werden kann. Solche »Lebensversicherungskredite« spielen jedoch in der Praxis nur eine verschwindende Rolle.

Um den strukturellen Problemen der Umschichtung in der Wohnungsfinanzierung auf reine Kreditvollfinanzierung vor allem bei den unteren Schichten zu begegnen, haben sowohl Lebensversicherer als auch Bausparkassen gestützt von einem starken Vertretersystem Möglichkeiten gefunden, Vollfinanzierungen anzubieten, bei denen der Sparvorgang allein nur noch eine technische Komponente der Kreditgewährung ist.

Im Lebensversicherungsmarkt ist die Konstruktion aus dem Abschluß einer Kapitallebensversicherung, deren Schlußzahlung bereits bei Abschluß voll finanziert vorgestreckt wird und bei der der Kreditnehmer Zinsen und Prämien zur gleichen Zeit bezahlt, inzwischen zur dominierenden Kreditform geworden, durch die über 40 Mrd. DM, d. h. ca. 8% des Wohnungsbaufinanzierungsbedarfes, gedeckt wird.

Im Bereich der Bausparkredite haben Konstruktionen erheblich an Bedeutung gewonnen, in denen der Ansparvorgang durch ein Vorschaltdarlehen bzw. einen Zwischenkredit voll finanziert und der eigentlich benötigte Kreditbedarf als zusätzlicher Zwischenkredit gewährt wird.

In der folgenden Grafik wird deutlich, daß es den Bausparkassen mit diesem System gelungen ist, den Rückgang im klassischen Bausparkgeschäft durch ein forciertes Zwischenkreditgeschäft teilweise zu kompensieren. Der neuerliche Anstieg ab 1989 ist, wie im Vorwort bereits bemerkt, auf die neuen Bundesländer zurückzuführen. Zieht man die Linie weiter, so wird ab 1993 die fallende Tendenz sich wieder verstärkt einstellen. Dann ist zu befürchten, daß mit einem neuen Zwischenkreditwachstum nunmehr dieselben Probleme dort auftauchen wie ab 1985 in den alten Bundesländern.

Daß es sich dabei nicht um Vorschaltdarlehen und Zwischenkredite handelt, die kurzfristige Schwankungen bei den Zuteilungszeiten auffangen, macht die folgende Grafik deutlich, wonach der Anteil langfristiger Zwischenkredite am gesamten Zwischenkreditvolumen inzwischen erheblich zugenommen hat.

---

vom 2.2.1989, S. 18 ; »LBS Berlin: Überdurchschnittliche Zuwachsraten«, Handelsblatt vom 12.4.1989, S. 16; »LBS Schleswig-Holstein: Im Neugeschäft das beste Ergebnis seit Jahren erzielt«, Handelsblatt vom 19.4.1989, S. 12.

Ursachen der Überschuldung

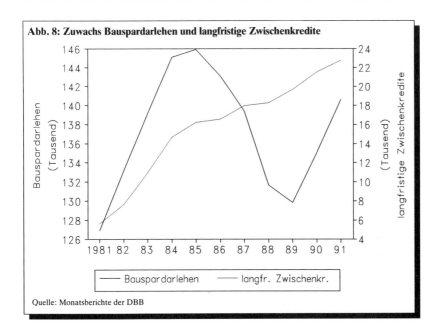

Abb. 8: Zuwachs Bauspardarlehen und langfristige Zwischenkredite

Quelle: Monatsberichte der DBB

Die rein rechtliche Aufteilung eines wirtschaftlichen Kredites in eine Spar- und eine (entsprechend überhöhte) Kreditkonstruktion bringt dabei dem Kreditnehmer erhebliche zusätzliche Probleme, die sich vor allem bei Haushalten auswirken, die nur über einen geringen Dispositionsspielraum verfügen und geschäftlich unerfahren sind.

Solche Konstruktionen sind in der Regel besonders undurchsichtig. Sie können nur schwer mit einem üblichen Kredit verglichen werden. Da der Kreditbetrag wegen der Sparkomponente relativ höher ist als beim einfachen Darlehen, sind die Kreditnehmer von Zinserhöhungen weit stärker belastet. Da bei Kündigungen nicht nur der Kredit, sondern auch die Spar-(Lebensversicherungs-)Konstruktion (mit hohen Verlusten) zu kündigen ist, entsteht ein erheblicher Druck, der den Kreditnehmer in Problemsituationen gegenüber den Dispositionen der Anbieterseite wehrlos macht.

Es besteht daher eine hohe Wahrscheinlichkeit dafür, daß die diesem Gutachten zugrundegelegten gescheiterten Kreditfinanzierungen nicht nur zufällig fast ausschließlich Konstruktionen umfassen, in denen zumindest teilweise eine solche Spar-Kreditkombination gewählt wurde.

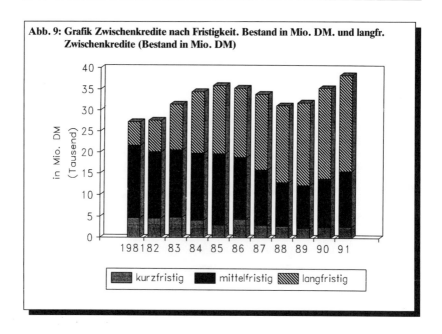

Abb. 9: Grafik Zwischenkredite nach Fristigkeit. Bestand in Mio. DM. und langfr. Zwischenkredite (Bestand in Mio. DM)

D. Untersuchungen zur Überschuldung von Wohneigentümern

In den vorliegenden Untersuchungen wurde vor allem die subjektive Disposition von Kreditnehmern bei gescheiterter Baufinanzierung in den Mittelpunkt gestellt. Dabei wurde herausgearbeitet, daß die jeweilige Verschuldenssituation der Bauherren wesentlich auch durch den Umstand geprägt war, ob er die Ursachen und Konsequenzen seiner Entscheidung intellektuell durchschauen konnte.

Zwei Untersuchungen in der Bundesrepublik Deutschland sowie eine französische Studie beleuchten diesen Aspekt. Die Studien sind jedoch nur bedingt vergleichbar, da sie mit sehr verschiedener Zielsetzung und Methodik ohne gegenseitigen Bezug gefertigt wurden.

I. Zahlungsschwierigkeiten von Wohneigentümern (1986)

Im Rahmen einer vom Bundesminister für Raumordnung, Bauwesen und Städtebau (BMBau) im Jahre 1986 veröffentlichten Studie[11] wurde u. a. die

---

11 Bundesminister für Raumordnung, Bauwesen und Städtebau: Zahlungsschwierigkeiten von Wohneigentümern, Bonn 1986 (Heft Nr. 07017).

statistische Bedeutung der verschiedenen Ursachen von Zahlungsschwierigkeiten bei Eigentumserwerbern ermittelt und Vorschläge entwickelt, damit Eigentumserwerber möglichst frühzeitig Zahlungsschwierigkeiten und Zwangsversteigerungen entgegenwirken können. Zielsetzung und Anlage der Studie gingen von einer subjektiven Problemdefinition aus. Entscheidend für die Untersuchung war das, was die 127 befragten Wohnungseigentümer und die Vertreter von 30 Kreditinstituten und Beratungsstellen als Problem bei Zahlungsschwierigkeiten im Rahmen der Baufinanzierung definierten.

Nach dieser Untersuchung ist es charakteristisch bei Kreditnehmern mit aktuellen Zahlungsschwierigkeiten, daß sie von vornherein eine risikoreiche Baufinanzierung eingingen, die nur wenig Spielraum für zusätzliche Belastungssteigerungen ließ. Somit wurden bereits im Frühstadium von Eigentumsbildungsprozessen die Probleme für spätere Zahlungsschwierigkeiten angelegt.

Die Zahlungsschwierigkeiten begannen häufig bereits unmittelbar nach Bezug des Objektes, da die anfänglichen Belastungen unterschätzt wurden. Als Ursachen hierfür zählt die Studie auf:
- Planungsfehler Dritter,
- notwendige Nachfinanzierungen infolge fehlenden Eigenkapitals und nicht erbrachter erwarteter staatlicher Zuschüsse,
- Vernachlässigung von Folge- und Nebenkosten in der ursprünglichen Belastungsrechnung, wie z. B. Erschließungskosten und Notargebühren.

Fehler bei der Abschätzung der Entwicklung der längerfristigen Belastung und des Einkommens führten dazu, daß Belastungssteigerungen im Zeitablauf bei etwa einem Drittel der Fälle ausschlaggebend für die Insolvenz waren. Diese Steigerungen beruhten im wesentlichen auf der ungenügenden Berücksichtigung des Wegfalls des Disagios und der Steuervergünstigungen sowie steigender Zinsen und Bewirtschaftungskosten. Zu der hohen Belastung des Einkommens traten weitere Verbindlichkeiten aus dem Eigentumserwerb hinzu, meist bedingt durch Lebensversicherungs- oder Bausparverträge[12].

Unzureichende und falsche Beratungen durch Immobilien- und Finanzierungsmakler wurden als eine weitere wesentliche Ursache für die von vornherein risikoreiche Baufinanzierung mit wenig Spielraum für zusätzliche Belastungssteigerungen angegeben. Die Kosten von Eigentumserwerb und Finanzierung und die daraus resultierenden monatlichen Belastungen in der Planungsrechnung entsprachen nicht den tatsächlichen Gegebenheiten. Da in 42 % der in der Untersuchung analysierten Fälle die Hausbank die Finan-

---

[12] vgl. a. a. O., S. 38 ff.

zierung in die Hand genommen hatte[13], ließ sich daraus ableiten, daß nicht nur Makler und Bauträger, sondern auch die Kreditinstitute selber ungenügend und teilweise fehlerhaft beraten hatten.

Bei der Abwicklung der Darlehen beschränkte sich die Tätigkeit der Bank auf die Überwachung des Kontos. Die erste Mahnung bei Zahlungsverzug erfolgte maschinell ohne eingehende Beratung. Die Mahn- und Klageabteilungen scheinen danach sehr einseitig allein an der kurzfristigen Beitreibung interessiert zu sein. Sie verfügen bei Erkennen von Zahlungsschwierigkeiten über ein abgestuftes Instrumentarium, das von weiteren Mahnungen über Darlehenskündigungen bis zur Zwangsversteigerung reicht. Für Sanierungen im Vorfeld von Zwangsversteigerungen gab es keine Standards. Hilfeleistungen erfolgten von Fall zu Fall und wurden wesentlich von der Initiative der Kreditnehmer bestimmt[14].

II. Wirtschaftskrise und Eigentumsbildung im Wohnungsbau (1989)

Zu vergleichbaren Ergebnissen kommt auch Biehusen[15]. Ziel seiner Untersuchung ist es, übergeordnete Ursachen für die sprunghafte Zunahme der Anträge auf Zwangsversteigerungen von 32666 (1980) über 66048 (1985) auf 55718 (1987)[16] in den gesellschaftlichen, politischen und ökonomischen Rahmenbedingungen zu suchen, in denen sich die Erwerbshandlungen abspielen.

Durch Auswertung vorhandener Untersuchungen und Veröffentlichungen sowie mit Hilfe von Expertengesprächen kommt Biehusen zu dem Ergebnis, daß gerade diejenigen Haushalte, denen die Verringerung von wirtschaftlichen Risiken durch den Erwerb von Eigentum nahegelegt werden, in besonderem Maße anfällig für krisenhafte Entwicklungen auf dem Arbeits-, Immobilien- und Kreditmarkt werden[17]. Nach seiner Auffassung erfordert die gewachsene Abhängigkeit von Krediten ein hohes Maß an Sach-und Sozialkompetenz, über das viele Wohneigentumserwerber nicht verfügen. Das Vertrauen auf eine ihnen günstige Wirtschaftsentwicklung sowie auf die Kompetenz der Zusicherungen der Kreditinstitute wird nach Biehusen häufig enttäuscht[18]. Insoweit bestätigen die von ihm ausgewertete Literatur und die wenigen von ihm geführten Interviews mit Betroffenen die Befunde der im Auftrag des Bundesministeriums für Bau- und Wohnungswesen erstellten Studie aus dem Jahre 1986.

---

13 Fn. 11, S. VI.
14 Einzelheiten hierzu insbesondere Fn. 11, S. 66 ff.; 78 ff.
15 *Biehusen*, Wirtschaftskrise und Eigentumsbildung im Wohnungsbau, Idstein 1989.
16 *Biehusen*, a. a. O., S. 228.
17 *Biehusen*, a. a. O., S. 222.
18 *Biehusen*, a. a. O., S. 223.

III. Situation von Wohneigentumskäufern in der Provinz Grande-Synthe (Frankreich) (1989)[19]

In einer vorliegenden französischen Erhebung aus dem Jahre 1986, die auf Grund der allgemein ähnlichen Bedingungen zum Vergleich herangezogen wurde, wurde in Grande-Synthe (Nordfrankreich) eine Befragung von 102 Hypothekenkreditnehmern über ihre Schwierigkeiten durchgeführt, die sie in Folge einer sich allgemein verändernden ökonomischen Lage in diesem Gebiet hatten. Ziel der Untersuchung war eine Bestandsaufnahme der ökonomischen Probleme, ihrer Ursachen sowie ihrer Auswirkungen auf das Familienleben, die Gesundheit und das soziale Leben.

Die Entwicklung der Realeinkommen verlief bei 31 % der Familien negativ. Das Absinken ihrer Einkommen war eine Konsequenz von Arbeitslosigkeit, Wegfall von Überstunden, Prämien und des 13. Monatsgehaltes sowie eines Wechsels der Beschäftigung, die mit den wirtschaftlichen Problemen in der Region Dünkirchen zusammenhängen. Einen zusätzlichen Konsumentenkredit hatten bei Bezug der Wohnungen 26 % der Familien, zum Zeitpunkt der Untersuchung waren es 63 %.

Der Verschuldungsgrad, also die Verschuldung bezogen auf das Gesamteinkommen, lag zum Zeitpunkt der Befragung bei 48 % der Familien erheblich höher als derjenige, den sie bei Bezug der Wohnung hatten. Zwei Drittel der Familien verfügten lediglich über ein Einkommen, das nicht einmal ausgereicht hätte, um einen staatlich finanzierten P. A. P. Kredit zu bekommen.

Mit Bezug der Wohnung vergrößerten sich die Zahlungsprobleme bei 80 % der Familien dadurch, daß die Raten mit progressiv steigenden Annuitäten zwischen 3,5 und 8 % p. a. zu zahlen waren. Über ein gleichzeitiges Absinken des real gezahlten Wohngelds berichten 53 % der Familien.

Als Ergebnis bleibt festzuhalten, daß sich sogar bei leicht steigenden Einkommen eine Zunahme der Verschuldung des Haushalts ergab. Auf der anderen Seite gab es nur sehr begrenzt wirksame Möglichkeiten der Kreditrestrukturierung durch Reduzierung des Zinssatzes, gleichbleibende Monatsraten oder Verlängerung der Tilgungszeit. Neben dem Hauptziel, der Vermeidung der Zwangsvollstreckung, wurde es als außerordentlich wichtig angesehen, die ökonomischen Schritte durch soziale und erzieherische Maßnahmen zu begleiten.

---

19 vervielfältigtes Manuskript, vorgelegt zur Konferenz »Arbeitslosigkeit und Verbraucherverschuldung in Europa« am 22./23. September 1989 in Hamburg.

Kapitel 2 Finanzierungsformen gescheiterter Kredite

Es gibt im wesentlichen drei am Markt übliche Formen der Baufinanzierung, die zugleich den Schwerpunkt spezifischer Anbieter auf dem Markt markieren. Von den Geschäftsanteilen her ist der einfache Hypothekenkredit mit ca. 75 % (600 Mrd. DM) die eindeutig dominierende Form auf dem Markt. Ihm folgt der Bausparkredit mit etwa 18 % (130 Mrd. DM) und der Lebensversicherungskredit mit ca. 7 % (40 Mrd. DM).

Abb. 10: Wohnungsbaufinanzierungsformen		
75 %	Hypothekenkredite	– Hypothekenbanken, Geschäftsbanken, Sparkassen
18 %	Bausparkredite	– Bausparkassen
7 %	Lebensversicherungskredite	– Lebensversicherer

Dabei ist diese Unterscheidung insofern willkürlich, als auch Bausparkredite und Lebensversicherungskredite einfache Hypothekenkredite enthalten. Der eigentliche Unterschied besteht darin, daß der einfache Hypothekenkredit ein reiner Kredit ist, während in den anderen beiden Formen eine Kombinationsfinanzierung von Sparverträgen und Kreditverträgen stattfindet.

Die quantitative Verteilung der Wohnungsbaukredite bei der Vergabe spiegelt sich jedoch nicht in den vorliegenden gescheiterten Kreditverhältnissen wider.

Am Beispiel des vom Verein für Kreditgeschädigte und in finanzielle Not geratende Menschen zur Verfügung gestellten Aktenmaterials und der dem Institut für Finanzdienstleistungen und Verbaucherschutz e. V. selbst bekanntgewordenen Fälle wird deutlich, daß die mit Zahlungsschwierigkeiten verbundenen Finanzierungen einen Schwerpunkt bei den Kombinationsfinanzierungen bilden.

Die Untersuchungshypothese lautete daher, daß die Besonderheiten der Kombinationsfinanzierung in bezug auf Durchschaubarkeit, Kosten, Anpassung im Störungsfall und Abwicklung ein wichtiger Faktor für das Scheitern von Kreditverträgen sein können.

Unabhängig von der gewählten Kreditform war jedoch für alle gescheiterten Finanzierungen charakteristisch, daß auf Seiten des Bauwilligen keine oder nur unbedeutende Eigenmittel zur Verfügung standen, in der Regel ein Kreditvermittler oder ein Außendienstmitarbeiter eingeschaltet war, variable Konditionen vereinbart wurden und im Fortgang der Finanzierung ständige Veränderungen durch Umschuldungen und Anpassungen erfolgten.

Die erste Hypothese war daher durch eine zweite Hypothese zu relativieren, wonach die Kombinationsfinanzierung eine bestimmte gefährdete Klientel anzieht, die in diesen Formen überrepräsentiert ist.

Da im Rahmen unserer Untersuchung keine Erhebung über die soziale Verteilung von Kreditformen vorgesehen war, bleiben beide Hypothesen im Rahmen dieser Untersuchung selbständig nebeneinander bestehen. Die folgende Analyse der Probleme kann daher nur die Plausibilität beider Hypothesen verstärken, wobei letztlich deutlich wird, daß beide Erklärungsansätze nebeneinander zu verwenden sind und sich daher alle Lösungsansätze auf beide Phänomene zu beziehen haben.

Im folgenden sollen zuerst die Kombinationsfinanzierungen besprochen werden, bei denen die die Überschuldung begründenden Faktoren in der Konstruktion selber (Hypothese 1) im Vordergrund stehen, während im Teil C dieses Abschnitts über die Überschuldung beim einfachen Hypothekenkredit die subjektiven formunabhängigen Faktoren (Hypothese 2) deutlicher in Erscheinung treten.

A. Bausparsofortfinanzierung

Die Bausparsofortfinanzierung ist eine Kombinationsfinanzierung aus Bausparvertrag, Ansparkredit, Zwischenkredit sowie Zinsstundungs- und Tilgungsstreckungsdarlehen.

Da in 21 der zur Verfügung gestellten gescheiterten Finanzierungsfälle eine Finanzierung über Bausparverträge mit Soforteinzahlung erfolgte, war diese Gewichtung Anlaß genug, diese Form der Wohnungsbaufinanzierung im Hinblick auf die Ursachen des Scheitern solcher Finanzierungen besonders zu analysieren.

Finanzierungsformen gescheiterter Kredite

I. Fallübersicht

In dem zur Verfügung stehenden Aktenmaterial waren Finanzierungen über Bausparverträge ausschließlich in Form der sog. Bausparsofortfinanzierung abgewickelt worden. Im folgenden sollen einige Fälle kurz skizziert werden, deren Abläufe als typisch für gescheiterte Baufinanzierungen dieser Finanzierungsart gelten können.

In nahezu allen Fällen waren die Bauherren durch die Werbung der Bausparkassen, die einen Erwerb zu mietähnlichen Belastungen anboten, aufmerksam geworden. Bei der finanziellen Planung ihres Bauvorhabens verließen sie sich oft vollständig auf den Berater der Bausparkasse, der den ersten Kontakt hergestellt hatte. Dabei war dieser Kontakt in der Regel über einen bestehenden kleineren Bausparvertrag hergestellt worden, der wirtschaftlich gesehen für die spätere Finanzierung keinerlei Bedeutung hatte.

1. Mangelnde Erfahrung mit dem Bausparsystem und zu großes Vertrauen gegenüber dem Berater der Bausparkasse begründete im Falle der niederländischen Familie H. die Schuldnerkarriere.

   Nach Angabe des Bausparvertreters sollten monatliche Belastungen nur in Höhe einer Miete von DM 700,– anfallen. Die Tilgung sollte dann bereits nach 11 Jahren abgeschlossen sein.

   Tatsächlich waren es jedoch bereits am Anfang über DM 1200,–, die im Monat für die Finanzierung ihres Hauses aufzubringen waren. Auch die im Finanzierungsplan in Höhe von DM 55 000,– ausgewiesene Eigenleistung war in der Realität nicht zu erbringen. Die von vornherein bestehende Finanzierungslücke konnte auch durch zusätzliche Kredite nicht geschlossen werden. Darüberhinaus erhöhten sich die Belastungen durch eine variable Zinsgestaltung. Schließlich kam es trotz erheblicher Einschränkungen in der Lebensführung zur Einleitung eines Zwangsversteigerungsverfahrens. Nach Einschaltung eines Anwaltes wurde das Verfahren zunächst ausgesetzt.

2. Dem Binnenschiffer A. wurde das blinde Vertrauen gegenüber dem Außendienstmitarbeiter einer Bausparkasse zum Verhängnis.

   Der Berater suchte die Eheleute A. nach Feierabend auf ihrem Schiff auf, wo man dann auch gleich die erforderlichen Verträge unterschrieb.

   Das Haus, dessen Kosten mit DM 240 000,– beziffert wurden, sollte ohne einen Pfennig Eigenkapital finanziert werden. Bei Planung der Finanzierung setzte der Berater allerdings nach Angabe des A. einen Betrag von DM 6 000,– in die Kalkulation als Eigenkapital ein, obwohl dieses Vemögen nicht vorhanden war, »damit es für die Banken besser aussieht«. Die erwartete monatliche Belastung von DM 2 000,– war von vornherein bei einem Einkommen von DM 3 000,– kaum zu leisten.

   Durch Fehlkalkulationen bei Betriebskosten, Disagio, Bereitstellungszinsen und Zwischenfinanzierungskosten vergrößerte sich zudem der Kreditbedarf. Während die monatlichen Kosten stiegen, verringerte sich das Einkommen durch einen Berufswechsel. Das

Bausparsofortfinanzierung

Haus mußte schließlich für DM 152 000,– zwangsversteigert werden. Es verblieben noch Restschulden in Höhe von DM 192 000,–, die weiterhin zu bedienen sind. Später erfuhr A., daß seiner Frau als Spätaussiedlerin ein besonders zinsgünstiges Darlehen zugestanden hätte. Obwohl den beteiligten Beratern der Kreditinstitute seine Familienverhältnisse bekannt waren, hatte ihn niemand auf diesen Umstand hingewiesen.

3. Ähnliche Folgen ergaben sich nach einem Besuch des Bezirksleiters einer Bausparkasse im Hause der Familie G., die ihr Eigenheim bereits durch einen Hypothekenkredit finanziert hatte.

Während des Besuches – Anlaß war ein bestehender Bausparvertrag – kam man auch auf die bestehende Finanzierung und die daraus resultierenden monatlichen Belastungen in Höhe von DM 1 200,– zu sprechen. Der Berater rechnete vor, daß für diese Finanzierung bei seiner Bausparkasse nur DM 800,– zu zahlen seien. Die Eheleute G. ließen sich überzeugen. Mit dem durch Zwischenfinanzierung ausgezahlten Bausparbetrag wurde der Hypothekenkredit abgelöst. Zu ihrer Überraschung betrug die monatliche Rate aber anstatt der erwarteten DM 800,– ca. DM 1 500,–. Dieser Betrag steigerte sich durch den Abschluß weiterer Bausparverträge, die erforderlich waren, um die Auszahlungsverluste auszugleichen, auf fast DM 2 100,–.

Schließlich konnte Familie G. diese Raten nicht mehr aufbringen und stellte die Zahlungen ein. Daraufhin wurde ein Zwangsversteigerungsverfahren eingeleitet, welches zu einem Notverkauf des Hauses i. H. von DM 70 000,– zwang. Im Hinblick auf die Restschulden betrieb die Bausparkasse die Lohnpfändung, gegen die z. Z. noch die Vollstreckungsgegenklage läuft.

Grundsätzlich gab es in allen Fällen, in denen die Bausparsofortfinanzierung gewählt wurde, bei den Bauherren unrealistische Vorstellungen über die Belastungen, die sie in der Zukunft erwarteten. Auffällig ist dabei auch, daß in allen Fällen ein großer Anteil der Finanzierungskosten durch Eigenleistung der Bauherren aufgebracht werden sollte.

4. Im Beispiel der Familie F., deren Motive für den Bau eines Eigenheimes die Vergrößerung der Familie, zu hohe Mieten sowie erwartete Steuererleichterungen bildeten, waren monatliche Raten zu leisten, die weit mehr als das Doppelte des ursprünglich errechneten Betrages betrugen. Darüber hinaus erwies sich die Einschätzung des in Eigenleistung zu erbringenden Betrages als vollkommen unrealistisch.

Die geplanten Baukosten i. H. von DM 284 000,– sollten laut Finanzierungsplan allein i. H. von DM 97 000,– durch Eigenleistung abgedeckt werden. Darüberhinaus rechnete Familie F. mit einer monatlichen Rate in Höhe von DM 727,–. Tatsächlich betrug die Rate dann jedoch aufgrund einer fehlerhaften Ermittlung des Finanzierungsbedarfes sowie steigender Zinsen schließlich weit mehr als das Doppelte dieses Betrages, nämlich DM 2 050,–. Dem stand ein monatliches Einkommen in Höhe von DM 2 627,– bei einem Vier-Personenhaushalt gegenüber. Diese Entwicklung führte dazu, daß Familie F. schon bald ihren Verbindlichkeiten nicht mehr nachkommen konnte, so daß ein Zwangsversteigerungsverfahren eingeleitet und die Lohnpfändung betrieben wurde. Nach Einschaltung eines Rechtsanwaltes konnte eine vorläufige Regelung gefunden werden, bei der Familie F. einen Betrag von monatlich DM 1 000,– zahlt.

5. Ähnliche Gründe ließen auch den für das Ehepaar R. von einem Vertreter einer Bausparkasse erstellten Finanzierungsplan scheitern.

Finanzierungsformen gescheiterter Kredite

Bei Gesamtkosten des Hauses von insgesamt DM 388 000,waren Eigenleistungen i. H. von DM 100 000,– zu erbringen. Entsprechend der Werbung der Bausparkasse sollten die Raten für das Einfamilienhaus etwa in Höhe einer Miete ausfallen, d. h. DM 936,– monatlich. Tatsächlich war die monatliche Belastung jedoch von Anfang an erheblich höher, da weitere, im Finanzierungsplan nicht aufgeführte Kosten, wie Betriebskosten, erhöhte Herstellungskosten beim Bausatzhaus, Bereitstellungszinsen und Zwischenfinanzierungskosten entstanden.

Zudem konnte die immens hoch eingeschätzte Eigenleistung bei voller Berufstätigkeit nicht erbracht werden. Eine Nachfinanzierung wurde erforderlich. Die dadurch weiter ansteigende Belastung bei gleichbleibendem Monatseinkommen führte schließlich zu Zahlungsschwierigkeiten, so daß ein Zwangsversteigerungsverfahren eingeleitet werden mußte.

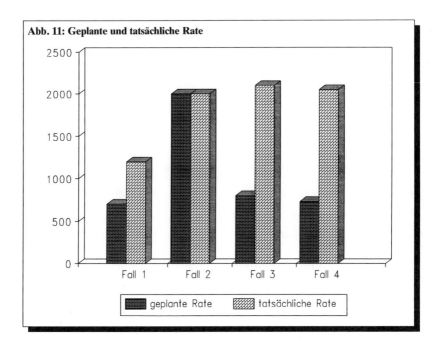

Abb. 11: Geplante und tatsächliche Rate

II. Typischer Verlauf einer Bausparsofortfinanzierung

1. Der Wunsch nach einem eigenen Haus

Werbungen der Bausparkasse mit dem Versprechen, Kauf zu mietähnlichen Belastungen zu bieten und der Gedanke, so auf günstige Weise Eigentum zu schaffen und später im Alter auch über eine Sicherheit zu verfügen, sind in

Bausparsofortfinanzierung

der Regel ausschlaggebend für die Einleitung erster Schritte zum Bau bzw. Erwerb eines Eigenheimes.

In diesem ersten Stadium einer Baufinanzierung treten bereits Vermittler der Bausparkassen auf, die den Eindruck erwecken, eine seriöse Beratung und Betreuung zu gewährleisten und dadurch den in der Baufinanzierung unkundigen Bauwilligen den Kaufentschluß erleichtern. Auch im weiteren Verlauf spielt der Vermittler als Vertrauensperson eine Schlüsselrolle.

> Z. hatte eine Abfindung als Zeitsoldat bei der Bundeswehr zu erwarten und wollte dieses Kapital zum Bau eines Eigenheims nutzen. Zu diesem Zweck wandte er sich an den Vertreter einer Bausparkasse, der ihn in allen Angelegenheiten der Baufinanzierung beriet und die Kreditverträge vermittelte.

2. Der erste Bausparvertrag

Den ersten Schritt des Bausparsofortfinanzierungssystems bildet der Abschluß entweder eines oder aber auch mehrerer parallel laufender Bausparverträge. Die Bausparsumme dieser Verträge ist dabei meist relativ gering und würde nicht ausreichen, einen Hausbau zu finanzieren.

> Durch Vermittlung des Hauptvertreters einer Bausparkasse wurde 1973 der Bausparvertrag Nr. 1 zwischen Z. und der Bausparkasse geschlossen. Die Bausparsumme betrug DM 30 000,–; als Abschlußgebühr waren 1,6 % der Bausparsumme, also DM 480,–, vereinbart.
>
> Zwei Monate später kam ein weiterer Bausparvertrag Nr. 2 zustande, diesmal mit einer Bausparsumme von DM 20 000, und einer Abschlußgebühr von DM 320,–.
>
> Nach weiteren acht Monaten wurden diese beiden Bausparverträge zusammengelegt und ohne anteilige Rückerstattung der Abschlußgebühr auf eine um 60 % niedrigere Bausparsumme von DM 20 000,– reduziert. Der Vertragsbeginn für diesen zusammengelegten Bausparvertrag Nr. 3 war der 1. Februar 1973.
>
> Bei seiner Zuteilung im Oktober 1978 belief sich das Sparguthaben auf DM 10 199,20. Der Darlehensanspruch betrug DM 9 800,80. Im Oktober kaufte Z. ein Grundstück für DM 14 000,–. Den Kaufpreis finanzierte er dadurch, daß er seine zu erwartende Abfindung als Zeitsoldat durch eine Bank vorfinanzieren ließ.

3. Integriertes Hausbau- und Finanzierungssystem

Häufig wird von den Bausparkassen ein integriertes Hausbau- und Finanzierungssystem in Kooperation mit Fertighausbaufirmen angeboten. Das »Gesamtpaket« ist dabei in der Regel so konzipiert, daß dem Bauherren als Einstieg die billigste Einfachausführung eines Fertigbauhauses verkauft wird, so daß häufig im weiteren Verlauf des Baus Änderungen erforderlich werden, die den Bau erheblich verteuern.

> Auf Anraten der Bausparkasse nahm Z. das integrierte Hausbau- und Finanzierungssystem der Bausparkasse in Anspruch. Gemeinsam mit dem Außendienstmitarbeiter der

Bausparkasse füllte er im Dezember 1976 das Bestellformular zur Lieferung von Fertigbauteilen aus.

In Absprache mit dem Außendienstmitarbeiter wurde anstelle einer Einfachausführung (Putzfassade) eine Verklinkerung gewählt. Auch ein Dachausbau wurde eingeplant. Die gesamte Finanzierungssumme wurde mit DM 240 000,–, die Eigenleistung mit DM 50 000,– und die Bausparsumme mit DM 100 000,– angegeben. Die Gesamtkosten für den Bausatz betrugen DM 104 849,45.

4. Das Finanzierungssystem

Da die Bauherren in der Regel über kein oder nur unbedeutendes Eigenkapital verfügen, sind sie gezwungen, ihr gesamtes Bauvorhaben durch Fremdkapital zu finanzieren. Weil bereits Verträge mit der regionalen Bausparkasse bestehen, werden auch für die weiteren Finanzierungsmaßnahmen Hilfe und Angebote der Bausparkasse in Anspruch genommen.

Das von den Bausparkassen entwickelte Sofortfinanzierungssystem besteht dabei aus folgenden Elementen:
– Bausparvertrag mit Soforteinzahlung
– Ansparkredit zur Finanzierung der erforderlichen Mindestansparsumme
– Zwischenkredit über die gesamte Bausparsumme
– Zinsstundungs-und Tilgungsstreckungsdarlehen zur Senkung der hohen Zwischenkreditzinsen

a) Bausparvertrag mit Soforteinzahlung – Finanzierung über einen Ansparkredit

Dieses Finanzierungssystem unterscheidet sich vom klassischen Bausparmodell dadurch, daß tatsächlich nicht gespart wird. Der Bauherr, der einen bestimmten Kreditbedarf hat, nimmt von Anfang an Kredite auf. Nur der Form nach wird ein Bausparvertrag abgeschlossen, wobei der dort anzusparende Betrag durch einen Kredit finanziert wird, der auf den im übrigen aufgenommenen Kredit aufgeschlagen wird. Das System besteht somit anfänglich aus zwei Teilen:
– zum einen aus einem Zwischenkredit über den Betrag, den der Bauherr sofort benötigt,
– zum anderen aus einem Kredit und einem Bauspargutaben, deren Kapitalien sich gegenseitig aufheben.

Mit dieser Konstruktion gelingt es, einen Bausparvertrag zu simulieren, obwohl in Wirklichkeit die Bausparkasse bzw. eine kooperierende Bank selber den Sparbetrag einzahlt. Um nun neben der Einzahlung des Bausparbetrages einen Bausparkredit in 1 1/2facher Höhe (40% zu 60%) des Bausparbetrages zusätzlich zu der ausgezahlten Bausparsumme zu erhalten, wird bei Zuteilung zunächst der Kredit in der Höhe, in der die Kapitalsumme eingezahlt wurde, aufgehoben. Der Rest des aufgenommenen und bei Aufnahme ausgezahlten Kreditbetrages wird nunmehr durch den Bausparkredit ebenfalls abgelöst. Der ursprüngliche Kredit ist somit so dimensioniert, daß er mit der Bausparsumme, also der bei Zuteilung des Bausparbetrages insgesamt ausgezahlten Summe, der Höhe nach übereinstimmt.

Diese Übereinstimmung wird dadurch erreicht, daß der ursprüngliche Kreditbedarf zu einem Kredit führt, der um 2/3 höher ist, als es dem Bedarf entspricht.

Bei einem

Kreditbedarf von	DM 60 000,–
wird somit ein Kredit von	DM 100 000,– gewährt.
Auf den Bausparbetrag werden	DM 40 000,– eingezahlt.
Ausgezahlt werden	DM 60 000,–.
Bei Zuteilung wird das Guthaben ausgezahlt von	DM 40 000,–
Es wird ein Bausparkredit über	DM 60 000,– gewährt
(zusammen	DM 100 000,–).

Mit dieser Summe wird dann der ursprüngliche Kredit abgelöst.

Da den Bausparkassen das einfache Kreditgeschäft kreditaufsichtsrechtlich begrenzt wird, wird diese Konstruktion häufig mit Kooperationspartnern, denen die freie Kreditvergabe gestattet ist, durchgeführt.

Die Bausparkassen verfügen dabei über ständige Kooperationspartner. Angebahnt wird das Geschäft regelmäßig durch die Bausparkassen, in deren Interesse diese Konstruktion liegt. Da sie erst einen Kredit vergeben, wenn ein Bausparvertrag abgeschlossen wurde, muß zunächst das Kapital für diesen Bausparvertrag extern beschafft werden. Einen solchen Kredit, der keine andere Funktion hat, als das Bausparguthaben aufzufüllen, nennt man Ansparkredit oder Vorschaltdarlehen. Ansparkredit und Bausparvertrag werden in der Regel gleichzeitig abgeschlossen. Das Geld wird von der kreditgebenden Bank unmittelbar an die Bausparkasse überwiesen.

Durch Vermittlung des Vertreters der Bausparkasse wird im Fall des Z. im September 1980 ein Bausparvertrag über eine Bausparsumme von DM 170 000,– abgeschlossen. Die Abschlußgebühr betrug DM 2 720,–.

Bei einer Bank nahm Z. einen Barkredit in Höhe von 40 % der Bausparsumme auf. Die Bank zahlte am 12. Dezember 1980 einen Betrag in Höhe von DM 68 001,50 als Mindestansparrate auf das Bausparkonto ein. Für diesen Kredit berechnete sie Zinsen in Höhe von 12 %. Auf die eingezahlte Mindestansparsumme erhielt der Bauherr einen Guthabenzins von 2,5 %.

b) Zwischenkredit über die gesamte Bausparsumme

Nach einem im Einzelfall unterschiedlich langen Zeitraum, in dem der Kreditnehmer weder Geld erhalten hat noch zahlt, erfolgt der Abschluß eines Zwischenkredites mit der Bausparkasse, mit dem nun einerseits der Kreditbedarf des Kreditnehmers befriedigt und zum anderen der **Vorschaltkredit** bei der kooperierenden Bank abgelöst wird. Nunmehr hat der Kreditnehmer nur noch einen Vertragspartner, nämlich die Bausparkasse.

Bei der Ablösung des Ansparkredites werden aus der Kreditsumme regelmäßig auch die im Ansparkredit angefallenen Zinsen mitbeglichen. Enthält der Ansparkredit ein Disagio, so wird die Ansparkreditsumme um den Betrag entsprechend erhöht, damit der volle Bausparbetrag eingezahlt werden kann. Von dem Betrag, der vom Zwischenkredit dem Kreditnehmer auszuzahlen ist, werden in der Regel alle **Kosten** der gesamten Konstruktion abgezogen, wie insbesondere

– Zinsen für den Ansparkredit,
– Bearbeitungsgebühr für Ansparkredit
– Zwischenkredit sowie ein etwaiges
– Disagio auf den Zwischenkredit.

Dies führt dazu, daß der Finanzierungsbedarf nicht voll befriedigt wird oder aber von Anfang an ein höheres Bausparvolumen mit einem höheren Zwischenkredit abgeschlossen werden muß.

Die vom Kreditnehmer zu zahlende **Monatsrate** ist gegenüber der Rate in einem einfachen Hypothekenkredit von Anfang bis zum Ende der Kreditlaufzeit erheblich höher.
– Am Anfang ist die Zinsrate höher, weil der Kredit über einen um 2/3 erhöhten Betrag aufgenommen werden muß, wodurch statt einer Rate von 600,– DM im Monat bei einem Kredit über 60 000,– DM bei 12 % Zinsen per anno eine Rate von 1 000,– DM gezahlt werden muß.
– Diese Rate wird auch nicht niedriger bei Zuteilung des Bausparvertrages, da Bausparkredite eine relativ hohe Tilgungsleistung von in der Regel 6,5 % per anno anfänglich vorschreiben. Auch nach der Zuteilung würde daher unser Kreditnehmer weiterhin eine Rate von 1 000,– DM zahlen müssen, da der Zinssatz von 5,5 % regelmäßig festgelegt ist.

Im Januar 1981 teilte die Bausparkasse dem Z. mit, daß mit einer Zuteilung seines Bausparvertrages nicht innerhalb der beiden nächsten Kalenderjahre zu rechnen sei. Er wurde gebeten, sich wegen des voraussichtlichen Zuteilungszeitpunktes nochmals gegen Ende dieser Zeitspanne bei der Bausparkasse zu melden. Gleichzeitig bot die Bausparkasse an, den Zeitraum bis zur Zuteilung durch einen Zwischenkredit zu überbrücken. In einem Schreiben an Z. heißt es u. a.:

Bausparsofortfinanzierung

»Um die Zeitspanne bis zur Zuteilung zu überbrüken, bieten wir Ihnen einen Zwischenkredit aus einem Sonderkontingent an, das wir zur Bezahlung von Rechnungen der Firma (...) bereitgestellt haben.«

Diesem Schreiben war ein Antrag auf Gewährung eines Zwischenkredites sowie eine Abtretungserklärung mit Zahlungsauftrag und Abruferlaubnis beigefügt. Im Februar nahm die Familie Z das Angebot an und bat um Überweisung von DM 170 000,– aus dem Zwischenkredit. Der Zwischenkredit wurde zu einem Zinssatz von 8,25 % p. a. bei einer Bearbeitungsgebühr von 3,44 % gewährt. Im März 1981 überwies die Bausparkasse DM 65 708,40 zur Ablösung des Ansparkredits an die Bank und belastete das Zwischenkreditkonto mit einer Bearbeitungsgebühr von DM 2 284,60. Der Zinssatz erhöhte sich am 1. Oktober 1981 auf 9,25 %. Die Bausparkasse berief sich hierbei auf Ziffer 3 der Zwischenkredit-Bedingungen, die wie folgt lautet:

»Der Zwischenkredit ist zur Zeit vom Tage der Auszahlung an jährlich mit dem umseitig genannten Zinssatz zu verzinsen. Ändert sich die Lage am Geldmarkt, so ist die Bausparkasse zur Änderung des Zinssatzes berechtigt.«

Im Mai 1982 überwies die Bausparkasse aus diesem Zwischenkredit über DM 170 000,– an den Bauherren insgesamt DM 95 129,49 und belastete das Zwischenkreditkonto mit einer Bearbeitungsgebühr von DM 6 876,51.

c) Zinsstundungs- und Tilgungsstreckungsdarlehen zur Senkung der hohen Zwischenkreditzinsen

Kreditnehmer, die über kein Bausparguthaben verfügen, sind in der Regel auch nicht so solvent, daß sie ohne weiteres die erhöhte Rate zahlen können. Deswegen gehört zu dem System noch eine vierte Komponente, nämlich das Zinsstundungsdarlehen.

Die Bausparkasse richtet dabei für den Zwischenkredit ein **Zinsstundungs-/Tilgungsstreckungskonto** ein. Der Bausparer zahlt dann eine verminderte Rate auf dieses Konto, während der Rest der monatlich zu erbringenden Zwischenkreditzinsen von der Bank als Kredit auf das eingerichtete Zwischenkreditkonto geleistet wird. Der Differenzbetrag wird in der Regel von einer mit der Bausparkasse zusammenarbeitenden Bank als Zinsstundungs-/Tilgungsstreckungsdarlehen gewährt.

Für die **Zinsstundung** wird der Bausparer mit vertraglich vereinbarten Zinsen belastet. Das Zinsstundungs-/Tilgungsstrekungsdarlehen erhöht sich daher monatlich um die Zinsen und um die Zinseszinsen.

Bei Zuteilung des Bausparvertrages wird an die Stelle des Zinsstundungsdarlehens nunmehr ein **Tilgungsstreckungsdarlehen** gesetzt, mit dem die Tilgungsbeträge durch erneute sukzessive Kreditaufnahme künstlich gesenkt werden. Die sich damit auftürmenden Rückstände werden entweder durch eine erhöhte Rate oder schließlich durch einen normalen Kredit oder eventuell durch eine neue Bausparkreditkonstruktion abgelöst.

Da Z. auf Dauer nicht in der Lage war, die monatlich anfallenden Zwischenkreditzinsen in voller Höhe zu zahlen, gewährte ihm die Bausparkasse, zugleich im Auftrage und im Namen einer anderen Bank handelnd, im Juli 1983 ein Tilgungsstreckungs-/Zinsstundungsdarlehen. Bei einem Zinssatz von 7,75 % variabel hatten die Eheleute Z. in den ersten 12 Monaten jeweils eine Leistung von DM 628,50 von den monatlichen Zwischenkreditzinsen in Höhe von DM 1 097,92 aufzubringen. Der monatlich zu leistende Betrag erhöhte sich von Jahr zu Jahr um 4 %, erstmals 12 Monate nach Fälligkeit des ersten Zins-/Tilgungsbeitrages.

5. Mehrfacher Verkauf des Sofortfinanzierungssystems

In allen uns zugänglich gemachten Fällen, in denen eine Finanzierung über die sog. Bausparsofortfinanzierung abgewickelt wurde, stellte sich später heraus, daß die ursprünglich für das Bauvorhaben veranschlagten Fremdmittel nicht ausreichten, um das Projekt fertigzustellen. Die Finanzierungslücke mußte dann durch weitere Kredite geschlossen werden. Die zusätzlichen Kredite erfolgten wiederum in der Form der sog. Bausparsofortfinanzierung, bestehend aus den Elementen,
- Ansparkredit,
- Zwischenkredit und
- Zinsstundungs-/Tilgungsstreckungsdarlehen.

Für Verläufe gescheiterter Baufinanzierungen dieser Finanzierungsart ist daher der Abschluß von Kettenbausparverträgen typisch.

Im Falle der Finanzierung des Z. wurden die Gesamtherstellungskosten zunächst auf

DM 240 000,–

beziffert. Es zeigte sich jedoch sehr schnell, daß für den Bau des Hauses weit höhere Mittel erforderlich waren. So wurde bei Fertigstellung des Rohbaus bereits von Gesamtkosten in Höhe von

DM 460 000,–

ausgegangen. Schließlich erweiterte man den Finanzierungsbedarf sogar auf einen Betrag von

DM 537 000,–.

Bis zum Scheitern der Finanzierung schloß Z. insgesamt **5 Bausparverträge** ab, die dann im Rahmen der sog. Bausparsofortfinanzierung abgewickelt wurden. Die Nachfinanzierung wurde mit einer Erweiterung des Dachausbaues begründet. Tatsächlich hatte Z. sein Bauprojekt jedoch von vornherein in Zusammenarbeit mit dem Vertreter der Bausparkasse in der Weise baulich festgelegt, in der es schließlich auch realisiert wurde.

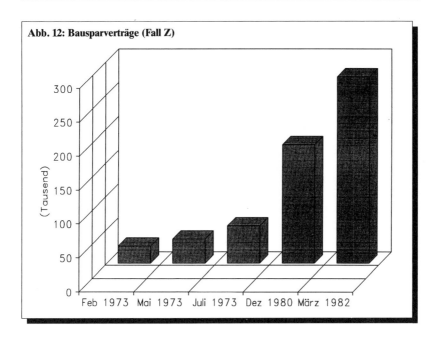

Abb. 12: Bausparverträge (Fall Z)

6. Finanzierung durch Kombination von Bankvorausdarlehen mit einem Bausparvertrag

Um der sukzessiven Lieferung des Bausatzhauses zu entsprechen, wurde in einigen Fällen durch Vermittlung der Bausparkasse zusätzlich ein Bankvorausdarlehen in Form eines **Abrufdarlehens** aufgenommen. Für diese Art Darlehen ist zum einen typisch, daß sehr hohe Kosten allein für die Bereitstellung anfallen und diese Darlehen zum anderen mit einer nur kurzen Zinsbindungsfrist versehen sind, die nach wenigen Jahren ausläuft.

> Auch im Falle von Z. sollte die Anlieferung sukzessive erfolgen: Kellerbausatz, Rohbauteile (1. Lieferung) und Endausbauteile (2. Lieferung). Als gewünschter Liefertermin wurden für die Rohbauteile und die Endausbauteile der Passus »auf Abruf« vereinbart.
>
> Dementsprechend vermittelte der Vertreter der Bausparkasse Z. ein Bankvorausdarlehen bei einer mit der Bausparkasse kooperierenden Bank zu folgenden Konditionen:
>
> | | |
> |---|---|
> | Betrag | DM 150 000 |
> | Auszahlungskurs | 98 % |
> | Bearbeitungsgebühr | DM 1 500 |
> | Zinssatz | 7 % p. a. |
> | fest für | 4 Jahre |
> | Bereitstellungszinsen | 0,25 % p. M. |

Nach dieser Vereinbarung sollten die Bearbeitungsgebühren und das Disagio bei der ersten Auszahlung in voller Höhe fällig werden. Die Darlehenszinsen wurden vom Tage der Auszahlung an berechnet.

Den Auszahlungen in Höhe von DM **139 356,43** standen damit Kosten von DM **10 643,37** gegenüber.

Nach Auslauf der Zinsbindungsfrist erhöhte die Bank den Zinssatz auf **14 %** p. a.

III. Kosten des Bausparsofortsystems – Beispielsrechnung

Welche Kosten eine derartige Konstruktion für einen Kreditnehmer im konkreten Fall verursachen kann, soll im folgenden am Beispiel des Z. dargestellt werden. Dabei haben wir in einem Spreadsheet (Arbeitsblatt einer Tabellenkalkulation) die Gesamtentwicklung analysiert und in ihrer zeitlichen Abfolge eingegeben, so daß der wirtschaftliche Gesamtverlauf sichtbar wird. Außerdem wurde darin eine Vergleichskonstruktion entwickelt und die Differenz, d. h. der Verlust, dargestellt (vgl.»Überblick Bausparkreditmodell« im Anhang).

In dem Überblick wird auf der Grundlage der bei Abschluß vereinbarten Konditionen das System in seiner Entwicklung vom 12. März 1982 bis zum 30. Juni 1998 dargestellt. Zu diesem Zeitpunkt wäre der Bausparvertrag beendet worden. Im folgenden wird auf diesen Überblick in der Weise Bezug genommen, daß die Felder durch ihre Koordinaten an der Kopfzeile mit den Spalteneinteilungen A–U und in der linken Randzeile mit den Zeileneinteilungen 1–71 benannt werden.

In der **Spalte A** sind die Finanzierungsdaten eingetragen, auf die das Berechnungsblatt in den **Spalten C-U** jeweils zurückgreift. Die einzelnen Finanzierungsformen sind horizontal angeordnet. Die Bezeichnung steht jeweils in dem Feld über dem dazugehörigen Wert (z. B. A17 : Zinssatz; A18: 10,25 %). In den Feldern A46 bis A56, unter der Rubrik »Total«, sind zusammengefaßte Daten aufgeführt, insbesondere der tatsächliche Nettokredit, der tatsächlich ausgezahlte Barkredit sowie die Summe aller Abschlußkosten.

Die einzelnen Spar- und Kreditkonstruktionen und ihre Konditionen sind in folgenden Zeilen zu finden:

Zeilen 4–14: Konditionen des Bausparvertrages.
Zeile 16–24: Konditionen des Ansparkredites.
Zeile 26–36: Konditionen des Zwischenkredites.
Zeile 38–44: Konditionen des Zinsstundungskredites.

In der **Spalte B** sind die Daten der Auszahlung sowie der Zinsatzänderung eingetragen. In der Berechnung sind regelmäßig Monatseinheiten aufgenommen, es sei denn, daß ein festes Datum in der Spalte B zu berücksichtigen ist.

Die **Spalten C** und **D** bleiben verdeckt, sie sind in der **Spalte E**: Datum zusammengefaßt.

In den **Spalten F** und **G** sind die Angaben zum Bausparvertrag enthalten. Die Angaben sind negativ ausgeworfen, um sie von den Kreditschulden abzusetzen. Jeweils am 31.12. eines Jahres werden die angefallenen Sparzinsen der Sparsumme zugeschlagen. Die Sparzinsen errechnen sich bei einem Zinssatz von 2,5 % in der **Spalte G**, wobei der erste Wert 134,96 DM sich auf den Zeitraum vom 12. März 1982 bis 30. Juni 1982 bezieht. Die Sparzinsen werden insgesamt aufkumuliert, so daß am 01. eines Jahres die jeweils aufkumulierten Sparzinsen und die ursprüngliche Sparsumme zusammen den Betrag in **Spalte F** ergeben.

Die **Spalten H** bis **K** enthalten die sich im Zusammenhang mit dem Bausparvertrag ergebenden Kredite, insbesondere das Vorschaltdarlehen, den Zwischenkredit und das spätere Bauspardarlehen.

In der **Spalte H** ist der Kapitalbetrag angegeben, auf den die Bank Zinsen berechnet. Daraus ergibt sich eine sukzessive Auszahlung von zunächst 41 600,– und dann 100 000,– DM zum Zeitpunkt der Barauszahlung. Bei den Zinsberechnungen besteht ein grundsätzliches Problem, das zu geringfügigen Abweichungen führen kann. In dem Programm wurden für jeden datumsmäßigen Tag Zinsen berechnet. Als Zinssatz wurde jedoch nach dem banküblichen Verfahren ein Tageszinssatz entsprechend einem Dreihundertsechzigstel des Jahreszinssatzes gewählt. Dadurch werden tatsächlich 365 Tage auf einen geringfügig überhöhten Zinssatz gerechnet. Im Bankbereich wird das Problem auch nicht einheitlich gelöst. In der Zeile **H 27** ändert sich das Kreditverhältnis, weil der Bausparvertrag hier zugeteilt wurde. Es verbleibt dann noch eine Kreditschuld von 55 491,97 DM, die nunmehr mit dem niedrigeren Bausparkreditzinssatz von 5,5 % verzinst und mit der erhöhten Tilgungsrate des Bausparkreditvertrages getilgt wird. Es wird davon ausgegangen, daß ab diesem Zeitpunkt die volle Rate bezahlt werden muß und daher das Zinsstundungsdarlehen auf dem Betrag von 23 834,34 DM stehen bleibt.

In der **Spalte I** sind quartalsmäßig Zinsen nach dem angegebenen Zinssatz für die jeweilige Differenz zum Vordatum ausgerechnet. Lediglich der erste Wert (**I 6**) wurde aus der Aufstellung der Bank übernommen. Nach eigener Berechnung müßten 706,– DM erscheinen. Wie die Bank auf 724,39 DM kommt, läßt sich evtl. aus den Zinsungenauigkeiten erklären. Näher liegt allerdings, daß der erste Tag und der letzte Tag mitgerechnet wurden.

In der **Spalte K** sind die Summe der Kreditzinsen aus der **Spalte I** aufkumuliert und um die Guthabenzinsen im Bausparvertrag (**Spalte G**) vermindert worden. Es handelt sich somit per Saldo um diejenigen Zinsen, die für den Kredit im Ergebnis bezahlt werden müssen.

In der **Spalte J** ist nun der Anteil von 40 %, den das Bausparguthaben am Kredit hat, auf die Kreditzinsen berechnet worden. Es handelt sich also in der **Spalte J** um diejenigen Zinsen, die es per Saldo kostet, das Bausparguthaben zu unterhalten.

In den **Spalten N** bis **P** ist das Zinsstundungsdarlehen dargestellt.

Dabei sind in der **Spalte N** diejenigen Zinsen aufgeführt, die nicht vom Kreditnehmer mit seiner Rate getilgt und daher auf das Zinsstundungskonto gebucht werden.

In der **Spalte O** sind auf diese Zinsen der vereinbarte Zinseszinssatz für das Zinsstundungsdarlehen berechnet und die Zinsen entsprechend ausgeworfen worden.

In der **Spalte P** sind diese Zinsen noch einmal aufkumuliert.

In der **Spalte L** wird ein zusammenfassender Wert für die ganze Konstruktion gegeben. Hier steht die Restschuld, die sich ergibt, wenn man die Summe der Verbindlichkeiten, wie sie bei der vereinbarten Abzahlung aus dem Kreditverhältnis noch bestehen, um die weiterhin ausstehenden gestundeten Zinsen auf dem Zinsstundungskonto plus der aufkumulierten nicht getilgten Zinseszinsen um den Betrag vermindert, der sich aus dem Bausparguthaben zzgl. der darauf aufgelaufenen Zinsen ergibt.

Die Restschuld ergibt sich damit aus der Formel

$$H\,8 + (I\,8 - A\,54 + P\,8) - (A\,14 - G\,8)$$

in Worten: Kreditkapital + (Zinsen – Rate + Zinseszins kumuliert) – (Ansparsumme + Sparzinsen).

In den **Spalten Q** bis **T** ist ein einfacher Hypothekenkredit als Vergleichskredit berechnet. Der Vergleichskredit folgt folgenden Konditionen:
– der Nettokredit entspricht jeweils dem Betrag, den der Kreditnehmer tatsächlich ausbezahlt bekommen hat;
– die Verzinsung erfolgt mit dem Zinssatz, der bei der Bausparsofortfinanzierung für den Zwischenkredit gezahlt werden mußte, und zwar fest für die gesamte Laufzeit;
– als Rate ist diejenige Rate genommen worden, die tatsächlich vom Kreditnehmer gezahlt wurde.

Da diese Rate nach dem Kreditplan bei Zuteilung des Bausparvertrages erheblich steigen sollte, ergibt sich daraus in **T 2** und **T 4** eine anfänglich ganz geringfügige Tilgungsquote von 0,18 %, die dann nach Zuteilung des Bausparvertrages durch die erhöhte Rate auf 4,05 % (**T 4**) ansteigt.

In der **Spalte R** sind die Zinsen, in der **Spalte S** die aufkumulierten Zinsen und in der **Spalte T** die jeweils bei Zugrundelegung dieser Ratenzahlung bestehende Restschuld aufgeführt.

In der **Spalte U** ist schließlich die Differenz zwischen der **Spalte T** und der **Spalte L**, das heißt der Restschuld nach der vertraglichen Konstruktion und der Restschuld eines vergleichbaren Hypothekenkredits, gebildet. Dieser Betrag kann als der Verlust bezeichnet werden, der durch den Verkauf der Bausparsofortfinanzierung mit Zinsstundungsdarlehen für den Kreditnehmer entsteht. Nach 15 Jahren (**U 71**) beträgt dieser Verlust 43 914,75 DM bei einem Kreditvolumen von 52 983,99 DM.

Im einzelnen ergibt sich aus dieser Tabelle der folgende Verlauf:

1. Bausparvertrag vom 12.3.1982

Am 12. März 1982 wurde ein Bausparvertrag zu folgenden Konditionen abgeschlossen:

Abb. 13: Bausparvertrag

Bausparsumme (A8)	DM 100 000,–
Abschlußgebühr (A10)	DM 1 600,–
Ansparsumme (A14)	DM 40 000,–
Guthabenzinsen	2,5 % p. a.
Kontoführungsgebühren (A6/A12)	DM 6,50 p. J.

Um diese Bausparsumme einzuzahlen, wurde ein Ansparkredit bei einer Bank zum gleichen Datum mit den folgenden Konditionen aufgenommen.

Abb. 13: Bausparvertrag

Ansparkredit	DM 40 000,–
Abschlußgebühr	DM 1 600,–
Insgesamt (A20)	DM 41 600,–
Bearbeitungsgebühr	DM 416,–

Bausparvertrag und Ansparkredit liefen miteinander parallel vom 12. März 1982 bis zum 13. Mai 1982 (vgl. oben F4-F6 und H4-H6).

Finanzierungsformen gescheiterter Kredite

Am 5. Mai 1982 erfolgte eine Ablösung des Ansparkreditsaldos u. a. durch die Auszahlung eines Zwischenkredits (A30).

Nicht aufgefallen zu sein scheint der Umstand, daß die Zinsen auf den Ansparkredit bis zum 13. Mai 1982 berechnet wurden. Die DM 724,39 erklären sich aber auch dann nicht, wenn man die Kreditbeendigung erst auf den 13. Mai 1982 legt. Der Ansparkredit hätte dann einen Nominalzinssatz von (416,– + 724,39) x 6 ./. 41 600,= 16,45 % p. a.. Tatsächlich war jedoch ein Nominalzinssatz von 10,25 % p. a. (A18) vereinbart.

Am 7. 9. 1982 erfolgte die Auszahlung 2 aus dem nunmehr an die Stelle des Ansparkredites getretenen Zwischenkredit (A34).

Abb. 15: Zwischenkredit

Kreditsumme	DM 100 000,–
Disagio 5 %	DM 5 000,–
Zinssatz	8,5 % p. a.
Guthabenzinsen	2,5 % p. a.

Erst zu diesem Zeitpunkt erhielt also der Bauherr den von ihm gewünschten Verfügungsbetrag.

Rechnet man alle Beträge zusammen, die dem Bauherren entweder als Sparguthaben oder durch Auszahlung direkt zugeflossen sind, so hat er abzüglich der von ihm gezahlten Kosten bei Abschluß netto erhalten als:

Sparguthaben	DM 40 000,–
Barkredit	DM 52 983,99
Abschlußkosten insgesamt	DM 7 016,01

In Abb. 16 wird noch einmal deutlich, daß etwa die Hälfte des Kredits nicht in die sofortige Verfügungsgewalt des Kreditnehmers gelangt.

Der Bausparvertrag begann am 12. März 1982. Auf die Bausparsumme wurden 2,5 % Zinsen gezahlt. Nach den Bedingungen der Bausparkasse werden die Zinsen nur jährlich auf das Kapital aufgeschlagen und damit wieder verzinst. (vgl. Spalte F)

Die 1982 verdienten Zinsen in Höhe von DM 898,17 werden 1983 dem Nettokapital zugeschlagen. 1984 (F14) beträgt das angesparte Kapital schon DM 41 921,33.

Um den prospektiven Verlauf der Konstruktion darstellen zu können, wurde in unserer Berechnung davon ausgegangen, daß die Zuteilung der

Bausparsofortfinanzierung

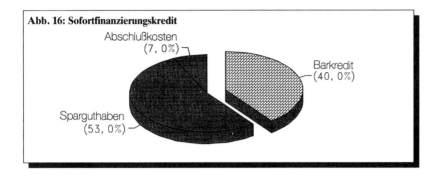

Abb. 16: Sofortfinanzierungskredit

Bausparverträge aus dem Jahre 1982 nach 5 Jahren erfolgt wäre. Diese Annahme dürfte die gesamte Konstruktion zugunsten der Bausparkasse billiger als in Wirklichkeit erscheinen lassen, da nach den Erhebungen der Stiftung Warentest die durchschnittliche Zuteilungszeit zum damaligen Zeitpunkt mit 7 Jahren zu veranschlagen gewesen wäre.

Der Zeitraum von 5 Jahren wäre am 30. März 1987 abgelaufen gewesen.

Bausparsumme am 30. März 1987:   DM 44 982,50

2. Ansparkredit und Zwischenkredit

Da der Kreditnehmer über keine Eigenmittel verfügte, wurde für die Einzahlung auf den Bausparvertrag ein Anspardarlehen in Höhe von DM 41 600,- aufgenommen. Dieser Kredit umfaßte neben dem Ansparbetrag noch die Bearbeitungsgebühr von DM 1 600,-.

Am 5. Mai 1982 wurden dann DM 40 000,- als Zwischenkredit zur Ablösung des Ansparkredites aufgenommen. Wegen Abzugs des Disagios wurden nur DM 37 993,83 zur Ablösung des Ansparkredites verwandt. Woher die Restablösesumme kam, ist unklar.

Am 7. 9. 1982 erfolgte die Bereitstellung der restlichen DM 60 000,-, von denen allerdings nur DM 57 006,18 ausgezahlt wurden, da ein Disagio von DM 3 033,- einbehalten blieb. Damit war ab 7. 9. 1982 ein Kredit in Höhe von DM 100 000,- bereitgestellt, auf den 8,5 % p. a. Zinsen zu zahlen waren. Der als variabel vereinbarte Zinssatz blieb bis zum Ende des Kredites unverändert bei 8,5 %.

In demselben Zeitraum sank der Diskontsatz der Deutschen Bundesbank[1] am

---

1 vgl. Monatsberichte der Deutschen Bundesbank, Anhang V Zinssätze 1.

27. August   1982 auf 7 %,
22. Oktober 1982 auf 6 %,
 3. Dezember 1982 auf 5 %,
18. März   1983 auf 4 %.

Die durchschnittlichen Marktzinssätze für Hypothekenkredite[2] sanken ebenfalls, wie aus dem folgenden Überblick (Abb. 17) deutlich wird:

Die zu zahlende Rate betrug bei einem Zinssatz von 8,5 % im Vierteljahr DM 2 125,– bzw. monatlich DM 708,33.

In Spalte I sind die Quartalszinsen auf den jeweils ausstehenden Kapitalbetrag berechnet, wobei für den 13. Mai 1982 im Feld I6 die Summe der Ansparzinsen eingetragen sind und dann erst der Zinssatz von 8,5 % für den Zwischenkredit zur Berechnung der weiteren Zinsen führt.

Insgesamt mußte für den Zwischenkredit über DM 100 000,– daher vom 7. September 1982 bis zum 30. März 1987 eine Zinssumme von

DM 40 924,35

(Summe der Felder I6-I26) aufgebracht werden.

3. Analyse der Finanzierung des Bausparvertrags

Wie bereits erwähnt, dienten DM 41 600,– des Zwischenkredites der Finanzierung der Bausparsumme.

In der Spalte J sind nun diejenigen Zinsen aufgeführt, die sich jeweils aufsummiert allein für den Betrag desjenigen Teils von Zwischenkredit und Ansparldarlehen ergaben, der zur Finanzierung des Bausparvertrages notwendig war. Am 30. März 1987 wäre die hierfür erforderliche Zinssumme zu einem Betrag (J20) von

14 507,09 DM

aufgelaufen. Dem stehen Guthabenzinsen für den entsprechend eingezahlten Bausparbetrag von

4 982,50 DM

gegenüber (vgl. Abb. 18).

In Abb. 19 ist die Entwicklung der für den Bausparvertrag verdienten Zinsen (hier in der Rubrik unterhalb der X-Achse dargestellt) im Vergleich zur Entwicklung der geschuldeten Zinsen (in der Rubrik oberhalb der X-Achse dargestellt) sichtbar.

---

2 vgl. Monatsberichte der Deutschen Bundesbank von 1984, V.7. Hypothekarkredite auf Wohngrundstücke.

Bausparsofortfinanzierung

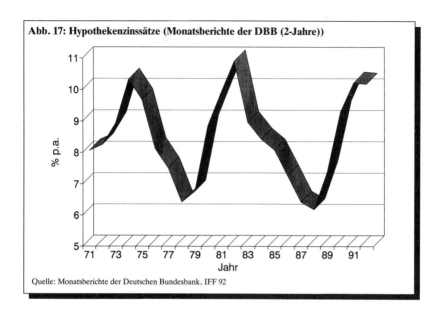

Abb. 17: Hypothekenzinssätze (Monatsberichte der DBB (2-Jahre))

Quelle: Monatsberichte der Deutschen Bundesbank, IFF 92

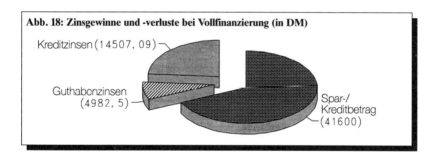

Abb. 18: Zinsgewinne und -verluste bei Vollfinanzierung (in DM)

Je nach dem Zinsniveau für den Zwischenkredit, das hier trotz allgemein sinkenden Marktzinsen sehr hoch blieb, führt daher diese Form der Sparfinanzierung zu erheblichen Zinsverlusten.

4. Zinsstundungs-/Tilgungsstreckungsdarlehen

Mit dem beschriebenen Zinsverlust sind jedoch die Kosten in der vorliegenden Konstruktion noch nicht vollständig erfaßt. Da eine Rate von 708,33 DM pro Monat zuzüglich der weiteren Kreditzinsen aus den anderen Krediten zu hoch war, wurde monatlich der Differenzbetrag zwischen der tatsäch-

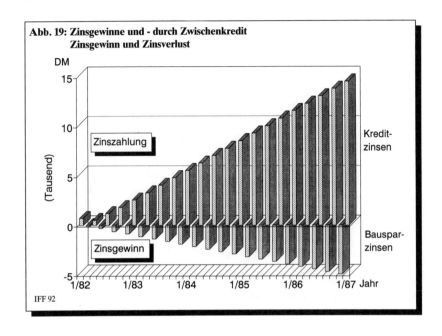

Abb. 19: Zinsgewinne und - durch Zwischenkredit Zinsgewinn und Zinsverlust

lich gezahlten Quartalsrate von 1 150,– DM und den in unterschiedlicher Höhe fälligen Zinszahlungen, wie sie sich aus der Spalte I ergeben, durch einen Stundungskredit gestundet.

Wie sich aus der Spalte N8 ergibt, war

am 07. 09. 1982 bereits ein Betrag von   1 283,56 DM
am 30. 09. 1982 ein Betrag von   3 822,– DM

gestundet (N9). Der Zinsstundungskredit funktioniert dabei wie ein Variokredit, bei dem jeden Monat ein zusätzlicher Kapitalbetrag in Höhe von 325,83 DM aufgenommen wird. Der Zinsstundungskredit hatte variable Zinskonditionen.

Vom 30. 10. 1982 bis zum 1. 1. 1983 waren   9,75 % p. a.,
ab 1. 1. 1983   7,75 % p. a. Zinsen zu zahlen.

Die auf den Zinsstundungskredit quartalsmäßig zu zahlenden (Zinses-)Zinsen wurden ebenfalls dem Zinskonto zugeschlagen. Der darauf entfallende Zinsbetrag ist in der Spalte O wiedergegeben.

Daraus ergibt sich, daß der Kredit von 2 825,22 DM im Dezember 1982 noch vierteljährlich 31,29 DM an Zinsen kostete. Ein Jahr später waren jedoch bereits 140,16 DM Zinseszinsen auf die gestundeten Zinsen zu zahlen.

Die Summe der jeweils aufgelaufenen Zinseszinsen sind in der Spalte P dargestellt.

Nimmt man wie in dem ausgewählten Beispiel an, daß die Zuteilung des Bausparkredites am 30. März 1987 erfolgt wäre und damit auch der Zinsstundungskredit zu diesem Zeitpunkt beendet worden wäre, so hätte sich ein Gesamtbetrag gestundeter Zinsen von

$$19\,422,-\text{DM}$$

ergeben (N26). Für diese gestundeten Zinsen wären insgesamt

$$4\,434,11\,\text{DM}$$

Zinseszinsen aufgelaufen (P26). Das Zinsstundungsdarlehen hätte insgesamt einen Saldo von

$$23\,834,34\,\text{DM}$$

(N27) ergeben.

Bei Beendigung des Zinsstundungsdarlehens hätte dieser Betrag von 23 834,34 DM nunmehr in einen neuen Kredit umgeschuldet werden müssen, weil der Kreditnehmer über keine eigenen Mittel zur Zahlung der rückständigen Zinsen verfügte. Da nicht anzunehmen ist, daß der Kreditnehmer zu diesem Zeitpunkt neben der beim Bausparkredit hohen Tilgungsrate noch seine Zinsstundungsschuld hätte abtragen können, ist davon auszugehen, daß auch dieser Betrag dann in Form eines Festkredites für den Rest der Laufzeit verzinslich gewesen wäre.

Ab diesem Zeitpunkt (O27) sind daher 506,48 DM pro Quartal an Zinsen zu berechnen, die in Spalte P wiederum aufkumuliert sind.

In der folgenden Graphik ist das Zinsstundungssystem in seiner Kostenlawine insgesamt dargestellt.

In dem unteren Dreieck wird deutlich, wie sich die aus dem Zwischenkredit gestundeten Zinsen allmählich aufsummieren und den Betrag von etwa 20 000,- DM erreichen. Oberhalb dieses Dreiecks beginnen die Zinseszinsen, die 1982 noch kein Gewicht hatten, allmählich deutlicher zu werden. Bei Zuteilung des Bausparvertrages wird die Gesamtschuld Ende 1987 dann sichtbar. Auf diese Gesamtschuld werden nun wiederum Zinsen fällig, die dazu führen, daß sich die Schuld bis 1998 noch einmal verdoppelt.

Die durch die Zinsstundung aufgelaufenen Zinsen müssen daher in dem Bausparkreditsystem ebenfalls berücksichtigt werden.

In der Spalte K ist nunmehr das Saldo aus allen zu zahlenden Zinsen, d.h. Zinsen des Ansparkredites plus Zwischenkreditzinsen plus Stundungszinsen abzüglich aller Verdienstzinsen aus dem Bausparkgeschäft, dargestellt und kumuliert.

Finanzierungsformen gescheiterter Kredite

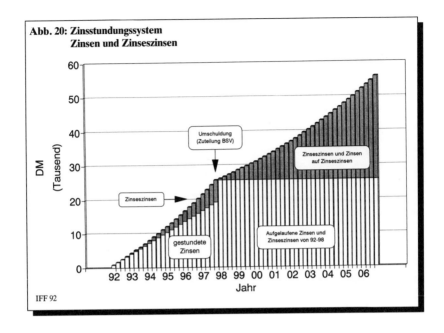

Abb. 20: Zinsstundungssystem Zinsen und Zinseszinsen

Am 30. März 1987 wäre dann die Bilanz des Kredites wie folgt zu ziehen:

Abb. 21: Gesamtkredit

Nettokredit	52 983,99 DM
Gesamtzinsschuld	36 267,72 DM
Laufzeit	5 Jahre
Effektiver Jahreszins	13,69 % p. a.
(36 267,72 DM × 100 : (52 983,99 DM × 5))	

Durch diese Konstruktion hätte der Kreditnehmer dann allerdings das Recht erworben, anschließend für einen Kredit in Höhe von 55 000,– DM nur Zinsen nach einem garantierten Zinssatz von 5,5 % zu zahlen.

Damit hätte er sich durch einen fünfjährigen Zinsverlust von etwa 5–7 % einen Kredit erwirtschaftet, der zum damaligen Zeitpunkt etwa 2 bis 3 % unter dem durchschnittlichen Hypothekenniveau lag. Allerdings würde sich dieser Zinssatz nicht in einer niedrigeren Rate niederschlagen (vgl. dazu A 56), da er im Bauspardarlehen eine hohe Tilgungsrate von anfänglich 6,5 %

p.a. zu zahlen hat, die später noch steigen würde. Hierdurch würde sich seine Rate auf konstant 12% p.a. der anfänglichen Bausparkreditsumme steigern. Da zugleich der Bausparbetrag ausgezahlt wird, reduziert sich jedoch der ausstehende Kredit um ca. 40%. Dies würde den Ratenzuwachs (von 8% auf 12% des anfänglichen Kreditbetrages) an sich kompensieren, wenn nicht durch die Zinsstundung nun weitere Lasten zu bewältigen wären.

5. Überzahlung des Bausparvertrages

Ein besonderer Nachteil dieser Konstruktion gegenüber dem Regelbausparen besteht noch darin, daß bei der Einmaleinzahlung der Bausparvertrag automatisch überzahlt wird, weil die angesammelten Bausparzinsen zu Lasten des Kreditnehmers den an sich bestehenden Anspruch auf 60% der Bausparsumme im Kredit schmälern.

Während der Bausparer beim Regelbausparen mit der Einzahlung der Beträge etwa zum Zeitpunkt der Zuteilungsreife aufhört, sobald die Summe aus Einzahlungen und aufgelaufenen Zinsen den Bausparbetrag erreicht hat, bleiben bei der Sofortfinanzierung die Zinsgewinne unberücksichtigt.

Die Differenz zwischen Kreditsumme und Vertragssumme beträgt somit im vorliegenden Fall nicht 60000,- DM (60%) sondern nur noch gut 55000,- DM (55%). Mit dem Angesparten hätte der Bausparer somit statt der Bausparsumme über 100000,- DM einen Bausparvertrag über 112456,25 DM bedienen können. Um den zusätzlichen günstigen Bausparkredit von 12456.25 DM ist der Kreditnehmer somit betrogen worden.

Der Kreditnehmer hätte also einen Anspruch auf einen Bausparkredit in Höhe von 67473,75 DM statt des Anspruchs auf 55491,97 DM erhalten, ohne daß er (abgesehen von dem 1% Abschlußgebühr auf den Betrag über 100000,- DM hinaus) irgendwelche sonstigen Kosten gehabt hätte.

Der Bausparkredit, der dann ab Juni 1987 durch Zuteilung fällig geworden wäre, hätte durch Verrechnung mit dem Saldo auf dem Bausparvertrag noch eine Kapitalschuld von 55491,97 DM ergeben, zu der sich noch der Festkredit über 23834,34 DM aus Zinsstundung hinzuaddiert hätte.

Auf diesen Bausparvertrag wäre eine erhöhte Rate von monatlich 550,- DM bzw. vierteljährlich 1650,- DM zu zahlen gewesen, da an die Stelle von 8,5% p.a. Zinsen nunmehr eine Schuld von 12% p.a. getreten wäre.

Wie sich aus Spalte H27 ff... ergibt, wäre dadurch der Kredit schon nach weiteren 11 Jahren auf Null reduziert worden (vgl. H71).

Der Kreditnehmer hätte stattdessen aber auch statt 100000,- DM Kredit einen entsprechend reduzierten Zwischenkredit aufnehmen können, bei

Finanzierungsformen gescheiterter Kredite

dem der Bausparansparbetrag so deutlich unter 40 000,– DM gelegen hätte, daß er bei Zuteilung unter Berücksichtigung der Zinsen den Betrag von 40 000,– DM erreichen würde.

Kostenübersicht bis zur Beendung des Bausparvertrages (12. März 1982 bis 30. Juni 1998)

Abb. 22: Kreditsumme und Barwert

Bausparsumme (Kreditsumme)		100 000,– DM
Ansparsumme	– 40 000,– DM	
Abschlußgebühren	– 2 016,– DM	
Disagien	– 5 000,01 DM	– 47 016,01 DM
verbleibender Barwert		52 983,99 DM

Abb. 23: Kosten bis zur Zuteilung

Zinsen v. 3/82 bis 3/87 (kumuliert)	– 36 816,11 DM	
Zinsstdgszinsen (kumuliert)	– 4 434,11 DM	– 41 250,22 DM
Sparzinsen		+ 4 982,50 DM
Kosten gesamt		– 36 267,72 DM

Abb. 24: Kosten bis zur Beendigung

Bauspardarlehen	55 491,97 DM	Zinsen (kum.)	– 55 742,80 DM
Kreditablösung Zinsstdgskredit	– 23 834,34 DM	Zinsen (kum.)	– 22 791,58 DM
Kosten gesamt			– 78 534,38 DM

Abb. 25: Gesamtkosten

Kosten bis zur Zuteilung	– 36 267,72 DM
Kosten bis zur Beendigung	– 78 534,38 DM
Gesamtkosten	– 114 802,10 DM

Abb. 26: Kostenübersicht

Kapital	Disagio	Gebühren	Zinsen Kred	Zinsen Stdg.
			+ 4 982,50 DM	
	− 3 000,33 DM	− 1 600,− DM	− 36 816,11 DM	− 4 434,11 DM
	− 1 999,68 DM	− 416,− DM	− 55 742,80 DM	− 22 791,58 DM
52 983,99 DM	− 5 000,01 DM	− 2 016,− DM	− 87 576,41 DM	− 27 225,69 DM

6. Vergleich mit einem Hypothekenkredit

a) Kostenvergleich

Um den Wert der Konstruktion für den Kreditnehmer deutlich zu machen, wurde nun in den Spalten Q bis T ein Vergleichskredit berechnet, der bei 100% Auszahlung über die gesamte Laufzeit konstant einen Zinssatz von 8,5% p. a. ausgewiesen hätte.

Der Zinssatz von 8,5% p. a. rechtfertigt sich daraus, daß zum Zeitpunkt des Abschlusses der Konstruktion das Zinsniveau auf dem Markt deutlich absank und seitdem das durchschnittliche Zinsniveau auf unter 7% abgesunken ist. Nachdem die Deutsche Bundesbank die Diskontsätze bereits gesenkt hatte und der Markt reagierte, wäre eine Konstruktion, bei der die hohen Habenzinssätze von Anfang 1982 langfristig festgeschrieben worden wären, nicht zu vertreten gewesen. Der Zinssatz von 8,5% p. a. liegt im übrigen noch deutlich über den Marktzinsen. Die Bausparkasse selber hatte ihren Zinsstundungskredit ab 1. Januar 1983 mit einem Effektivzinssatz von 7,75% p. a. berechnet.

Bei diesem Vergleichskredit wurde ferner davon ausgegangen, daß ebenso wie in der Bausparkreditkonstruktion 52 983,99 DM Anfangskapital am 7. September 1982 an den Bauherrn ausgezahlt worden wäre.

Auf diesen Kredit hätte er dann zunächst dieselbe Rate gezahlt, die er unter Berücksichtigung der Zinsstundung auf den Zwischenkredit zahlte, nämlich

1 150,− DM

im Quartal (A54). Damit hätte dieser Hypothekenkredit eine anfängliche Tilgungsquote von 0,18% gehabt, die sich dann kontinuierlich gesteigert hätte.

Zum Zeitpunkt der voraussichtlichen Zuteilung des Bauspardarlehens wäre die Rate für den Kreditnehmer ohne Berücksichtigung der auf das aufgelaufene Zinsstundungskonto zu zahlenden Zinsen allein für das Bauspardarlehen auf

1650,53 DM

angestiegen. Weitere 506,48 DM wären für den Zinsstundungskredit an Zinsen aufzubringen gewesen, so daß die gesamte Rate an sich auf

2157,01 DM

hätte ansteigen müssen. Eine solche Steigerung wäre jedoch nicht möglich gewesen, so daß in der Vergleichsrechnung davon ausgegangen wurde, daß diese Zinsstundungszinsen wiederum nicht gezahlt worden und auf dem Konto weiter gestundet worden wären. Es bleibt somit bei einer Rate in Höhe von 1650,- DM.

Diese Rate wurde nun auch im Vergleichskredit eingesetzt. Ab März 1987 wäre dadurch die Tilgungsquote im Vergleichskredit auf 4,05 % (T4) gestiegen. Der Vergleichskredit hätte dann bei Beendigung des Bausparkredites noch einen Kapitalbetrag von

12732,52 DM (Q71)

gehabt und wäre ein Jahr später etwa voll abgetragen gewesen. Zu diesem Zeitpunkt hätte aber das Debet aus der Zinsstundungskonstruktion bei der Bausparfinanzierung noch folgende Beträge umfaßt:

gestundete Zinsen	23834,34 DM
Zinseszinsen (N71 + P71)	22791,58 DM
Insgesamt:	46625,92 DM

Nach Ablauf des Bausparkredits, wenn die Vorteile der Bausparkonstruktion ausgeschöpft sind, sind jedoch die verbleibenden Rückstände aus den Zinsstundungs- und Tilgungsstreckungsdarlehen wieder genauso zu behandeln wie das übliche Darlehen.

Bei einem Kreditbedarf von knapp 53000,- DM sind somit in 16 Jahren durch die Bausparkreditkonstruktion Verluste von knapp 47000,- DM eingetreten, und zwar selbst dann, wenn die Konstruktion planungsgemäß über die ganze Zeit durchgehalten worden wäre.

Vergleicht man nun die Restschuld des Vergleichskredites für das jeweilige Quartalsende (Spalte T) mit der Restschuld aus der Summe der Guthaben und Kredite im Baukreditsystem (Spalte L), so wird deutlich, daß erwartungsgemäß die Restschuld bis zur Zuteilung des Bausparkredites wie in der Graphik (Abb. 27) deutlich sichtbar, erheblich ansteigt, während sie bei dem Hypothekenkredit sich nur ganz geringfügig mindert und dann bei der höheren Rate abfällt. Beim Bausparkredit würde sich die Restschuld ab Zuteilung erheblich schneller vermindern und für das Jahr 1998 sogar die Restschuld des Hypothekenkredites erreichen, wenn der günstige Effekt

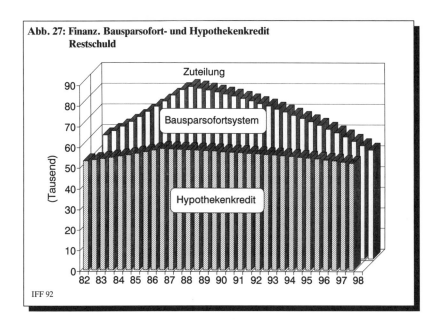

Abb. 27: Finanz. Bausparsofort- und Hypothekenkredit Restschuld

des niedrigeren Zinssatzes beim Bausparkredit nicht durch die Effekte der vorherigen Zinsstundung wieder zunichte gemacht würde. So bleibt im Ergebnis sogar noch ein langsameres Abnehmen der Restschuld im Bausparkreditsystem zu konstatieren als im einfachen Hypothekenkredit.

Dasselbe wird noch einmal deutlich, wenn man anstelle der Restschuld die Entwicklung der Zinslast im Bausparkreditsystem und im Hypothekenkredit vergleicht. Die Zinslast steigt wegen des künstlich überhöhten Kredites, der für die Ansparsumme benutzt wird und bei dem per Saldo gegenüber den verdienten Bausparzinsen eine zusätzliche Belastung verbleibt, in den ersten 5 Jahren bis zur Zuteilung erheblich an und erreicht etwa 2/3 höhere Zinsen, als ein vergleichbarer Hypothekenkredit erreicht hätte. Aber auch anschließend steigt die Zinsbelastung trotz des niedrigen Bausparkreditzinssatzes an, weil die Zinsstundungszinsen nunmehr berücksichtigt werden müssen.

Zieht man, wie im nächsten Schaubild dargestellt, die Restschuld beim Bausparkreditsystem von der Restschuld einer einfachen Hypothekenkreditfinanzierung bei einem angenommenen Zinssatz von 8,5 % p. a. ab, so ergibt sich im jeweiligen Zeitpunkt eine Differenz, die den durch die Konstruktion erlittenen Gesamtverlust repräsentiert.

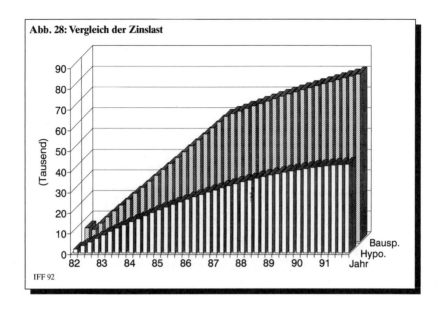

Abb. 28: Vergleich der Zinslast

Die höchsten Verluste treten danach in den ersten 5 Jahren bis zur Zuteilung ein. In der Verlustgraphik sind die Verluste von 1982 von etwa 6000,- DM bis 1987 auf über 30000,- DM angewachsen. Anschließend ist die Bausparkonstruktion mit dem Bauspardarlehen an sich günstiger, so daß die Verluste wieder zumindest teilweise kompensiert werden müßten. Tatsächlich würde sich auch am Ende der Laufzeit bei dem angenommenen Zinsniveau dieser Ausgleich einstellen. Tatsächlich steigen die Verluste jedoch noch (geringfügig) weiter, weil mit der Zinsstundungskonstruktion die Gewinne aus dem Bausparkredit wieder kompensiert werden.

Die Hauptlast der Verluste bleibt jedoch in der Ansparphase. Dies trifft gerade solche Bauherren, die mit geringem Eigenkapital und Einkommen nur kleine Raten zahlen könnten. Können sie dann wegen der hohen Ratenbelastungen diese Konstruktion nicht durchstehen, so trifft sie der gesamte Verlust, weil sie das Anrecht auf den Bausparkredit verlieren und dieses in keiner Weise als wirtschaftlicher Wert zur Verfügung steht. Vielmehr subventionieren sie dann die übrigen Bausparer.

Damit wird jedoch zugleich verständlich, warum Anbieter gerade auch gegenüber zahlungsschwachen Kreditnehmern ein Interesse am Verkauf des Bausparkreditsystems haben.

Um den **Effektivzinssatz der Bausparkonstruktion** zu errechnen, wurde der Vergleichskredit mit einem Zinssatz versehen, der so teuer sein sollte, daß bei den gleichen (sich verändernden) Ratenzahlungen und den unterschiedlichen Kapitalauszahlungen gleichwohl am Ende der gesamten Bausparkreditkonstruktion derselbe Restwert entstand wie in der Hypothekenkreditkonstruktion.

Ein solcher Hypothekenkredit hätte 1982 zu dem schon damals und in der Folgezeit erst recht weit überhöhten Zinssatz von

10,6 % p. a.

vergeben werden müssen. Dieser Zinssatz hätte zudem über die gesetzliche Kündigungsmöglichkeit von 10 Jahren hinaus auf 17 Jahre festgeschrieben werden müssen. Zieht man die mietrechtliche Rechtsprechung hinzu mit den insofern vergleichbaren langfristigen Mietzinsbindungen, wie sie auch der Hypothekenkredit (im Gegensatz zum Konsumratenkredit) aufweist, so wäre mit einer fast 30 % Überschreitung der Durchschnittszinsen sogar die Wuchergrenze fast erreicht.

Auch aus dieser Konstruktion eines überteuerten einfachen Hypothekenkredites wird deutlich, daß die Bausparsofortfinanzierung anfänglich noch höhere Verluste aufweisen würde, die den Effektivzinssatz für gescheiterte Bausparkonstruktionen nachträglich eindeutig zum Wucherzinssatz machen.

Zwar wären die Verluste nur auf 25 000,– DM angestiegen. Anschließend erst hätten sich die Verluste durch die Vorteile des praktisch nur noch halb so hohen Zinssatzes im Bausparkredit allmählich gemindert und wären nach 17 Jahren vollständig abgebaut worden. Jede Beendigung der Konstruktion vor Ablauf der 17 Jahre hätte jedoch zu Verlusten geführt, obwohl der Hypothekenkredit mit 10,64 % p. a. um 2 % höher lag als der Zinssatz des Zwischenkredits.

b) Ratenhöhe

Die Nachteile des Bausparkreditsystems werden auch nicht durch eine etwaige niedrigere Rate kompensiert, da trotz der Tatsache, daß ein tilgungsfreier (Zwischen-)Kredit gewährt wird, die Zinsraten höher sind als im Tilgungskredit, weil der Ansparvorgang der Tilgung mitfinanziert wird.

Bei einem Hypothekenkredit über dieselbe Summe mit 1 %iger Tilgung – wie er üblicherweise vergeben wird – und demselben Zinssatz von 8,5 % wie im Zwischenkredit, hätte die Ratenhöhe etwa 1 200,– DM im Quartal betragen, beim Bausparkredit wäre sie zunächst auf über 2 000,– DM geklettert, um dann auf ca. 1 600,– DM abzusinken. In der Bausparkreditkonstruktion sind somit erheblich höhere Ratenzahlungsverpflichtungen zu erwarten.

Finanzierungsformen gescheiterter Kredite

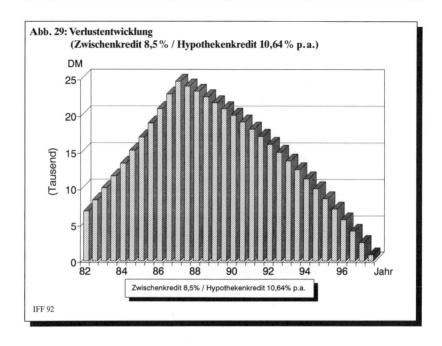

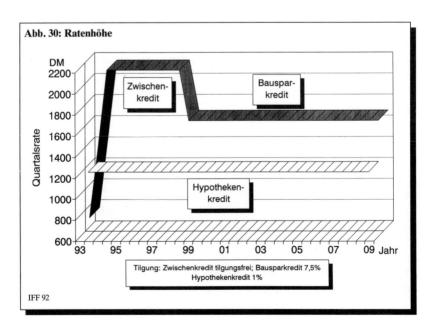

c) Besonderer Verlust bei vorzeitiger Beendigung

Wie bereits erwähnt, ist der vorzeitige Abbruch der Bausparkreditkonstruktion besonders nachteilig. Im September 1983 brach die Bausparkreditkonstruktion im ausgewählten Beispielsfall zusammen, da gemeinsam mit den anderen Bausparkreditkonstruktionen die geforderten Raten nicht mehr aufzubringen waren. Zu diesem Zeitpunkt wies die Bausparkonstruktion folgende Daten auf (Abb. 31):

Abb. 31: Vorzeitige Beendigung

Bausparsofortfinanzierung
Bausparsumme	40 898,17 DM
Bauspardarlehen	100 000,– DM
Saldo Kreditzinsen	10 087,70 DM
Gestundete Zinsen	5 750,22 DM
Zinseszinsen	309,18 DM
Restschuld	**64 477,96 DM**

Vergleichskredit
Zinssumme kumuliert	5 624,32 DM
Restschuld	**52 884,51 DM**

7. Kompensation der Verluste durch staatliche Bausparförderung?

Auch die verschiedenen staatlichen Vergünstigungen, mit denen besonders für das Bausparen geworben und die hier beschriebene Konstruktion gerechtfertigt wird, ändern, wie im folgenden zu zeigen ist, nichts daran, daß in aller Regel mit dieser gerade für untere Einkommensschichten geschaffenen Konstruktion hohe zusätzliche Verluste und Verlustrisiken in Kauf genommen werden müssen.

Als staatliche Vergünstigungen kommen in Frage:
– Arbeitnehmersparzulage nach dem Vermögensbildungsgesetz,
– Wohnungsbauprämie nach dem Wohnungsbauprämiengesetz,
– Steuervergünstigungen nach dem Einkommensteuergesetz und
– Zinsbeihilfen des Bundes zur Zwischenfinanzierung.

Die zuerst genannten drei Förderungen schließen sich dabei gegenseitig aus (sog. Kumulierungsverbot). Die Rechtslage hat sich allerdings seit der Untersuchung geändert.

a) Arbeitnehmersparzulage

Für vermögenswirksame Leistungen bis zu jährlich DM 624,–, § 13 Abs. 1 VermBG, die als Bausparbeiträge verwendet werden, erhielt der Bausparer bis Ende 1989, wenn in dem betreffenden Kalenderjahr die Einkommensgrenze nicht überschritten wurde, nach dem Vermögensbildungsgesetz eine Arbeitnehmersparzulage in Höhe von 23%, bei 3 und mehr Kindern 33%, der vermögenswirksam angelegten Sparleistung (§ 13 Abs. 2 und 3 VermBG).

Die Sparzulage betrug demnach maximal

DM 143,60 bzw. 206,– DM.

Die Einkommensgrenze für die Arbeitnehmersparzulage gem. § 13 Abs. 1 lag bei Alleinstehenden bei einem zu versteuernden Einkommen von DM 24000,– bzw. bei zusammenveranlagten Ehegatten bei einem zu versteuernden Einkommen von DM 48000,– zuzüglich DM 1800,– für jedes Kind im Sinne des § 32 Abs. 1–5 EStG.

Der Betrag war in der Regel, wie unser Beispielsfall zeigt, im Verhältnis zu den Verlusten so gering, daß er vernachlässigt werden kann. In unserem Beispiel kam hinzu, daß der betreffende Kreditnehmer ihn überhaupt nicht für seine Bausparfinanzierung bekommen konnte, weil es dem Vertreter gelungen war, mit Verweis auf diese Leistungen für die Frau der zusammenveranlagten Eheleute einen weiteren gesonderten Bausparvertrag zu vereinbaren, der in die Baufinanzierung nicht miteinbezogen war.

Mit dem 5. Vermögensbildungsgesetz vom 19. Januar 1989 wurde die Förderung weiter gekürzt. Der Sparbetrag wurde auf 924,– DM festgelegt. Bausparleistungen waren nunmehr gem. § 2 Abs.1 Nr. 4 und 5 VermBG in dieser Höhe pro Jahr förderungsfähig, wenn das Einkommen der Arbeitnehmer allein 27000,– DM (entsprechend verdoppelt bei Verheirateten) nicht überstieg. Die Förderung belief sich auf nur noch 10% der Sparleistung also maximal 92,50 DM (§ 13 Abs.2 Nr. 2 VermBG). In den neuen Bundesländern beträgt die Förderung 15%.

b) Wohnungsbauprämie

Ein besonderes Verkaufsargument für Bausparformen, selbst wenn es sich wirtschaftlich um eine Sofortfinanzierung ohne Sparen handelt, ist häufig die Möglichkeit staatlicher Förderung durch eine Wohnungsbauprämie. Auch dieses Gesetz wurde 1990 neu abgefaßt und 1991 erneut geändert.[3] Unbeschränkt einkommensteuerpflichtige Personen nach § 1 Abs. 1 EStG können zur Förderung des Wohnungsbaus eine Prämie erhalten (§ 1 WoPG).

Voraussetzung hierfür ist, daß die Aufwendungen keine vermögenswirksamen Leistungen darstellen, für die eine Arbeitnehmersparzulage gewährt wird (§ 1 Satz 2 Nr. 1 WoPG) und daß das zu versteuernde Einkommen bei Alleinstehenden DM 24000,– (ab 1991 DM 27000,–) und bei zusammenver-

---

[3] vgl. BGBl. I S. 826 vom 27. 3. 1991.

anlagten Ehegatten DM 48 000,–, (DM 54 000,–) welches sich für jedes Kind unter 18 Jahre um DM 1 800,– erhöhte, nicht übersteigt (§ 1 Satz 2 Nr. 2 i. V. m. § 2a WoPG). Statt der Kinderregelung werden Kinder nunmehr zu einer Höchstbetragsgemeinschaft wie Erwachsene gezählt.

Prämienbegünstigt sind jährlich Sparleistungen bis zu maximal DM 800,– bei Alleinstehenden und bis zu maximal DM 1 600,– bei Verheirateten (§ 3 Abs. 4 WoPG). Die Prämie selbst beläuft sich gem. § 3 Abs. 1 Satz 1 WoPG ab dem 1. 1. 1989 auf 15% und ab 1991 auf 10% der Sparleistungen. Die Höchstprämie beträgt DM 80,–/160,– p. a. Für die Wohnungsbauprämie gilt das Gleiche wie für die vermögenswirksam angelegten Sparleistungen. Die Beträge sind im Verhältnis zu den Verlusten minimal und würden sich nur bei sehr langfristig angelegten reinen Sparformen im klassischen Sinne des Bausparens bemerkbar machen. Im übrigen war auch hierfür ein gesonderter Bausparvertrag vereinbart, der in die Finanzierung nicht mit einbezogen war.

c) Steuervergünstigungen durch Werbungskosten
Die steuerlichen Absetzungsmöglichkeiten im Baubereich sind gerade deshalb, weil sie für den Laien schwer durchschaubar sind, ein besonders leicht handhabbares Mittel, die tatsächlichen Belastungen für die Zukunft herunterzuspielen. In vielen Fällen kann beobachtet werden, daß Vertreter, die kombinierte Baukredite verkaufen, auf Zetteln Phantasierechnungen aufmachen, in denen phantastische Summen durch Inspruchnahme von Steuervergünstigungen vorgespiegelt werden.

Dabei sind diese Steuererleichterungen für den mit knappem Einkommen kalkulierenden Bauherrn zunächst ohnehin irrelevant. In den ersten beiden Jahren, insbesondere während der Bautätigkeit, fallen eine Vielzahl von kleineren Kosten an, die nicht miteinkalkuliert sind. Diese Kosten sind besonders hoch, wenn eine hohe Eigenleistung erbracht werden soll. In den Finanzierungsplänen wird nämlich regelmäßig nicht berücksichtigt, daß bei einem Volumen für die Eigenleistung für Kleinmaterialien, wie Nägel, Farbe, Schrauben, Werkzeuge etc. eine Finanzierung erforderlich wäre. Stattdessen bestreitet der Bauherr diese Kosten aus seinem laufenden Einkommen. Dadurch fällt es ihm in dieser Zeit besonders schwer, erhöhte Raten zu tragen.

Die Steuerersparnis, die ihm Bank oder Vermittler vorgerechnet haben, werden häufig lediglich als Erstattungsanspruch geltend gemacht. Auf diese Erstattung muß der Kreditnehmer jedoch gerade bei komplizierteren Steuerabrechnungen, wie sie während der Bauphase dem Finanzamt vorliegen, in der Regel mindestens 2 Jahre seit dem ersten Monat ihrer Anrechenbarkeit warten.

Die Steuerersparnis richtet sich dann ihrer Höhe nach nach dem Einkommen des Kreditnehmers. Da der Kreditnehmer das Haus erst baut, kann er, weil er es nicht selber nutzt, bis zur Fertigstellung alle anfallenden Schuldzinsen als Werbungskosten steuerlich absetzen.

In unserem Beispielsfall wurden die Steuervergünstigungen dem Kreditnehmer erst zweieinhalb Jahre später erstattet. Die Steuern wurden von seinem Arbeitgeber zunächst jeweils abgeführt und erst aufgrund des Erstattungsantrages zurückgezahlt. Auf diese Weise war der Kreditnehmer gezwungen, zusätzlich noch dem Staat einen zinslosen (inzwischen mit 7 % verzinslichen) Kredit über insgesamt DM 30000,– zu gewähren, den er, wie oben gezeigt, selber recht teuer finanzieren mußte.

Ein weiterer Nachteil ergibt sich daraus, daß mit Fertigstellung des Hauses die Abschreibungsmöglichkeit wegfällt, weil der Bauherr dann das Haus selber nutzt. Zwar fallen zu diesem Zeitpunkt die zusätzlichen Mietkosten der vorher bewohnten Räumlichkeit weg, so daß insoweit eine Entlastung eintritt. An ihre Stelle treten jedoch die Unterhaltungskosten des Neubaus sowie die Vielzahl kleinerer Kostenbeträge, die sich durch Umzug und Einzug in ein vorher noch nicht bewohntes Gebäude ergeben. An diese Kosten wurde in der Regel ebenfalls nicht gedacht, so daß der Wegfall der Steuervergünstigung zu einem problematischen Zeitpunkt erfolgt.

Besonders mißlich ist schließlich die Koppelung der Steuererleichterung an die Steuerprogression. Danach wird der Teil der Kreditzinsen, der auf den Einkommensbetrag entfällt, der am höchsten besteuert wird, entsprechend hoch entlastet. Ein Spitzenverdiener erhält auf diese Weise 52 % seiner Kreditzinsen in der Aufbauphase vom Staat erstattet. Ist sein Einkommen so hoch, daß die Summe der Kreditzinsen von im Beispielsfall 16000,– DM in der Anfangsphase in den mit dem Spitzensteuersatz versteuerten Einkommensbetrag fällt, so wird sein Bauen durch einen staatlichen Zuschuß von 8320,– DM gefördert, was einer monatlichen Ratenentlastung um ca. 700,– DM entspricht.

Ein Arbeitnehmer, der sich das Bauen vielleicht gerade leisten zu können glaubt und zusätzlich noch Kinder zu versorgen hat, hat einen entsprechend niedrigeren Spitzensteuersatz, da er weniger verdient und höhere notwendige Ausgaben hat. Liegt dieser bei 25 %, so wäre seine Bauförderung zu den Zinsen nur in Höhe von 4000,– DM erfolgt. Doch auch dieser Betrag wird für ihn zu hoch sein, weil sein Einkommen u. U. so nahe an diesem Steuersatz liegt, daß schon bei Berücksichtigung von Teilen der Zinslast sein Steuersatz für den Rest der Zinsen niedriger ist.

Insoweit handelt es sich bei diesen Problemen, die im übrigen auch bei der allgemeinen Abschreibung gemäß § 7b a. F. EStG (§ 10e EStG) und generell im Steuerrecht auf Grund von Steuerfreibeträgen im Hinblick auf die Steuerprogression bestehen, um ein allgemeines Problem.

Dieses Problem wird jedoch zu einem spezifischen Bauproblem knapp kalkulierender Haushalte, weil die Vermittler die Unwissenheit insoweit ausnutzen.

In den in den Unterlagen gemachten Rechnungen werden nämlich häufig Steuerersparnisse (ohne Hinweis auf den Umstand, daß sie erst später anfallen) auch noch ohne Rücksicht auf die tatsächliche Situation ganz generell nach dem Spitzensteuersatz berechnet. Da zudem durch die Bausparsofortfinanzierung mit ihrem wegen des Ansparvorgangs um mehr als 40 % überhöhten Kreditbedarfes eine entsprechend erhöhte Zinslast entsteht, kann der Vermittler den angeblichen Vorteil dieser Konstruktion daraus ableiten, daß in der Bausparsofortfinanzierung der Staat mehr Geld zur Verfügung stellt als in der einfachen Hypothekenfinanzierung.

Abb. 32: Steuerersparnis im Vergleich

Spitzensteuersatz 52 %

Bausparkredit	100 000,– DM
Sofortauszahlung	60 000,– DM
Zinsen à 8 % p. a.	8 000,00 DM
Steuerersparnis (max)	**2 000,00 DM**
Hypothekenkredit	60 000,– DM
Sofortauszahlung	60 000,– DM
Zinsen à 8 % p. a.	4 800,– DM
Steuerersparnis (max)	**1 200,– DM**

In unserem Beispielsfall entstand durch Heirat sowie Geburt eines Kindes eine Situation, in der der Bauherr bei Berücksichtigung schon eines Teiles der Kreditzinsen vollkommen steuerfrei war und daher die Steuervergünstigung nicht ausschöpfen konnte.

Letztlich unterscheidet sich die Möglichkeit der Steuerersparnis bei den Werbungskosten nur ganz unwesentlich von dem Modell einfacher Hypothekenfinanzierung und gibt vor allem dem Bezieher eines geringen Einkommens kaum eine Möglichkeit, seine Zinsverluste in der Sofortfinanzierung mit Ansparvorgang zu kompensieren.

d) Sondervergünstigungen für Bausparprämien gem. § 10 EStG
In der Werbung für Bausparsofortfinanzierungen (ebenso wie für Kapitallebensversicherungskredite) spielt darüberhinaus das Argument eine Rolle, der Kreditnehmer könne auf diese Weise Sonderabschreibungen in Anspruch nehmen, die an sich nur dem Sparer zustehen. Tatsächlich erweist sich dieses Argument in der Praxis als falsch, weil nicht einer der Betroffenen in den vorliegenden Fällen davon Gebrauch machen konnte. Dies ist

auch, wie die folgenden der Vollständigkeit halber gemachten Ausführungen zeigen, durchaus die Regel, so daß diese schwer verständliche gesetzliche Regelung eine wenig sinnvolle Irreführungsmöglichkeit für Werber darstellt.

Bausparbeiträge gehören ebenso wie Lebensversicherungsbeiträge zu den Vorsorgeaufwendungen, die nach § 10 EStG (zu 50 %) abzugsfähig sind. Zu den steuerlich begünstigten Bausparbeiträgen im Sinne des § 10 Abs. 1 Nr. 3 EStG gehören dabei außer den Bausparbeiträgen auch die darüber hinaus geleisteten freiwilligen Beiträge (höchstens DM 800,– bei Alleinstehenden und DM 1 600,– bei Ehegatten) und die Abschlußgebühr, ferner die auf das Bausparguthaben gutgeschriebenen Zinsen und die vermögenswirksamen Leistungen, die einem Bausparvertrag als Sparleistungen zufließen, sofern sie nicht sparzulageberechtigt sind[4].

Eine Steuerersparnis ist jedoch nur möglich, wenn die Vorsorgeaufwendungen insgesamt höher sind als die Pauschbeträge, die das Finanzamt ohnehin gewährt.

Der Vorsorgepauschbetrag beträgt gem. § 10c Abs. 2 EStG DM 300,–, bzw. im Fall der Zusammenveranlagung DM 600,–. Bei Arbeitnehmern tritt an die Stelle des Vorsorgepauschbetrages die sog. Vorsorgepauschale nach § 10c Abs. 3 EStG. Sie soll die regelmäßig anfallenden Sozialversicherungsbeiträge abgelten und ist bereits in die Lohnsteuertabellen fest eingearbeitet. Die Vorsorgepauschale beträgt grundsätzlich 18 % des Bruttoarbeitsentgeltes, höchstens jedoch DM 2000,–.

Im übrigen sind die Sonderausgaben-Höchstbeträge zu beachten, bis zu denen Vorsorgeaufwendungen überhaupt nur abzugsfähig sind. Im Rahmen der Höchstbetragsberechnung wird gem. § 10 Abs. 3 EStG für Versicherungs- und Bausparbeiträge zusammen ein Betrag von früher DM 2340,–, jetzt DM 2610,– und im Fall der Zusammenveranlagung von früher DM 4680,–, jetzt DM 5220,– gewährt (Vollabziehbarkeit). Diese Beträge werden um den Arbeitgeberanteil zur Rentenversicherung bzw. um 9 % der Einnahmen aus der Beschäftigung oder Tätigkeit gekürzt (§ 10 Abs. 3 Satz 2 EStG).

Sofern Versicherungs- und Bausparbeiträge die vorgenannten Höchstbeträge übersteigen, dürfen sie zur Hälfte, höchstens bis zur Hälfte des Höchstbetrages, angesetzt werden (§ 10 Abs. 3 Satz 3 EStG).

Bei sozialversicherungspflichtigen Arbeitnehmern wird die Anrechnung von Steuervorteilen in den meisten Fällen jedoch scheitern, da sie nur inner-

---

4 vgl. im einzelnen *Blümich*, EStG, 13. Auflage 1988, Bd. 2, § 10 Rz. 204 ff.; *Schmidt-Heinicke*, EStG, 7. Auflage, 1988, § 10 Ziff. 15.

halb des Rahmens der Vorsorgeaufwendungen möglich ist und dann entfällt, wenn durch die Sozialversicherungsbeiträge – wie bei Arbeitnehmern üblich – die steuerfreien Vorsorgemöglichkeiten bereits ausgeschöpft sind.

Der steuerlichen Absetzbarkeit steht dabei nach h. M.[5] nicht entgegen, daß der Abschluß des Bausparvertrages »weder unmittelbar noch mittelbar in wirtschaftlichem Zusammenhang mit der Aufnahme eines Kredits« (§ 10 Abs. 2 Nr. 1 EStG) stehen darf. Diese Vorschrift soll nur die Fälle erfassen, wo die Beitragszahlung selber unmittelbar aus Mitteln Dritter erfolgt[6].

Daß der Sinn der Steuervergünstigung, die Begünstigung vorsorglichen Sparens, aber auch bei dem Mißbrauch der Bausparverträge zu Kreditzwecken verfehlt wird, hat zumindest bisher nicht zu ihrer steuerrechtlichen Diskriminierung geführt. Durch das Steuerreformgesetz 1990 vom 25. Juli 1988[7] wurde das Kreditaufnahmeverbot nunmehr auch ersatzlos gestrichen, so daß es ab dem Veranlagungszeitraum 1988 jetzt keinerlei steuerliche Schranken mehr gibt, wenn die Beiträge nicht aus eigenem verfügbaren Einkommen oder Vermögen geleistet werden.

Die Anrechnung von Steuervorteilen scheitert jedoch in den weitaus meisten Fällen daran, daß sie, wie oben ausgeführt, nur innerhalb des Rahmens der Vorsorgeaufwendungen möglich ist und dann entfällt, wenn durch die Sozialversicherungsbeiträge, wie üblich bei Arbeitnehmern, die steuerfreien Vorsorgemöglichkeiten bereits ausgeschöpft sind. Als Faustformel kann dabei gelten: Unterschreitet 18 % des Bruttoeinkommens den Betrag von 13 020,– DM bei Verheirateten und 6 510,– DM bei Ledigen, so ist keine Steuerersparnis mehr zu erwarten.

Bis 1988 hat damit das Sofortfinanzierungsmodell dem Bauwilligen keine weiteren, über den auch bei anderen Krediten gewährten Sonderausgabenabzug für Geldbeschaffungskosten hinausgehende Steuervergünstigungen geschaffen.

e) Sonderprogramm der Bundesregierung zur Bausparzwischenfinanzierung

Die Bundesregierung hatte speziell für Bausparverträge Ende der 90er Jahre ein Programm aufgelegt, das Zinssubventionen in Höhe von 2,5 % auf den Kreditzinssatz versprach[8]. Mit dieser Zinssubvention sollte es ermöglicht werden, daß Bausparer im Vorgriff auf die Zuteilung ihrer Darlehenssummen bereits schon früher bauen konnten. Dahinter stand die Vorstel-

---

5 BFHE 68, 145; *Schmidt/Heinicke*, EStG, 7. Aufl. 1988, § 10 Ziff. 25.
6 für Kapitallebensversicherung entschieden: BFH, a. a. O.
7 BGBl. I, S. 1903.
8 vgl. Vergünstigungen für Bausparer, Haus- und Wohnungseigentümer, 24. Aufl., 1990.

lung, daß eine Vielzahl von Bausparern angesparte Beträge haben und ihren Bauwunsch vorziehen würden, wenn man ihnen die angesparten Beträge vorzeitig verfügbar macht.

Tatsächlich handelte es sich jedoch um ein Programm der Bundesregierung zur Subventionierung einer bestimmten Form der Hausfinanzierung, nämlich der Bausparsofortfinanzierung. Da jeder Bausparer, der über Zwischenkredite die Auszahlung des Darlehens vorfinanzierte, in den Genuß dieser Subventionen kommen konnte, bedeutete dies, daß die Vermittler auch an solche Kreditnehmer, die nichts angespart hatten, subventionierte Bausparsofortfinanzierung verkauften. Die Zinssenkung um 2,5% ermöglichte damit den Bausparkassen, auch bei der Zwischenfinanzierung noch ein überhöhtes Zinsniveau zusätzlich aufrecht zu erhalten, da durch die staatlichen Subventionen nur knapp unter dem Marktdurchschnitt Angebote erforderlich waren. Insgesamt aber sind Bausparsofortfinanzierungen wie die Berechnungen gezeigt haben, bis zu 3% teurer als marktdurchschnittliche Kredite, so daß durch die Unterstützung der Zwischenfinanzierung auf Staatskosten nicht einmal ein konkurrenzfähiges Produkt entstand.

Da die Bundesregierung offensichtlich allein den Informationen der Bausparkassen vertraute und keine eigene Untersuchung der Marktgewohnheiten und des Preisniveaus vornahm, muß davon ausgegangen werden, daß Millionen- wenn nicht gar Milliardenbeträge unter falschem Vorzeichen als Direktsubventionen den Banken zuflossen und zudem eine Finanzierungsform hoffähig machte und mit staatlicher Unterstützung versah, die unter normalen Marktverhältnissen ohne Staatsintervention kaum Überlebenschancen hätte. Da Zwischenfinanzierungen häufig mit Zinsstundungskrediten abgesichert wurden, bedeutete die Zinssubventionierung auch keine Senkung der Ratenbelastung sondern lediglich eine Senkung des aus der Konstruktion entstehenden Schadens. In einem dem Landgericht Heidelberg vorliegenden Fall, für das das Institut für Finanzdienstleistungen und Verbraucherschutz e. V. ein Sachverständigengutachten anfertigte, wäre der Schaden durch die Zinssubventionierung der Bundesrepublik statt 135 413,05 DM gegenüber einer üblichen Hypothekenfinanzierung nur 113 813,20 DM gewesen. Entstanden wäre dieser Schaden aber ohnehin, da ihn statt des Verbrauchers nunmehr die Allgemeinheit übernehme. Mit marktwirtschaftlichen Bedingungen hat dies wenig zu tun. Die Bundesrepublik hat dann auch ohne besondere Erklärungen das Subventionierungsprogramm eingestellt. Es dürfte ein unter vielen Beispielen in der öffentlichen Bausubventionierung sein, wie durch undurchdachte oder aber, was schlimmer wäre, anders gedachte, Subventionierungsprogramme nicht nur die Falschen subventioniert werden, sondern auch marktwidrige Konstruktionen und marktwidriges Verhalten gefördert wird.

f) Ergebnis

Die Bausparsofortfinanzierung erweist sich als eine äußerst problematische und undurchsichtige Konstruktion für den Bauwilligen. Ähnlich wie bei der Kombination von Kapitallebensversicherung mit einem Festkredit (vgl. dazu im Anschluß unter Punkt B.), kann nämlich auch die Bausparsofortfinanzierung, bei der der Ansparprozeß seinerseits durch Ansparkredit und Zwischenkredit finanziert wird, als eine Verschleierung eines erheblich verteuerten Krediter angesehen werden. Verschiedene Faktoren tragen dazu bei, daß in dieser Form Kreditnehmer, die nur knapp zur Wohnungsfinanzierung in der Lage sind, besonders gefährdet werden. Die Rechtslage sowohl im Steuer- als auch im Zivilrecht ist äußerst undurchsichtig geworden. Die Form bietet Anreiz für die Vermittler, eine doppelte Provision zu verdienen, und gibt den Bausparkassen die Möglichkeit, die zu eng gewordenen Grenzen ihrer Sparte in Richtung auf eine Vollfinanzierung von Bauten zu überschreiten. Ökonomisch ist diese Form im übrigen nicht berechenbar und ihre besondere Gefahr liegt darin, daß sie bei vorzeitigem Scheitern überproportionale Schäden provoziert.

Angesichts der Vielzahl, mit der diese an sich insgesamt minoritäre Finanzierungsform gerade bei den Fällen gescheiterter Finanzierung, die dieser Untersuchung zugrundelagen, in Erscheinung trat, ist nicht auszuschließen, daß sie mitursächlich für das Scheitern dieser Modelle war.

B. Die Kombination von Kapitallebensversicherung und Hypothekendarlehen

Der in jüngster Zeit zu beobachtende verstärkte Trend, eine Finanzierung von Bauvorhaben über die Kombination von Lebensversicherung und Hypothekendarlehen durchzuführen, spiegelte sich auch in den uns zur Verfügung stehenden Fällen notleidender Baufinanzierungen wider.

I. Konstruktion dieser Finanzierungsform

Dabei ähnelt die Finanzierung über eine Kapitallebensversicherung einer Bausparsofortfinanzierung, so daß ein großer Teil der vorstehend in Teil A beschriebenen Ausführungen auch für diese Konstruktionen Gültigkeit hat.

Finanzierungsformen gescheiterter Kredite

	Tilgung Anfängl.	Mitte	Ende	**Stundung**	Parallel Ansparen	Zinssätze
Hypothekenkredit	ja	ja	nein	nein	nein	1
Bausparsofortfinanzierung	nein	ja	nein	ja	ja	3
Kapitallebensversicherungskredit	nein	nein	ja	nein	ja	2

Ein Lebensversicherungshypothekenkredit wird entweder von einem Kreditvermittler, von Banken die Versicherungen verkaufen oder vermitteln, oder von Versicherungsvertretern, an die sich die Bauwilligen im Einzelfall wenden, angebahnt. Häufig ist der Versicherungsvertreter zugleich auch Kreditvermittler und Grundstücksmakler, so daß er bei dieser Kombinationsfinanzierung verschiedene Provisionen verdienen kann.

Die Grundstruktur der Konstruktion von Kapitallebensversicherung und Hypothekenkredit sieht dabei so aus, daß der Kreditnehmer ein Hypothekendarlehen über die gleiche Laufzeit erhält wie eine zur selben Zeit abgeschlossene Kapitallebensversicherung. Die Besonderheit besteht darin, daß das Hypothekendarlehen nicht mit den Monatsraten getilgt wird, sondern daß nur Zinsen für den Kredit gezahlt werden. Erst am Ende soll das Hypothekendarlehen mit dem Geld der Kapitallebensversicherung zurückgezahlt werden.

Die auf den Kredit geleisteten Raten verringern also nicht die Schuld. Nach Ablauf des Versicherungsvertrages, der in etwa der Laufzeit des Darlehensvertrages entspricht, wird das Darlehen aus der Ablaufleistung der Lebensversicherung, d. h. Versicherungssumme plus Überschußbeteiligung, zurückgezahlt. Der Beitrag zur Lebensversicherung kann dadurch gesenkt werden, daß die Versicherungssumme kleiner ist als die Kreditsumme. Die Versicherungssumme wird hierbei so gewählt, daß die Ablaufleistung der Versicherungssumme in etwa der Kreditsumme entspricht.

Wirtschaftlich gesehen besteht für den Kreditnehmer kein Unterschied zu einem Hypothekenkredit mit Tilgung. Er erhält zu Beginn der Laufzeit einen Nettokredit zu seiner Verfügung und zahlt monatlich eine gleichbleibende Zinsschuld sowie einen Kapitalbetrag, der als Sparleistung gutgeschrieben wird. Aus der Summe der beiden Zahlungen ergibt sich die monatliche Rate für diese Art von Kredit. Am Ende der Laufzeit ist das Kredit-und Sparverhältnis abgeschlossen.

Kombination von Kapitallebensversicherung und Hypothekendarlehen

Im Falle der Eheleute K.-R. wurde zum 1. Juni 1980 eine Kapitallebensversicherung mit gleichbleibender unterschiedlicher Todes- und Erlebensfalleistung bei steigenden Prämien zugleich mit einem Bankkredit abgeschlossen, der durch die Auszahlung der Versicherungssumme im Erlebensfall teilweise, im Todesfall ganz abgedeckt werden sollte. Die Rechte und Ansprüche aus der Lebensversicherung waren zu diesem Zweck an den Kreditgeber abgetreten. Zur weiteren Sicherung wurde eine erstrangige Grundschuld in Höhe von DM 186 000,- bestellt. Die Verträge hatten im einzelnen folgende Konditionen:

Abb. 33

Versicherungsdauer	30 Jahre
Leistung im Todesfall	DM 195 000,-
bei Vertragsablauf	DM 97 500,-
Hypothekendarlehen	DM 195 000,-
Auszahlquote	91 %
Zinsbindung	5 Jahre
Nominalzinssatz	6,5 %
Zinslast pro Quartal	DM 3 170,-
Prämie pro Quartal	DM 655,-

Familie K.-R. zahlte somit am Anfang monatlich 1 275,- DM an Finanzierungskosten bei einem monatlichen Familieneinkommen von 2 500,- DM.

Im Gegensatz zu den oben dargestellten Finanzierungsformen lagen die Ursachen der Zahlungsschwierigkeiten und letztendlich das Scheitern der Finanzierung hier nicht in einer von vornherein bestehenden Finanzierungslücke. Der Kreditrahmen entsprach in unseren Fällen durchgehend dem erforderlichen Finanzierungsbedarf.

Probleme entstanden hier vielmehr durch steigende monatliche Belastungen, weil die Zinsbindungsfristen ausliefen sowie von vorneherein eine Prämienerhöhung vereinbart worden war. Der Umfang der Prämiensteigerung war von den Betroffenen bei Vertragsabschluß nicht übersehen worden. Darüberhinaus mußten die Bauherren feststellen, daß die Versicherungsprämien keine steuerliche Berücksichtigung fanden. Bei geringem Einkommen war der Sonderausgabenabzug bereits durch Sozialversicherungsbeiträge ausgeschöpft.

Im Falle der Familie K.-R. waren laufende Erhöhungen der jährlichen Versicherungsprämien in Höhe von 5 % vorgesehen. Die monatlichen Prämien, die sich in der dreißigjährigen Laufzeit ergeben würden, wurden den Kreditnehmern in Form einer Beitragsübersicht mit Prämienprogression im einzelnen nach Vertragsschluß mitgeteilt. Bedenken gegen die Höhe der monatlichen Belastung wurden durch den Vermittler mit dem Hinweis auf die ebenfalls jährlich steigenden Löhne zerstreut.

Nach fünf Jahren, als nach Auslaufen der Zinsbindungsfrist sich die Zinsen von 6,5% auf 8,625% erhöhten, betrug die vierteljährliche Belastung aus dem Hypothekenkredit dementsprechend DM 4 143,75. Die Versicherungsprämie hatte sich mittlerweile auf DM 797,60 pro Quartal erhöht. Folglich waren monatliche Kreditkosten in Höhe von DM 1 647,11 bei einem Einkommen von lediglich DM 2650,– zu erbringen.

Familie K.-R. geriet zunehmend in Zahlungsschwierigkeiten. Die Eheleute konnten die damit verbundenen psychischen Belastungen nicht verkraften und trennten sich im Laufe der Zeit. Die Folge war eine weitere Verschlechterung der Einkommenssituation.

In einem Fall wurde sogar der in Aussicht gestellte, an eine Kapitallebensversicherung gekoppelte Hypothekenkredit noch durch ein Vorschaltdarlehen einer anderen Bank zwischenfinanziert. Diese Konstruktion verursachte für den Kreditnehmer nur zusätzliche Kosten, ohne ihm erkennbaren Nutzen zu bringen.

Familie S. beantragte ein Hypothekendarlehn i. H. von DM 200 000,– welches über eine gleichzeitig abgeschlossene Kapitallebensversicherung getilgt werden sollte. Auf Anraten eines unabhängigen Kreditvermittlers sollte zunächst ein Betrag von DM 178 000,– bis zur endgültigen Zusage vorfinanziert werden.

Am 23. April 1980 wurde diesem Plan entsprechend der Kreditvertrag für ein Zwischendarlehen i. H. von DM 178 000,– abgeschlossen. Familie S. mußte dafür eine Bearbeitungsgebühr von 1% = DM 1780,– entrichten. Der Zinssatz betrug zunächst 8,5% und erhöhte sich im Laufe der Zeit auf 13% (März 1981), 14,5% (Mai 1981), bis er im Mai 1982 auf 12,5% reduziert wurde.

Nur eine Woche später, nämlich am 30. April 1980, wurde der ursprünglich geplante Kredit, der zwischenfinanziert werden sollte, endgültig abgeschlossen. Bei einer Darlehenssumme von DM 200 000,– betrug der Auszahlungskurs 91% = DM 182 000,–. Der Zinsssatz betrug 6,5%, festgelegt auf 5 Jahre. Gleichzeitig wurden ab 24. Oktober 1980 Bereitstellungszinsen in Höhe von 0,25% pro Monat vereinbart.

Von dem mit der Lebensversicherung gekoppelten Hypothekenkredit wurden erstmals Ende Juli 1981 DM 146 250,– des Zwischenkredits abgelöst. Weitere DM 34 655,– wurden erst Anfang März 1982 abgelöst; die verbleibenden DM 19 095,– erst 5 Monate später.

Sinn und Zweck dieser Doppelfinanzierung mit ihren erheblichen Kosten bleiben vollkommen im Dunkeln. Familie S. zahlte für das bewilligte Hypothekendarlehen auf der einen Seite knapp DM 5700,– Bereitstellungszinsen und mußte auf der anderen Seite das Zwischendarlehen voll verzinsen.

Mit den in Zusammenhang mit der Kopplung von Lebensversicherung und

Kredit verbundenen Problemen hat sich in jüngster Zeit auch der BGH mehrfach beschäftigt[9].

Nach Ansicht des BGH stehen den Vorteilen dieser Vertragskombination, die insbesondere in der Beteiligung an den durch die Versicherung erwirtschafteten Überschüssen sowie einer steuerlichen Abzugsfähigkeit der Versicherungsprämien bestehen, schwerwiegende Nachteile gegenüber. Dies gilt insbesondere für die Undurchschaubarkeit der Belastung, denn die Vertragskombination macht es dem Kreditnehmer unmöglich, den angebotenen Kredit mit anderen auf dem Markt angebotenen Krediten zu vergleichen. Zwar sind die bisherigen Entscheidungen ausschließlich auf Ratenkredite bezogen, die Anwendung dieser Grundsätze auf den Hypothekenkredit führt jedoch nicht zu wesentlich anderen Ergebnissen.

II. Berechnungsbeispiel

Die finanziellen Nachteile, die ein an eine Lebensversicherung geknüpfter Hypothekenkredit im Einzelfall für einen Kreditnehmer haben kann, ergeben sich daraus, daß mit der Kapitallebensversicherung ein Sparvertrag abgeschlossen wird, dessen Rendite erheblich unter dem Zinssatz liegt, der für den Kredit zu bezahlen ist. Hätte der Versicherungsnehmer seine Prämien statt auf die Kapitallebensversicherung auf die Rückzahlung des Kredites verwandt, so hätte er für diesen Betrag durch Zinsersparnis weit mehr Zinsen verdient, als ihm die Kapitallebensversicherung verspricht. Nur im Extremfall bei einem sehr niedrigen Marktzinsniveau für den Hypothekenkredit und einer Konstellation, bei der die oben beim Bausparvertrag beschriebenen Steuervergünstigungen einmal greifen, kann eine solche Konstruktion lohnend sein. Im Gegensatz zur Bausparsofortfinanzierung werden die anfänglichen Verluste auch nicht durch eine spätere, besonders günstige Kreditkonstruktion kompensiert.

In der Grafik stellt sich die Kombination von Kapitallebensversicherung und tilgungsfreiem Hypothekenkredit wie vorstehend (Abb. 34 u. 35) dar, wobei die Konstruktion auf 12 Jahre gerechnet ist.

Allerdings werden in den Fällen, in denen die Versicherer selber den Kredit geben, durch günstige Zinssätze im Hypothekenkredit Teile des Verlustes kompensiert. Der Eindruck, der durch solche Zinssätze entsteht, es handele sich um besonders günstige Angebote, trügt jedoch.

Am Beispiel der Finanzierung der Familie D. sollen die Verluste einmal durchgerechnet werden.

---

9 BGH WM 1988, 364; BGH WM 1989, 665.

Finanzierungsformen gescheiterter Kredite

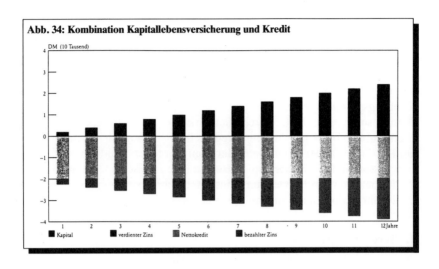

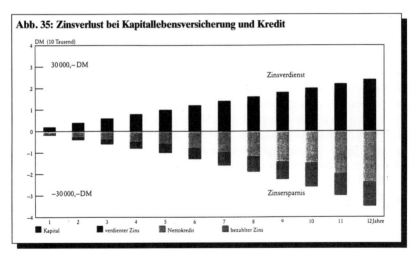

Die Rechnungen wurden mit Hilfe des computergestützen Beratungsprogramms CALS, in dem die Renditewerte der einzelnen Versicherer gespeichert sind, durchgeführt.

> Bei einem am 1. Januar 1984 abgeschlossenen **Hypothekenkredit** in Höhe von DM 245 000,– wurden an Familie D. bei einem Auszahlungskurs von 91,5 % DM 224 175,– ausgezahlt. Auf die DM 245 000,– waren 7,5 % Zinsen vereinbart, was einer monatlichen Belastung von DM 1 531,25 entspricht.

Auf die **Lebensversicherung,** die ebenfalls mit Datum vom 1. Januar 1984 abgeschlossen wurde, mußten monatliche Prämien in Höhe von DM 454,20 entrichtet werden.

Bei einer Laufzeit des Hypothekenkredits von 30 Jahren, d. h. 360 Monaten, wären damit Zinsen in Höhe von DM 551 250,– und Beiträge in Höhe von DM 163 512,– also insgesamt

DM 714 762,–

zu zahlen gewesen. Aus der Lebensversicherung wäre an Familie D. nach Ablauf von 360 Monaten DM 345 936,16 ausgeschüttet worden, wobei ausgehend von einer Rendite von 4,61 % , die Überschußbeteiligung DM 182 424,16 betragen hätte. Nach Ablösung des Hypothekendarlehens von DM 245 000,– wäre für Familie D. aus der Lebensversicherung noch ein Betrag von DM 100 936,16 verblieben.

Zieht man von den Gesamtkosten von DM 714 762,– den letztendlich aus der Lebensversicherung erzielten Gewinn in Höhe von DM 100 936,16 ab, verbleibt der Bruttokreditbetrag von DM 613 825,84.

Zu berücksichtigen ist weiterhin, daß Familie D. durch die Lebensversicherungsprämien keine Steuervorteile hatte, da der Sonderausgabenabzug durch die Sozialversicherungsbeiträge ausgeschöpft war.

Hätte Familie D. nun einen **Vergleichskredit** i. H. von DM 224 175,– aufgenommen zuzüglich einer Bearbeitungsgebühr in Höhe von 2 %, also DM 4 483,50, so hätten insgesamt DM 228 658, verzinst werden müssen. Bei gleicher Laufzeit und gleichem Zinssatz hätte Familie D. insgesamt DM 347 022,91 für diesen Kredit zahlen müssen. Der Bruttovergleichskredit hätte damit DM 575 681,41 betragen. Der Differenzschaden beläuft sich hiernach auf DM 38 144,44.

Der Vergleichskredit wäre aber bei den von Familie D. geleisteten Zahlungen bereits nach 237 Monaten getilgt gewesen. In diesem Fall hätten sich die Kosten des Vergleichskredits sogar auf DM 470 049,28 reduziert.

C. Hypothekendarlehen

I. Bauherrenfinanzierung

Bei den in diesem Abschnitt zusammengefaßten notleidenden Baufinanzierungen handelt es sich um Finanzierungsverläufe, deren Ausgangspunkt und Schwergewicht Hypothekendarlehen von Kreditinstituten bilden. In keinem der Fälle unserer Auswahl wird jedoch der Bau bzw. Kauf des Eigenheims ausschließlich auf diese Weise finanziert. Charakteristisch für gescheiterte Baufinanzierungen ist vielmehr ein vielschichtiges, teilweise nur schwer zu durchschauendes Geflecht unterschiedlicher Finanzierungsformen.

1. Finanzierungskombinationen

Hypothekendarlehen der Kreditinstitute treten, wie bereits beschrieben, bei gescheiterten Finanzierungen häufig zusammen mit Bausparsofortfinanzierungen auf. Es gibt aber auch Verknüpfungen mit unverbundenen Bauspardarlehen, Ratenkrediten sowie Überziehungskrediten, die bei Erreichen des Kreditlimits in variable Rahmenkredite mit variablem Zinssatz umgeschuldet werden. Die vielfältige Verschränkung und Überlagerung unterschiedlicher Finanzierungsformen demonstriert das folgende Beispiel:

> (Finanzierungskonglomerat) Familie O. baute für sich 1966/67 ein Eigenheim. Die Fremdfinanzierung i. H. von DM 50 000,– erfolgte über eine Hypothekenbank. In den folgenden Jahren wurden die verschiedenen Anschaffungen und Investitionen zunächst über einen **Dispositionskredit,** danach über mehrere **Anschaffungsdarlehen** mit einem Volumen von DM 86 620,– durch die V-Bank finanziert. Im Jahre 1981 schuldete die V-Bank die aus mehreren Krediten bestehenden Verbindlichkeiten in einen **Bausparvertrag mit Sofortfinanzierung** über DM 155 000,– um. Da die monatliche Belastung für Familie O. bei einem Zinssatz von 12,5 % finanziell nicht tragbar war, gewährte die Bank zur Verringerung der monatlichen Belastung ein **Annuitätenzuschußdarlehen.** Im weiteren Finanzierungsverlauf wurden die überdurchschnittlich angestiegenen Verbindlichkeiten auf dem **Kontokorrentkonto** durch ein erneutes **Darlehen** über DM 20 000,– ausgeglichen. Durch einen Verkauf des Hauses an die beiden Söhne der Familie O. konnten alle Verbindlichkeiten abgelöst werden. Die drohende Zwangsversteigerung des Hauses wurde dadurch verhindert.

2. Finanzierungslücke

Die weit überwiegende Anzahl der uns vorliegenden Hypothekendarlehen von Kreditinstituten weist bereits in der Planungsphase eine Finanzierungslücke auf, die nicht nur nach Auffassung der Bauherren, sondern auch bei objektiver Betrachtung auf eine fehlerhafte Beratung der Kreditvermittler bzw. der Kreditinstitute selbst zurückzuführen ist. Als Ursachen für diese Finanzierungslücke können insbesondere

– die Vernachlässigung von Nebenkosten, z. B. Erschließungskosten und Notargebühren,
– erhöhte Herstellungskosten wegen zusätzlicher Baumaßnahmen beim Innenausbau sowie
– die fehlende Berücksichtigung des Disagio
angesehen werden.

> (Programmierte Finanzierungslücke) Familie K. kaufte im Jahre 1982 über einen Immobilienmakler ein Reihenhaus für DM 210 000,–, das sich, ohne daß sie dies wußten, in der Zwangsverwaltung befand. Auf Drängen des Maklers wurde der Kaufvertrag unterschrieben, ohne daß die Finanzierung sichergestellt war. Die Hausbank der Bauherren lehnte

eine Finanzierung ab. Eine Sparkasse gewährte Familie K. ein tilgungsfreies Sofortdarlehen über DM 186 000,– mit einer Laufzeit von 2 Jahren und einer Auszahlungsquote von 92,75 %. Der Restkaufpreis wurde durch ein zwischenfinanziertes Bauspardarlehen über DM 24 000,– mit einer Auszahlungsquote von 93,25 % beglichen. Außer der Tatsache, daß der Finanzierungsplan auf die volle Finanzierungssumme abgestellt hatte und damit das Disagio unberücksichtigt gelassen hatte, fehlten in dieser Aufstellung auch die Kosten für die Tätigkeit des Maklers und des Notars. Auf diese Weise war bereits bei Abschluß eine Finanzierungslüke eingearbeitet.

Ab Mitte 1983 war die Hausbank nicht mehr bereit, eine weitere Überziehung des Girokontos hinzunehmen. Durch Auflösung eines Sparvertrages und die Aufnahme von Ratenkrediten wurden zunächst größere Probleme vermieden. Letztlich war es für die Familie K. jedoch nicht möglich, die Zwangsversteigerung im Jahre 1984 zu verhindern.

3. Unerwartete Erhöhung der Ratenbelastung

Die monatliche Belastung kann sich auch bei vollständiger Finanzierung erheblich erhöhen, wenn aufgrund unzureichender Aufklärung der Kreditnehmer die tatsächliche Ratenbelastung zu niedrig einschätzt.

(Ratenverdopplung) Familie H. hatte geerbt und wollte sich ihren Wunsch nach einem Eigenheim erfüllen. Die monatliche Belastung sollte der bisherigen Miete in etwa entsprechen. Ein Finanzierungsplan der Sparkasse wies für die nächsten 3 Jahre eine monatliche Belastung von DM 925,– auf, was in etwa der bisherigen Miete entsprach. Etwa 4 Wochen vor Bezug des Hauses erhielt Familie H. eine Mitteilung der Sparkasse, daß sich die monatliche Belastung auf DM 1 714,58 erhöht habe. Dieser Betrag entsprach etwa 70 % des monatlichen Haushaltseinkommens.

Die Bauherren versuchten auf unterschiedliche Weise, ihren finanziellen Schwierigkeiten Herr zu werden. In den meisten Fällen wurde zunächst versucht, die Probleme durch Überziehung des eigenen Girokontos und durch Konsumverzicht zu lösen. Die Einschränkung der eigenen Lebensführung war jedoch nur bis zu einem gewissen Grade möglich. Angestrebt und in einigen Fällen auch erreicht wurden eine Arbeitsaufnahme der Ehefrau und die Steigerung des Arbeitseinkommens durch Überstunden.

(Mehrarbeit und Ratenerhöhung) Bei Familie L. stellte sich nach dem Einzug in das neue Haus heraus, daß die monatliche Belastung fast doppelt so hoch wie im Finanzierungsplan angegeben war. Da die an die Sparkasse zu leistenden Ratenzahlungen etwa 50 % des Haushaltseinkommens ausmachten, nahm Frau L. trotz zweier noch im Haushalt lebender Kinder eine Teilzeitbeschäftigung als Putzhilfe in einem Hotel für DM 525,– auf. Durch Überstunden gelang es Herrn L., das Haushaltseinkommen auf DM 3 500,– zu erhöhen, so daß die Zahlungen zunächst pünktlich erbracht werden konnten.

Finanzierungsformen gescheiterter Kredite

4. Anpassungkredite und Zwangsversteigerung

In den Fällen, in denen die Zahlungsschwierigkeiten einen größeren Umfang annahmen, wurden von den Bauherren darüberhinaus Kontakte zu den Gläubigern aufgenommen. Im Vordergrund stand dabei der Versuch, die monatlichen Belastungen auf ein für sie erträgliches Maß zu senken. Die Ergebnisse der Gespräche mit den Kreditinstituten waren sehr unterschiedlich. Tilgungsaussetzung, Umschuldung der Darlehen oder Ablehnung weiterer Kredite waren die häufigsten Alternativen.

(Fehlschätzung der Baukosten) Für den Bau eines Einfamilienhauses gewährten eine Hypothekenbank und eine Bank der Familie B. im Jahre 1978 Darlehen von insgesamt DM 170 000,–. Im Verlaufe der Bauphase stellte sich jedoch heraus, daß dieser Betrag nicht ausreichte, da wesentliche Kosten, z. B. für den Innenausbau und die sanitären Anlagen, im Finanzierungsplan nicht enthalten waren. Die Bank gewährte daraufhin im Jahre 1980 ein weiteres Darlehen über DM 45 000,–. Familie B. versuchte zunächst, die monatliche Belastung von nunmehr DM 2 138,– durch eine zusätzliche Beschäftigungsaufnahme der Ehefrau aufzubringen. Die zunehmende Überziehung des Girokontos erforderte aber bald darauf die Aufnahme eines Ratenkredits bei einer Teilzahlungsbank über DM 20 000,–. Denn die Bank hatte eine weitere Finanzierung abgelehnt. Da Familie B. die erheblichen finanziellen Verpflichtungen bald nicht mehr zu tragen in der Lage war und der Versuch eines Notverkaufs fehlschlug, wurde das Haus im Jahre 1984 zwangsversteigert. Die Restschulden betragen z. Z. noch DM 77 000,–.

In einem Drittel des von uns untersuchten Materials von Hypothekendarlehen bei Kreditinstituten war das Zwangsversteigerungsverfahren bis zum Ende durchgeführt worden. Es bestanden in diesen Fällen noch Restschulden zwischen DM 60 000,– und DM 130 000,–. Die Gläubiger versuchten, diese Restschulden durch weitere Zwangsvollstreckungsmaßnahmen, überwiegend im Wege der Lohnpfändung, von den Bauherren beizutreiben.

(Arbeitslosigkeit und Krankheit) Zu ernsthaften Zahlungsschwierigkeiten kam es bei Familie W. erst etwa 10 Jahre nach Bezug ihres Einfamilienhauses. Die Sparkasse, die den Hausbau überwiegend finanziert hatte, schuldete zunächst das überzogene Girokonto des Bauherrn in ein weiteres Darlehen über DM 6 000,– um. Ein knappes Jahr später wurde eine Nachfinanzierung erforderlich, da Familie W. das Dachgeschoß ausbauen und weitere Modernisierungsmaßnahmen vornehmen wollte. Eine erzwungene Aufgabe der Selbständigkeit von Herrn W. wegen Krankheit, Mindereinnahmen von etwa DM 200,– nach dem Berufswechsel als Angestellter sowie eine zeitweilige Arbeitslosigkeit wegen des Konkurses der Firma führte zu dem Zusammenbruch der Finanzierung, zumal die Sparkasse die Umstellung auf eine Gesamthypothek mit günstigeren Konditionen ablehnte. Als auch weiterer Konsumverzicht nicht mehr möglich war, die gesellschaftliche Isolation immer stärker wurde (keine Teilnahme mehr an gesellschaftlichen Veranstaltungen, z. B. an Schützen- und Erntefesten) und ein Notverkauf scheiterte, wurde das Einfamilienhaus 17 Jahre nach Bezug zwangsversteigert. Es bestehen noch Restschulden von ca. DM 60 000,–.

II. Haus- und Wohnungskauf

Beim käuflichen Erwerb von fertiggestellten oder älteren Häusern und Wohnungen treten die Probleme falscher Vorstellungen über den Finanzierungsbedarf in der Regel nicht auf, da der Kaufpreis feststeht und der Käufer auch die Möglichkeit hat, sich über die laufenden Kosten vor Ort zu informieren.

Gleichwohl finden sich auch in diesem Bereich erhebliche Probleme, die damit zusammenhängen, daß etwa beim Altbau ein notwendiger Umbau miteingeplant werden muß, dessen Finanzierung wiederum dieselben Probleme mit sich bringt wie beim Neubau. Außerdem entstehen Probleme bei der Grundstücksbewertung, die sich im Krisenfalle in der Weise niederschlagen, daß aus dem Haus- bzw. Wohnungsverkauf heraus keine relevante Schuldtilgung erfolgt und sich der Kauf als Erwerb relativ wertlosen Besitzes erweist. Im besonderen Maße spielen jedoch Fehlberatungen von Vermittlern eine Rolle, wobei angebliche steuerliche Erleichterungen wiederum eine zentrale Rolle für Fehleinschätzungen einnehmen. Außerdem ergibt sich aus dem Umstand, daß die Vermittler in diesen Geschäften nicht nur Kredit, sondern auch Versicherungen und den Kauf selber makeln, eine besondere Gefährdung der Erwerber.

1. Falschberatung beim Althauskauf

In dem folgenden Fallbeispiel wird die Problematik der Althauskäufe, bei denen anschließend durch Umbau erst die Bewohnbarkeit hergestellt wird, deutlich, wobei die Konzentration des gesamten Vorganges in der Hand eines einzigen Vermittlers als Ursache dieser Problematik anzusehen ist, unter der letztlich ein unbeteiligter Dritter, nämlich der jugendliche Freund der Tochter des Erwerbers, der als Bürge die Finanzierung absicherte, zu leiden hatte.

> Der Kreditvermittler und Grundstücksmakler G. bot Herrn P. zur Hochzinsphase im Jahre 1981 ein Reihenhaus in ländlicher Gegend an. Das eingeschossige Haus hatte vorher als Sportgaststätte gedient, die bewohnbaren Teile im Obergeschoß durch Wohnrecht ausgenutzt waren. Es waren daher erhebliche Umbauarbeiten erforderlich, die später im Kreditantrag weit unter dem tatsächlichen Wert mit 50 000,DM angegeben wurden. Der Kaufpreis betrug 257 000,– DM zuzüglich 10 000,– DM »Kosten« und 20 000,– DM (entspr. 11,78 % des effektiven Kaufpreises von 170 000,– DM) MaklerCourtage. Das Wohnrecht sollte mit 57 000,– DM angerechnet werden, so daß bei 5 000,– DM Eigenkapital ein Kreditbedarf von 225 000,– DM für den käuflichen Erwerb notwendig war.

Bei dem Erwerb handelte es sich, ohne daß dies aufgedeckt wurde, nur um den Erwerb der »Erbbauberechtigung«, (= »das veräußerliche und vererbliche Recht, auf der Oberfläche des Grundstücks ein Bauwerk zu haben« § 1 ErbbauVO) für das weiterhin Erbbauzinsen i. H. von etwa 300.- DM monatlich zu entrichten waren.

Finanzierungsformen gescheiterter Kredite

Der Kaufpreis des Erbbaurechtes (ohne Berücksichtigung der Nebenkosten und Courtage sowie notwendiger Instandsetzung) lag 42% über dem Verkehrswert des Hauses, wie ihn später ein Sachverständiger im November 1982 mit einem Betrag von 187000.DM geschätzt hat. In dieser Verkehrswertschätzung war das auf dem Grundstück dinglich lastende lebenslange Wohnrecht ebensowenig berücksichtigt wie der erhebliche finanzielle Aufwand und die Eigenarbeit, mit denen zwischenzeitlich Investitionen im Wert von etwa 50000,- DM in das Grundstück gemacht worden waren.

Der Makler verkaufte Herrn P. eine Lebensversicherung, bei der dessen **18**-jährige Tochter auf 120000,- DM mit Dynamik versichert wurde. Die Versicherung sollte, wie spätere Zahlungsaufstellungen in Schriftsätzen der Bank deutlich machten, 200,- DM monatlich kosten. Laut Aufstellung von Herrn G. verfügte Herr P. bereits über eine Lebensversicherung in Höhe von 33000,- DM sowie über eine weitere Lebensversicherung, deren Rückkaufswert 1981 12000,- betrug (Versicherungssumme unbekannt).

Der Grundstücksmakler und Kreditvermittler G. versprach, sich um die Finanzierung der notwendigen Mittel zu bemühen, wobei er auf einem handschriftlichen Zettel einen Kreditbedarf von 225000,- DM errechnete. Für diese Kreditvermittlung wurde er ausweislich einer Finanzierungsaufstellung noch einmal über die Bank bezahlt, die diesen Betrag im einzelnen nicht erkennbar mitfinanzierte. Wahrscheinlich handelte es sich um einen Betrag in Höhe von weiteren 20000,- DM, entsprechend 8,9% des Kreditbetrages.

Der Gesamterlös von G. bzw. der Gesamtbetrag der Aquisitionskosten für ein Objekt im Werte von 175000,- DM für P. setzte sich wahrscheinlich wie folgt zusammen:

Maklercourtage Haus	20000,- DM
Maklercourtage Kredit	20000,- DM
Versicherungsprovision geschätzt (3% von 120000,- DM)	3600,- DM
insgesamt	43600,- DM

Der Kreditvermittler G. wandte sich nunmehr an die Bank und beantragte für Herrn P. ein Darlehen in Höhe von 225000,- DM bereits auf Formularen dieser Bank, mit der er zusammenarbeitet.

In seinem Kreditantrag gab der Kreditvermittler G. das Einkommen des Herrn P. fälschlich mit 3600.- DM an, wobei er zur Stützung dieser falschen Angabe die November-Abrechnung des Lohnes einreichte, in der Weihnachtsgeld und Kindergeld enthalten war.

Auch eine bestehende Belastung des Herrn P. durch einen Altkredit, die Verpflichtung zur Zahlung von Erbbauzinsen sowie der Umstand, daß Herr P. noch Kindergeld für die bei seiner ehemaligen Frau lebenden Kinder bezog, wurden nicht offengelegt.

Nachdem der Bank aufgefallen war, daß die Gehaltsangabe für Herrn P. Weihnachtsgeld enthielt und somit ein falsches Einkommen vortäuschte, forderte sie korrigierte Unterlagen bei dem Kreditvermittler G. an, aufgrund deren sie feststellte, daß eine Kreditvergabe an P. alleine nicht infrage kam.

Der Kreditvermittler G. machte daraufhin Herrn P. klar, daß zur Sicherung der Finanzierung weitere Personen einbezogen werden sollten. Ohne Rücksprache mit dem hierdurch betroffenen Herrn R., der zur damaligen Zeit der Freund der Tochter des Herrn P. war und sich erst im August 1981, also nach Abschluß aller Transaktionen, mit ihr verlobte (inzwischen ist die Beziehung wegen der Finanzprobleme gescheitert), wurde dieser mit seinem Gehalt, das offensichtlich von der Tochter mitgeteilt wurde, in die Kreditanfrage eingefügt.

Ein Gespräch zwischen Bank und einbezogenem Bürgen hat niemals stattgefunden. Die Bank schickte dann Vater und Tochter P. mit dem ausgefüllten Kreditantrag über 225 000,– DM zu Herrn R.. Als dieser von der Nachtschicht morgens in die Wohnung seiner Freundin kam, legten Vater und Tochter ihm den Kreditantrag mit den Worten: »Da, unterschreib mal«, zur Unterschrift vor.

2. Fehlgeschlagene »Erwerbermodelle«

Erwerbermodelle im Wohnungseigentumserwerb verkaufen die steuerliche Begünstigung vor allem bei fremdgenutztem Wohneigentum. Sie sind somit von der Idee her reine Kapitalanlagen. Ihr Sinn wird regelmäßig dann verfälscht, wenn auf diese Weise Wohneigentum von Personen erworben wird, die kein Eigenkapital haben und darüberhinaus allein an der Selbstnutzung einer Wohnung interessiert sind. Um auch diesen Personenkreis in die Wohnungsfinanzierung einzubeziehen, versuchen vor allem Kapitalanlagegesellschaften, die solche Objekte erworben haben, Finanzierungsmodelle vorzustellen, bei denen zumindest am Anfang die Anlage als möglich erscheint. Eine günstige Gelegenheit wird dabei durch hohes Disagio bei niedrigem Nominalzins sowie insbesondere durch eine überhöhte befristete Mietgarantie gegeben. Diese Mietgarantie kalkuliert beim Veräußerer von vornherein im Kaufpreis die Kosten des Mietzuschusses für den befristeten Zeitraum ein.

Dem Erwerber wird dabei nicht deutlich, daß bei fehlender Tilgungsmöglichkeit eine solche Wohnung bei zudem niedrigen Spitzensteuersatz für ihn lediglich formal einen Eigentumstitel bereitstellt, tatsächlich jedoch eine lebenslange Belastung bedeutet.

Die Kreditnehmer hatten im September 1982 von der B. Gruppe im Erwerbermodell eine Eigentumswohnung in Eppendorf gekauft. Der Kaufpreis der Wohnung betrug DM 208 650,–. Inklusive Kosten für Notar, Geschäftsbesorgungsvertrag zur Renovierung der Wohnung, Mietgarantievertrag und Disagio betrug der Darlehensnennbetrag DM 308 000,–. Es war ein Disagio von 10 % vereinbart, der Zins betrug jährlich bei einer Festschreibungszeit von drei Jahren 5,75 %.

Die Kreditnehmer hatten ferner für drei Jahre, also für die Festschreibungszeit, einen Mietgarantievertrag abgeschlossen, wonach eine Kaltmiete von DM 8,– pro qm garantiert war.

Nach Ablauf der Mietgarantiezeit erfuhren die Kläger, daß während der gesamten Mietgarantiezeit die von den Mietern gezahlte Miete nur rund DM 3,– pro qm kalt betragen hatte. Nach Ablauf der Festschreibungszeit sollte der Kredit nunmehr 7,10 % anstatt 5,75 % p. a. kosten.

Bei Ankauf wurden die Kreditnehmer weder über die Funktion eines Disagios noch über die tatsächlich erzielte Miete aus der Wohnung aufgeklärt. Offenbar war es nicht möglich, die Miete nach Ablauf der Festschreibungszeit angemessen zu erhöhen. Aus diesen Umständen ergab sich, daß nach drei Jahren eine erhebliche Unterdeckung vorhanden war. Zunächst wurde den Mietern auch nicht gekündigt, weil ansonsten der Steuervorteil entfallen wäre.

Der Absatz solcher Wohn-/Anlageobjekte geht dabei bis in kriminelle Zirkel hinein.

Ein aus Ostfriesland in Baden-Württemberg arbeitender Jugendlicher, der sich dort sehr allein fühlte, wurde von einer jungen Dame in eine Gruppe Jugendlicher eingeladen. Die Gruppe war, wie sich später herausstellte, nur als Kontaktgruppe zum Verkauf von Bauherrenmodellen ins Leben gerufen worden. Der junge Mann unterschrieb zuerst einen Vertrag, der ihm dann jedoch wieder weggenommen wurde, weil sich das Objekt nicht habe realisieren lassen. Schließlich unterschrieb er ein Modell, bei dem für 64 qm 170 000.– DM voll finanziert wurden. Wegen seines niedrigen Einkommens fiel die Steuerersparnis für ihn recht gering aus. Er verkaufte das Objekt weit unter dem Kaufpreis und zahlt inzwischen an seinen verbliebenen Schulden.

III. Ergebnis

Im einfachen Hypothekenkredit ist zumindest der wirtschaftliche Überblick über die jeweilige Situation für alle Beteiligten leichter. Schwierigkeiten treten auf, wenn Vergünstigungen einbezogen, Objekte bewertet und dabei die Beratung durch einen Vermittler erfolgt, der alle Dienstleistungen selber vermittelt und dadurch die für ihn provisionsträchtigste Variante auswählen kann. Da er Antragsteller, Käufer, Kreditgewährenden, Versicherer und Kreditnehmer in einer Person vertritt, treten bei ihm an sich die typischen

Probleme des Selbstkontrahierens auf, für die im Bürgerlichen Gesetzbuch in § 181 bereits Restriktionen festgelegt sind, die allerdings dann nicht greifen, wenn dieser Zusammenhang nur wirtschaftlich und psychologisch vorhanden ist.

Besondere Abschluß- und Kostenprobleme bestehen in der Planungsphase, ferner bei den unverstandenen oder vergessenen Kosten von Bearbeitungsgebühr, Vermittlerprovision und Disagio. Die wesentlichen Probleme treten im übrigen auf, wenn bei beginnenden Zahlungsschwierigkeiten statt einer auch für die Zukunft tragfähigen Gesamtlösung einzelne unkoordinierte und kostenintensive Reaktionen von Seiten der Kreditgeber erfolgen, die die Situation nur kurzfristig beheben, langfristig jedoch verschlimmern. Die frühzeitige Einschaltung von Beratungseinrichtungen könnte hier die sowohl beim Kreditnehmer als auch bei Bankangestellten fehlende Erfahrung über Gesamtsanierungen ersetzen und präventiv wirken.

Kapitel 3 Finanzierungsphasen gescheiterter Kredite

Im folgenden sollen die Ursachen für das Scheitern der Baufinanzierung in den von uns untersuchten Fällen entsprechend der Hypothese dargestellt werden, wonach im Verlauf einer Finanzierung, unabhängig von der gewählten Form, allgemeine Probleme festgemacht werden können, die sich auf die Phase des Weges bis zum Scheitern des Kredites beziehen.

Der Weg bis zum Scheitern einer Baufinanzierung geht durch drei Zeiträume, in denen in unterschiedlichem Maße auf das drohende Scheitern einer Finanzierung reagiert werden kann:
- die Planungsphase,
- die Anpassungsphase bei Zahlungsschwierigkeiten und
- die Phase, in der das Scheitern feststeht und bewältigt werden müßte.

Während die erste Phase subjektiv dadurch gekennzeichnet ist, daß der Bauherr ihre Probleme nicht kennt, aber handeln könnte, ahnt er in der zweiten Phase die Probleme, deren konkrete Auswirkungen er spürt. Hier handelt er, jedoch häufig tut er dabei das Falsche. In der letzten Phase ist dem Kreditnehmer deutlich, daß seine Finanzierung ganz grundsätzlich anders hätte gestaltet werden müssen. Hier bleibt ihm jedoch in der Regel kaum noch eigenes Handlungspotential, da er den Maßnahmen der Kreditgeber als Schuldner fälliger Forderungen ausgesetzt ist.

Bereits aus den oben wiedergegebenen Fallschilderungen ist deutlich geworden, daß in der
- Planungsphase Probleme, wie lückenhafte Finanzierungspläne, Wegfall der Zinsbindungsfristen, falsche Preisangaben, Fehleinschätzungen zukünftiger Belastungen und Erträge, auftreten, in der
- Anpassungsphase beim Auftreten der ersten Zahlungsschwierigkeiten problematische Schritte, wie z. B. Umschuldungen, Stundungen und Verwertung von Vermögen, unternommen werden, während beim endgültigen
- Scheitern Probleme zu analysieren sind, die sich aus der Verwertung des Eigentums sowie anderer Sicherheiten ergeben.

A. Planungsphase

Die in der Planungsphase, d. h. der Phase vor Abschluß der Baufinanzierung, auftretenden Probleme sind stark durch fehlleitende Werbung sowie unzureichende oder sogar fehlerhafte Beratungstätigkeit von Kreditvermittlern bzw. Mitarbeitern der entsprechenden Institute geprägt. Kennzeichnend ist es, daß selbst der gutwillige Bauherr, der sich informieren möchte, gerade bei den Konstruktionen, die für eine Vollfinanzierung angeboten werden, sich selbst – wenn er überhaupt zu einer solchen Prognose in der Lage wäre – aus den bestehenden Informationsmöglichkeiten kein realistisches eigenes Bild machen kann.

I. Mangelnde Transparenz

Es zeigte sich, daß Darlehensnehmer oft nicht in der Lage sind, die auf dem Markt angebotenen Kredite zu prüfen und die Angebote miteinander zu vergleichen. Aus diesem Grunde werden dann die Dienste eines Kreditvermittlers in Anspruch genommen, der jedoch – bedingt durch die Verknüpfung von Beratung und Verkauf – nicht unbedingt daran interessiert sein muß, den Bauherren auf das für ihn günstigste Angebot hinzuweisen und die mit dem Kredit verbundenen Kosten offenzulegen.

In diesem Zusammenhang ist insbesondere auf einmalige Leistungen, wie das Disagio, sowie auf kostenintensive Kombinationsfinanzierungen hinzuweisen, bei denen höhere Provisionen mehrfach verdient werden können. Zudem ist die Tendenz auf dem Markt der risikoreichen Finanzierung deutlich, nicht wettbewerbsfähige Angebote an die Verbraucher durch überhöhte Zuwendungen an Vermittler zu kompensieren.

1. Disagio

Zu den »verschleierten« Kreditkosten, die bei der Darlehensaufnahme übersehen werden und dann später zu einer unliebsamen Überraschung führen können, wenn der Bauwillige weniger ausgezahlt erhält als er schließlich tilgen muß, gehört das Disagio.

In den meisten notleidenden Kreditfällen waren hohe Disagien vereinbart. Die Darlehen standen somit nicht in Höhe des Finanzierungsbetrages, sondern in Höhe eines erst durch Berechnung zu ermittelnden Nettokreditbetrages zur Verfügung. 95 % der Nominalschuld waren dabei der Durchschnitt. Auf Grund dieser Disagien lag der im Vordergrund des Preisvergleiches stehende nominelle Darlehenszinssatz durchweg um ca. einen Prozentpunkt unter dem Zinssatz vergleichbarer Kredite ohne Disagio.

Diese Erhöhung des effektiven Jahreszinses durch ein Disagio ist dem durchschnittlichen Kreditnehmer, der nur den günstigen Zinssatz sieht, in der Regel nicht bewußt. In 97 % aller Fälle haben die von uns befragten Kreditnehmer das Disagio und seine Folgen als einen bei der ursprünglichen Finanzierung nicht eingeplanten Kostenfaktor hervorgehoben. Das Disagio stellt eine Manipulation des Nettokredits mit Folgen für Tilgung und Zinssatz dar. Durch diese Manipulation wird eine gegebene Tilgungsquote verändert, und die Laufzeit kann gestreckt werden. Es bleibt jedoch insofern eine Manipulation, als derselbe Effekt wesentlich transparenter durch eine Veränderung von Tilgungsquote und Laufzeit erreicht werden kann. Letzlich kann sich ein Disagio somit nur dann für den Kreditnehmer lohnen, wenn es zur Minderung des zu versteuernden Einkommens führt. Dieses rechnet sich jedoch für den Kreditnehmer nur, wenn die Steuerersparnis im Jahr der Kreditaufnahme größer ist als der über die Jahre verteilte Mehraufwand für den teureren Kredit.

In der Mehrzahl der Fälle kam eine Steuerersparnis aus dem Disagio aufgrund zu geringen Einkommens im Jahr der Kreditaufnahme bei im übrigen ohnehin hohen Kredit- und Baukosten von vornherein nicht in Frage, oder aber die Ersparnis lag unterhalb der Mehrkosten für den Kredit.

Besondere Nachteile bringt das Disagio auch im Hinblick auf Zinsbindungsfristen. Da der Nominalzinssatz nur im Hinblick auf das Disagio so niedrig festgelegt wurde, muß der Kreditnehmer nach Auslaufen der Zinsbindungsfrist ein Angebot vergegenwärtigen, daß trotz gleichbleibendem Zinsniveau am Markt erheblich höher liegt und damit seine monatlichen Belastungen entscheidend steigert. Ein weiterer gravierender Faktor ergibt sich bei Vorschalt-, Überbrückungs- und Zwischenkrediten, die oftmals weit vor Auslaufen der Zinsbindungsfrist durch den eigentlich beabsichtigten Zwischenkredit abgelöst werden. Da die Banken bis zur Entscheidung des Bundesgerichtshofs v. 29. 5. 1990 – XI ZR 231/89 – auf dem Standpunkt standen, daß es sich beim Disagio um Einmalgebühren bei Abschluß des Kredites handelt, wurde dieser Betrag bei vorzeitiger Ablösung nicht ersetzt.

Wird ein Vorschaltdarlehen für eine Bausparfinanzierung mit 5 % Disagio auf 40 000,– DM und 8 % p. a. Zinsen bereits 3 Monate nach Abschluß des Bausparvertrages durch einen Zwischenkredit der Bausparkasse abgelöst, so wurde für diesen Kredit folgendes bezahlt:

5 % Disagio	2 000,– DM
1 % Bearbeitungsgeb.	1 000,– DM
8 % p. a. Zinsen	800,– DM
Insgesamt	3 800,– DM auf 3 Monate

Der effektive Jahreszinssatz dieses Hypothekenkredites hat dann im nachhinein 14,4 % p. a. betragen, ein Zinssatz der im Hypothekenkredit sicherlich als wucherisch bezeichnet werden kann.

In dem Ausweis des effektiven Jahreszinses sind dagegen bei 5jähriger Zinsbindung knapp über 9% p. a. korrekt ausgewiesen, da die Preisangabenverordnung von der vertraglich vorausgesetzten Laufzeit ausgeht. Da diese Laufzeit jedoch bei solchen Krediten Fiktion ist, führen solche Konstruktionen kurzfristig gemeinter Kredite mit einem Disagio zu einer ungerechtfertigten Bereicherung der Banken.

Dieses Verfahren hat der BGH[1] jetzt für rechtswidrig erklärt, als er feststellte, daß ein Disagio von 5,5% bei einem kurzfristigen Kredit von 2 Jahren Zinsbindungsfrist als vorweggenommene Zinszahlung anzusehen ist, die zwar verzinst werden darf, jedoch bei vorzeitiger Vertragsauflösung anteilig zurückzuerstatten ist. Eine entgegenstehende Vereinbarung in den AGB sei nichtig. Die Rechtsprechung ist jedoch insgesamt noch unklar, so daß das Disagio zumindest in den vorliegenden Fällen noch häufig als eine Umgehung der Regel verwandt wurde, daß im voraus berechnete Zinsen laufzeitabhängig gestaffelt zurückzuerstatten bzw. herauszurechnen sind, wenn die Laufzeit nicht eingehalten wird.

Der BGH will es grundsätzlich den Parteien freistellen, ob sie ein Disagio als Zins oder als Einmalgebühr einordnen wollen[2]. Befindet sich daher beim Hypothekenkredit die Darlehensvaluta auf dem Notaranderkonto, so daß der Kreditnehmer noch nicht frei darüber verfügen kann, obwohl die Bank ihre Verfügungsmacht bereits aufgegeben hat, soll ein Disagio, soweit es als einmalige Leistung auszulegen ist, bereits geschuldet sein. Begründet wird dieses mit einem möglichen steuerrechtlichen Interesse auch des Kreditnehmers an dem Disagio, wodurch wiederum ein angeblich wirtschaftlicher Tatbestand, der der rechtlichen Beurteilung zugrunde liegen soll, erst rechtlich indiziert wird.

Tatsächlich schränkt der BGH die Konsequenzen dieser Auffassung jedoch erheblich ein[3]. Vor endgültiger Auszahlung der Valuta an den Kreditnehmer besteht keine Pflicht zur Zahlung des Disagios. Ist ein Kredit (ebenso wie die Bearbeitungsgebühr) ungewöhnlich hoch und steht er in Zusammenhang mit entsprechend niedrigen Kreditgebühren, so soll das Disagio auch bei anderer Parteibestimmung als Zins im Sinne des BGB einzuordnen sein.

In der Praxis hängen Disagio und Hypothekenzins regelmäßig unmittelbar in der Weise zusammen, daß die Bank für denselben Betrag in verschiedenen Konstellationen (Disagio von 1% bis 9%) durch komplementäre Berechnung des »Zinssatzes« regelmäßig denselben effektiven Jahreszinssatz

---

1 BGH ZIP 1989, 903.
2 BGH NJW 1981, 2180.
3 BGH NJW 1985, 730.

erzielt. Die allein durch eine fragwürdige Steuergesetzgebung indizierte Aufspaltung hat betriebswirtschaftlich keinen Sinn, so daß die h.M. in der Literatur schon immer davon ausging, daß das Disagio Zins im Sinne des BGB ist[4].

2. Preisdurchsichtigkeit bei Finanzdienstleistungspaketen

Bereits oben wurde gezeigt, daß es sich bei Kombinationsfinanzierungen, wie der Bausparsofortfinanzierung oder der Verknüpfung von Lebensversicherung und Kredit, um Konstruktionen handelt, die für den Kreditnehmer problematische Auswirkungen haben können. Sie lassen einen Vergleich mit den Preisen üblicher Kredite nicht zu.

Dieses gilt insbesondere für die Bausparsofortfinanzierung, denn hier gelangt nach Abzug der Bearbeitungsgebühren, Ablösung des Mindestansparkredites mit Zinsen und Gebühren in der Regel lediglich 53–55 % der in vollem Umfang zwischenfinanzierten Bausparsumme zur Auszahlung, während für die volle Höhe der Bausparsumme die teuren Zwischenkreditzinsen zu zahlen sind.

Wird ein Betrag in Höhe von DM 300000,– für einen Hauskauf benötigt, müßte der Bauherr, um diesen Betrag auch tatsächlich ausgezahlt zu bekommen, einen Bausparvertrag über ca. DM 550000,– abschließen.

Auf diese Summe sind jetzt bis zur Zuteilung, die in der Regel einige Jahre dauert, Zwischenkreditzinsen zu entrichten.

Solche Konstruktionen liegen im besonderen Interesse von Vermittlern, da sie parallel besonders provisionsträchtige Geschäfte mit überhöhten Summen mehrfach abschließen können. Der Vorteil der Bausparkasse liegt darin, daß sie durch diese Konstruktion Bausparverträge und zusätzlich Zwischenkredite an eine Klientel verkaufen kann, die nach dem gesetzlichen Leitbild des Regelbausparens hierfür an sich nicht in Frage kommt. Schließlich verdient der Ansparkreditgeber erheblich, da er einen Kredit mit einem Nullrisiko vergibt und, wenn es ihm gelingt, ein Disagio mitzuverkaufen, wegen der kurzen Laufzeit weit überhöhte Zinsen realisieren kann.

Die Vorteile aller Beteiligten lassen sich potenzieren, wenn man eine solche Bausparkreditkonstruktion durch eine weitere erhöhte Bausparkreditkonstruktion umschuldet oder ergänzt.

In Fällen, in denen eine Finanzierung für den Kreditnehmer derart gravie-

---

4 *Palandt-Heinrichs*, BGB, § 246 Anm. 1 a; *Staudinger-Karsten Schmidt*, BGB, § 246 Rdn. 23.

rende, für ihn nicht ohne weiteres erkennbare Nachteile mit sich bringt, ist es erforderlich, den beteiligten Kreditinstituten in verstärktem Maße Beratungs- und Aufklärungspflichten zuzumuten. Die Aufklärungspflicht müßte insbesondere die Diskrepanz zwischen Kreditbedarf und Höhe der Bausparsumme betreffen. Es wäre für den Kreditnehmer wesentlich leichter, die Grenzen seiner finanziellen Leistungsfähigkeit zu erkennen, wenn ihm deutlich gemacht würde, wie hoch Bauspar- und damit Kreditsummen sein müssen, damit eine bestimmte Darlehenssumme tatsächlich zur Verfügung steht.

In allen uns bekannten Fällen der Baufinanzierung über eine Bausparsofortkombination gaben die Kreditnehmer an, daß sie, wenn sie gewußt hätten, daß in der Regel Bausparverträge über den doppelten Betrag der letztendlich benötigten Summe abgeschlossen und finanziert werden müssen, von diesem Projekt sofort Abstand genommen hätten.

3. Die zu erwartende monatliche Belastung

Ein weiterer Problemschwerpunkt liegt in der Höhe der monatlichen Belastung, die häufig zu niedrig oder überhaupt nicht angegeben wurde.

Im Hinblick auf seine finanzielle Planung, die unter Umständen sein ganzes Leben beeinflussen bzw. grundlegend verändern kann, ist der Kreditnehmer auf die Kenntnis dieser Daten angewiesen. Diese Daten genau zu ermitteln und dem Kunden mitzuteilen, ist für die Bank als Kreditgeberin problemlos möglich und gehört zu den Sorgfaltspflichten gegenüber dem Kunden.

Dabei darf sich die Aufstellung eines konkreten Belastungsplanes gerade bei derart komplexen Finanzierungsmodellen, wie der Kapitallebensversicherungskonstruktion und dem Bausparsofortsystem, nicht nur auf die ersten Monate erstrecken, sondern muß die zu erwartenden monatlichen Belastungen in absoluten Zahlen auch für die künftigen Jahre aufzeigen. Gerade daran mangelt es nicht nur im Erwerbermodell, sondern auch in der Bausparsofortfinanzierung ebenso wie bei der Vereinbarung variabler Konditionen und bei der Kombination mit Zinsstundungsdarlehen.

Ein Finanzierungsplan, der die zu erwartenden monatlichen Belastungen in absoluten Zahlen aufzeigt, wurde in den meisten Fällen nicht einmal für den Vertragsbeginn erstellt. Soweit eine monatliche Belastung angegeben war, bestand diese nur aus einem einmaligen anfänglichen Betrag, der zum einen spätere Erhöhungen nicht berücksichtigte und zum anderen, insbesondere bei der Bausparsofortfinanzierung, fehlerhaft, nämlich zu niedrig war.

Die monatliche Rate enthielt regelmäßig bereits die Steuerersparnisse, die dem Kreditnehmer unter Umständen zugute kommen können, obwohl nicht geprüft wurde, ob und wann diese Vergünstigungen im Einzelfall überhaupt zum Tragen kamen.

4. Veränderungen der Konditionen während der Laufzeit

Veränderungen der Konditionen während der Laufzeit, die in den vorliegenden Fällen auf variable Zinsgestaltung sowie auf den Ablauf von Zinsbindungfristen zurückzuführen waren, hatten eine Steigerung der regelmäßigen Belastung und damit letztendlich eine immer größere Verschuldung der Kreditnehmer zur Folge.

Die Vereinbarung variabler Zinsen bedeutet für den Kreditnehmer, daß er dem Auf und Ab des Zinsmarktes völlig ausgeliefert ist. Die Bank kann nämlich die Zinshöhe jederzeit neu festsetzen. Zwar steht dem Kreditnehmer ein fortwährendes Kündigungsrecht von drei Monaten zu, doch wird ihm dieses in Hochzinsphasen wenig nützen.

Zinsfestschreibungen werden von den Banken in der Regel für einen Zeitraum von 2, 5, 10 oder 15 Jahren angeboten. Je kürzer der Zeitraum einer Festschreibung ist, desto niedriger ist auch der Zinssatz. In einer Vielzahl der Fälle wurde aufgrund des günstigeren Zinssatzes die kurze Bindungsfrist von 5 Jahren vereinbart. Nach Auslaufen dieser Frist ergaben sich jedoch durch den allgemeinen Anstieg des Zinsniveaus und erneuter Gebühren für die Kreditnehmer Mehrbelastungen nicht unerheblichen Ausmaßes, die zu Zahlungsschwierigkeiten führten.

> Besonders gravierend war der Fall eines Abrufdarlehens, bei dem die Zinsbindung auf 5 Jahre vereinbart war. Da der Kreditnehmer jedoch den überwiegenden Betrag erst im vierten Jahr nach Vertragsschluß abrief, um so die fortschreitenden Baurechnungen zu begleichen, betrug seine effektive Zinsbindung nur noch wenig mehr als 1 Jahr.

Bei einer längeren Zinsbindungsdauer ist zwar die Anfangsbelastung höher. Spätere Zinssteigerungen wirken sich aber nicht so kraß aus. Es kann dadurch zu einer echten Entschuldung kommen, wie das folgende Beispiel veranschaulicht:

> Familie K.-R. erwarb eine Eigentumswohnung für 195000,DM. Für den am 1. Juni 1980 abgeschlossenen Hypothekenkredit mit einem Auszahlungsbetrag von 91 % (Disagio 9 %), also DM 177 450,–, war eine fünfjährige Zinsbindungsdauer bei einer Höhe von 6,5 % vereinbart. Die jährliche anfängliche Tilgungsleistung betrug 1 %.
>
> Die Raten in Höhe von DM 1218,75 waren jeweils zum ersten eines Monats, erstmals am 1. Juli 1980 zu zahlen.
>
> Nach Ablauf der fünfjährigen Laufzeit verblieb eine Restschuld von DM 183856,62, also mehr, als der Familie bei Beginn des Vertrages ausgezahlt worden war.

Der Nominalzinssatz wurde ab 1. Juli 1985 auf 8,625 % heraufgesetzt und für weitere fünf Jahre festgeschrieben. Auch wurde der Familie ein erneutes Disagio von 5% in Rechnung gestellt.

Dadurch waren jetzt Raten in Höhe von DM 1548,41 zu zahlen.

Nach Ablauf der neuen Zinsbindungsfrist würde die Restschuld im Jahre 1990 DM 179462,45 bei monatsgenauer Tilgungsverrechnung und DM 181988,48 bei jährlicher Tilgungsverrechnung betragen.

Hätte Familie K.-R. DM 195000,– ebenfalls mit einem Disagio von 9% auf zehn Jahre festgeschrieben bei einem Zinssatz von 7,57%, so hätte die monatliche Rate DM 1392,62 betragen. Der Zinssatz von 7,57% ist im Hinblick auf das unverhältnismäßig hohe Disagio dabei nicht zu niedrig bemessen.

Die Restschuld im Jahre 1990 hätte hier bei monatsgenauer Tilgungsverrechnung allerdings nur DM 164499,94 und bei jährlicher Tilgungsverrechnung DM 167251,27 betragen.

Hier hätte somit ein tatsächlicher Schuldenabbau stattgefunden.

II. Bewertung des Kreditbedarfs

Die realistische Bewertung des Kreditbedarfs und damit die Ermittlung aller auf den Käufer bzw. Erwerber zukommenden Kosten bildet die Basis einer jeden Baufinanzierung.

Das Fallmaterial zeigte hier sehr deutlich, daß eine starke Diskrepanz zwischen den individuell erwarteten und der schließlich tatsächlich zu tragenden Belastung durch die Bauherren bestand.

Hierbei fallen folgende Problempunkte besonders ins Gewicht.

1. Überbewertung der Eigenleistung

Zur Reduzierung der Kosten und des Finanzierungsbetrages bietet sich der Einsatz von Eigenleistungen des Bauherren an. Diese sog. »Muskelhypothek« wird von den Kreditinstituten genutzt, um den Kreditrahmen rechnerisch zu erweitern und die Verschuldungsfähigkeit zu erhöhen.

In den uns vorliegenden Fällen wurden Eigenleistungen von den Kreditvermittlern bzw. Mitarbeitern der Banken in der überwiegenden Zahl in einer Höhe angesetzt, die von den Kreditnehmern, obwohl sie ihre gesamte Freizeit für Arbeiten auf dem Bau opferten, beim besten Willen nicht aufzubringen waren.

Infolge neuer Bauformen mit vorgefertigten Bauteilen und des Anstiegs professionelle Kenntnisse voraussetzender Arbeitsweisen sind die Möglichkeiten der Einsparung durch Selbsthilfe von vornherein beschnitten.

Finanzierungsphasen gescheiterter Kredite

Hintergrund dieser unrealistischen Bewertung ist, daß ein fiktives Volumen an Eigenleistung als Surrogat für Eigenkapital eingesetzt werden muß, um kapitalschwachen Bauherren den Zugang zu Krediten überhaupt zu ermöglichen, für die gewisse Eigenkapitalquoten verlangt werden.

In fast allen untersuchten Fällen waren bei Beantragung der Finanzierung Eigenleistungen der Bauherren durch die Kreditinstitute berücksichtigt worden.

Die Beträge bewegten sich in einem Rahmen von DM 20 000,– bis sogar DM 184 000,– und bildeten oft über ein Viertel der für den Bau des Hauses veranschlagten Kosten.

> Im Fall des Z. kommt diese Praxis der Vertreter von Kreditinstituten, Eigenhilfe als Regulativ einzusetzen, um Finanzierungslücken auszugleichen, in besonders eklatanter Weise zum Ausdruck. Im ersten Antrag auf eine Gesamtfinanzierung über Bausparverträge wurde von Kosten für den Bau i. H. von etwa DM 240 000,– ausgegangen. Von diesem Betrag sollten DM 50 000,– in Eigenleistung erbracht werden. In einem späteren Nachfinanzierungsantrag ging man bereits von einem weit höheren Betrag, nämlich DM 460 000,– aus, die das Haus nunmehr kosten sollte. Gleichzeitig wurde auch der Anteil der in Selbsthilfe zu erbringenden Leistung erhöht. Laut Antrag hatte Z. zu dieser Zeit bereits einen Betrag i. H. von DM 100 000,– durch eigene Leistungen erspart und sollte in Zukunft noch einmal einen Betrag i. H. von DM 84 000,– erbringen.

Bezeichnend für den Stellenwert, den die Eigenleistung in Finanzierungsvorhaben von wenig begüterten Haushalten hat, sind die Fälle der doppelten Berücksichtigung von Selbsthilfe. Nicht nur für den Zugang zu Krediten überhaupt, sondern auch für die Vergabe von Einzelkrediten wird ein Selbsthilfeanteil eingesetzt, um die Gesamtkosten tragbar erscheinen zu lassen.

Unberücksichtigt blieben in einigen der befragten Fälle dabei die Materialkosten, die zu der Eigenleistung regelmäßig noch hinzuzurechnen sind.

So mußten dann schließlich viele Bauherren einsehen, daß »(...) das Erbringen von Eigenleistung i. H. von DM 75 600,– unrealistisch ist, obwohl viele Arbeitsstunden auf dem Bau geleistet wurden« oder »(...) DM 100 000,– Eigenleistung ist bei voller Berufstätigkeit nicht zu schaffen. Merkten wir erst später. Obwohl wir jede freie Minute zu dritt gearbeitet haben. Die Angaben waren von uns als Laien nicht zu überblicken«.

Die nachfolgende Graphik zeigt am Beispiel der Fälle 4, 5 und Z die Überbewertung der Eigenleistung.

2. Objektkosten

In Bezug auf die Objektkosten fällt auf, daß in allen befragten Problemfällen objektbezogene Kosten, wie z. B. Steuern , Notarkosten, Anlieger- und Erschließungsgebühren , Wohn- und Unterhaltungsgeld, keine oder nur unzureichende Berücksichtigung bei der Berechnung der Finanzierungskosten fanden.

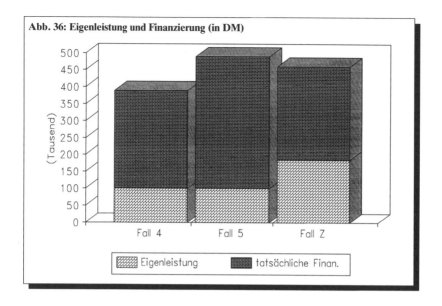

Abb. 36: Eigenleistung und Finanzierung (in DM)

Allein die laufenden Wohn- und Unterhaltungsgelder (Betriebskosten), die zum Teil bis zu DM 700,- ausmachten, erreichten schon eine mietähnliche Größenordnung, obwohl die Werbung versprach, Eigentum zu mietähnlichen Belastungen erwerben, d. h. auch finanzieren zu können.
Problematisch in diesem Zusammenhang ist dabei insbesondere, daß die Betriebskosten auf Dauer bestehen und sich nicht wie die Finanzierungskosten im Laufe der Zeit verringern, sondern eher noch steigen.
Diese zusätzliche Dauerbelastung bildete nach Angaben der befragten Problemhaushalte einen wesentlichen Faktor für die eingetretenen Zahlungsschwierigkeiten.

III. Öffentliche Förderung

In mehreren Fällen waren Bauherren, die später in Zahlungsschwierigkeiten geraten waren, zuvor durch öffentliche Mittel gefördert worden.
Wenn auch die vorliegende nicht repräsentative Stichprobe keine eindeutigen, verallgemeinerungsfähigen Ausssagen zuläßt, so scheint sich hier ein in einschlägigen Untersuchungen bereits angesprochenes Problem abzuzeichnen. Öffentliche Mittel können sich durchaus als verschuldungsfördernd auswirken[5].

---
5 Vgl. dazu *Biehusen*, Wirtschaftskrise und Eigentumsbildung im Wohnungsbau, S. 77 ff. m. w. N.

Der Wunsch nach Eigentum wird durch die Bereitstellung öffentlicher Mittel stimuliert und die Verschuldensbereitschaft erhöht. Tatsächlich bildeten die öffentlichen Mittel dann in der Regel nur einen geringen Teil des den Bauherren zur Verfügung stehenden Kapitals.

Im Hinblick auf die Finanzierung der übrigen Kosten des Objektes waren die Erwerber auf teurere Kredite angewiesen.

> So betrugen in einem Fall G. die Kosten des Hauses DM 300 000,–. Ein Betrag von DM 17 000,– stand als Eigenkapital zur Verfügung. Ein Kredit aus öffentlichen Mitteln wurde i. H. von DM 51 000,– gewährt. Eigenleistung sollte i. H. von DM 30 000,– erbracht werden. Den restlichen Betrag mußte Familie G. durch Kredite mit marktüblichen Zinsen finanzieren.

Die einkommensschwachen Haushalte sind aber noch weniger als andere Erwerber in der Lage, Fehler bei der Kalkulation der Finanzierung oder Zinserhöhungen auszugleichen. So kann u. U. die öffentliche Förderung zu einer Überschätzung der eigenen Leistungsfähigkeit und der Unterschätzung des Verschuldungsrisikos führen[6].

IV. Werbung

Nahezu alle von uns befragten Bauherren gaben an, bei dem Entschluß, ein eigenes Haus zu bauen, durch die Werbung der Kreditinstitute beeinflußt worden zu sein. Insbesondere scheint der Slogan »Kauf zu mietähnlichen Belastungen« ein breites Echo bei potentiellen Erwerbern gefunden zu haben. Hohe Mieten lassen es unter Umständen plausibel erscheinen, den bisher für Miete aufgewendeten Teil des Einkommens für den Erwerb eines eigenen Hauses zu verwenden.

Banken und Immobiliengesellschaften werben mit Anzeigen, in denen der Erwerb eines Eigenheimes als unproblematisch dargestellt und suggeriert wird, man könne gegenüber der Miete sogar noch sparen.

Die Anzeige einer Bausparkasse vom November 1989, die nach Art der in Illustrierten häufig zu findenden Persönlichkeits-Tests aufgemacht ist und deren Ausfüllen mit einem Geschenk belohnt wird, ist für solcherart Werbung typisch.

Im folgenden soll diese Werbung für ein Selbstbauhaus auf ihren Realitätswert überprüft werden.

1. Adressaten

Die Anzeige richtet sich an »Mieter« ohne Eigenkapital. Dies ergibt sich daraus, daß der Fragebogen zwar detaillierte Angaben über Einkommen,

---

6 So auch schon *Biehusen*, a. a. O., S. 101 ff.

Sparvermögen (im Konjunktiv: »könnten Sie sparen«) sowie darüber, ob jemand z. B. »einen Werkzeugkasten« besitzt, abfragt. Es fehlt jedoch eine Abfrage nach vorhandenem Eigenkapital. Bei den Gehaltsgruppen wird ein Einkommen zwischen »2 000,– bis 3 000,– DM« monatlich und bei der Miete »400,– bis 700,– DM pro Monat« als mittlere von drei Kategorien angegeben, d. h. ein unterdurchschnittliches Haushaltseinkommen und eine unterdurchschnittliche Wohnungsmiete als Mittelwert. Zielgruppe sind somit Mieter der unteren Mittelschicht ohne Eigenkapital.

2. Finanzierungsvolumen

Mit der Überschrift

> "Achtung Mieter: wenn Sie monatlich DM 600,– Miete zahlen, dann können Sie sich auch ein eigenes Haus leisten.«

und dem Zusatz

> »DM 600,– monatliche Miete ergeben – einschließlich Zinsen – schon in 20 Jahren fast eine Viertelmillion Mark«

wird suggeriert, (1) der Mieter könne seine Miete ohne weiteres als Kapitalzins einsetzen, (2) die zu erwirtschaftenden Zinsen könne er zum Bau einsetzen, (3) 600,– DM Miete reichten zur Finanzierung aus. Mit der Frage: »Wieviel könnten Sie monatlich sparen?« und den vorgegebenen Antwortalternativen »bis 50,– DM«; »bis 100,– DM«; »bis zu 200,– DM« ; »mehr als 200,– DM« wird ferner suggeriert, daß die zuerst genannten drei Alternativen für den Bauherren realistisch sind.

(1) Tatsächlich ergibt eine Miete von 600,– DM für den Baubeginn überhaupt kein Kapital, da die Miete so lange weitergezahlt werden muß, bis der Mieter in sein neuerbautes Haus einziehen kann.
(2) Die Berechnung einer Summe von 250 000,– DM potentielles Kapital stellt die Verhältnisse auf den Kopf. Da eine Finanzierung verkauft werden soll, verdient der Bauherr nicht die Zinsen, sondern muß sie bezahlen. Von den 144 000,– DM, die der Mieter bei Ansparen von 600,– DM multipliziert mit 20 Jahren erhalten kann, müssen daher die 106 000,– DM Zinsen abgezogen werden, so daß ein verfügbares Kapitalvermögen von 38 000,– DM von der gesamten Miete zu erwirtschaften wäre.
(3) Schließlich müssen von der Miete mindestens 200,– bis 300,– DM als laufende Aufwendungen für den Unterhalt des eigenen Hauses (Wohngeld) abgerechnet werden, so daß ein zur Finanzierung verfügbares Monatseinkommen von max. 400,– DM verbleibt. Rechnet man hierzu eine Sparmöglichkeit von 100,– DM, das ist der mittlere Wert in den Antwortalternativen, so ergibt sich ein Betrag von

500,– DM

pro Monat oder 6 000,- DM im Jahr. Im System der Bausparsofortfinanzierung, für die diese Anzeige wirbt, ergibt sich dabei bei einem Zwischenkreditzins von 8 % p. a. für den Zeitraum nach dem Einzug folgendes Finanzierungsvolumen:

Kreditsumme:	100 / 8 * 6 000,- = 75 000,- DM
davon ./. 40 % für Bausparvertrag	= 45 000,- DM
davon ./. 750,- DM Abschlußgebühr	= 44 250,- DM
davon ./. 750,- DM Bearb.Geb. Kredit	= 43 500,- DM
	Rest 43 500,- DM

Ungelöst ist in dieser Rechnung immer noch, wie der Zeitraum, in dem Miete plus Zinsen zu zahlen sind, überbrückt werden soll.

Mit dieser Werbung wird die in den gescheiterten Baufinanzierungen typische Unterschätzung und Fehlberechnung bei Wohnungsbaufinanzierungen vorprogrammiert.

3. Baukosten

Abgebildet sind vier Häuser (zwei Schwarzwaldhäuser, ein Fachwerkhaus und ein einfaches Haus jeweils in Waldlage), die als »Ausbauhaus« angesprochen werden mit dem Hinweis: »Einliegerwohnung möglich«. Die Kosten dieser Häuser können ausweislich der Akten, in denen solche Häuser mit Eigenleistung gebaut wurden, einschließlich Grundstück in der Endausbaustufe zwischen 300 000,- und 500 000,- DM angesetzt werden.

Als Preise werden dagegen angegeben »Ab Oberkante Kellerdecke«:

Haus A	Ab DM 101 893,-
Haus B	Ab DM 143 784,-
Haus C	Ab DM 115 331,-

Bei diesen Preisangaben sind weder die Grundstückskosten noch die entscheidenden Arbeits- und Baukosten einbezogen. Es handelt sich um die Preise von auf einem Grundstück abgeladenen Rohbaumaterialien ohne Keller und Fundament. Durch ihre präzise Angabe auf 1,- DM genau wird ein klar kalkulierbares Preisniveau suggeriert, während in Wirklichkeit der Endpreis vollkommen offen und unsicher ist.

4. Eigenleistung

Mit der Behauptung »Beim Innenausbau eines Hauses lassen sich durch Eigenleistung bis zu 70 000,- DM sparen. Würden Sie mitanpacken?«, die nach der eher lächerlichen Frage nach dem Besitz von »Werkzeugkasten«, »einer elektrischen Bohrmaschine«, »einer Elektrosäge«, »einem Winkelschleifer«, steht, wird ferner eine überhöhte Eigenleistung suggeriert. Wichtige Bedingungen, wie fachliche Qualifikation, verfügbare Zeit, Beschränkung auf bestimmte Tätigkeiten, sowie die Frage, von welchen vorgestellten Kosten für den Innenausbau diese Ersparnis abzuziehen ist (Eigenleistungsquotient), fehlen.

5. Ergebnis

Zielgruppenspezifische Werbung, die insbesondere den Miet/Eigentumsvergleich in den Vordergrund stellt, wie sie immer häufiger in den Zeitungen, Faltblättern und anderen Publikationen erscheint, enthält gerade in den Bereichen, die bei Scheitern einer Baufinanzierung später Planungsfehler deutlich werden lassen, die irreführende Suggestion, deren Übernahme zu diesen Fehlern geführt hat. Dabei kann man dem Durchschnitt der gescheiterten Bauherren noch weit mehr Realismus attestieren, als sie in der Werbung enthalten ist.

V. Vermittlerverhalten

Die Bedingungen, in denen sich der Erwerb von Wohneigentum im Rahmen von komplizierten Baukostenschätzungen, der Einordnung von Steuer- und Subventionsmodellen sowie der Analyse von Finanzierungspaketen vollzieht, sind derart komplex, daß es einem durchschnittlichen Bauherren kaum möglich ist, sich ohne fremde Hilfe zurecht zu finden. Daher ist es auch wenig verwunderlich, daß gerade Bauherren, die ohne Eigenkapital bauen, vom Beginn der Finanzierung an die Dienste von Kreditvermittlern, Beratern von Bausparkassen etc. in Anspruch nehmen.

Die Qualität dieser Beratung ist oben im 2. Abschnitt in den Fallbeispielen, insbesondere aber in dem Fall unter C II. 1., geschildert worden.

1. Forcierter Bauwunsch

Kreditvermittler sind die einzige Gruppe aller Beteiligten, die auch an später scheiternden Finanzierungen verdienen, weil die Provision bei Abschluß fällig wird und selbst intern bestehende Rückzahlungsklauseln zeitlich so begrenzt sind, daß der Vermittler wenig zu fürchten hat.

Dies zeigt sich darin, daß in den uns vorliegenden Fällen Eigenleistungen von den Kreditvermittlern bzw. Mitarbeitern der Banken in der überwiegenden Zahl in einer Höhe angesetzt wurden, die von den Kreditnehmern, obwohl sie ihre gesamte Freizeit für Arbeiten auf dem Bau opferten, beim besten Willen nicht aufzubringen waren.

In dem oben angegebenen Beispielsfall schreckte ein Kreditvermittler auch nicht davor zurück, die Einkommensangabe des Kreditnehmers zu manipulieren sowie schließlich die Einbeziehung einer fremden Person als Bürgin zu arrangieren.

2. Überteuerte Finanzierung

Da ein Kreditvermittler sein Entgelt häufig als Provision pro verkaufter Finanzdienstleistung in Abhängigkeit von der Kredit- oder Bauspar- bzw. Versicherungssumme erhält, Kreditgeber mit hohen Kosten wiederum höhere Provisionen zahlen, ergibt sich ein finanzielles Interesse von Kreditvermittlern, möglichst viel Kredit, möglichst häufig und bei besonders provisionsfreundlichen Kreditgebern zu verkaufen.

Besonders deutlich wird dieses in der Bausparsofortfinanzierung.

Der Vermittler erhält zunächst eine Abschlußgebühr auf den Bausparvertrag, außerdem ist davon auszugehen, daß er für die vermittelten Kredite des Vorschaltkreditgebers sowie auch des Zwischenkredits und der Tilgungsstreckungs- und Zinsstundungsdarlehen Provision erhält. Ist der Vermittler auch noch in den Verkauf des Bausystems eingebunden, so erhält er auch hierfür Provision. Da die Kredite regelmäßig noch durch Lebensversicherungen gesichert werden, erhält der Vermittler auch hierfür noch Provisionen. Vermittelt er zugleich noch den Kauf des Grundstückes und tritt damit als Grundstücksmakler auf, so wird auch diese Dienstleistung entlohnt.

Je höher der Kredit ist, desto höher ist die Provision des Vermittlers. Er hat somit ein finanzielles Interesse an Kombinationsfinanzierungen, die dann auch im Gegensatz zum einfachen Hypothekenkredit weit überproportional durch provisionsabhängige Außendienstmitarbeiter der Banken selber oder der Versicherungen bzw. selbständiger Makler abgesetzt werden.

3. Vertrauensproblem

In den letzten Jahren sind die Grenzen der verschiedenen Sparten im Finanzdienstleistungsmarkt zunehmend verwischt worden. Alle großen Banken sind heute direkt oder durch Kooperation im Versicherungsgeschäft tätig. Umgekehrt haben sich die großen Versicherer, wie Allianz (Wüstenrot), Aachen-Münchener (BfG), im Bankgeschäft engagiert. Auf der unteren Ebene bedeutet dieses, daß die etwa 200 000 bis 300 000 Versicherungsvertreter potentiell die ca. 2 000 Kreditmakler ergänzen, da sie zunehmend auch Kredite vermitteln. In besonderen Rundschreiben wurden darüber hinaus Versicherungsvertreter auch von Banken auf diese Möglichkeit hingewiesen.

Das gesetzliche Verbot der Kreditvermittlung im Außendienst griff schon früher nicht, da schon tatbestandlich die Finanzierung von Bausatz-Häusern als Abzahlungsgeschäfte nicht unter § 56 Abs.1 Nr. 6 GewO fielen und außerdem die Abgrenzung zwischen »bestellter Beratung« im Sinne des § 55 GewO und aufgezwungener Beratung so schimmernd ist, daß praktisch keine Prozesse um dieses Problem stattfinden. Inzwischen wurde durch eine undurchsichtige Gesetzesänderung der Außendienst der Banken selber gänzlich vom Haustürvermittlungsverbot befreit.

Mit der Durchdringung der Baufinanzierung durch die Versicherungsvermittler tritt zunächst eine entscheidende Dequalifizierung der Beratungstätigkeit ein, wenn Wohnungsfinanzierung nur »bei Gelegenheit« der Versicherungstätigkeit sporadisch erfolgt. Hinzu kommt, daß über dieses System die Vermittlung im Bekanntenkreis (»Strukturvertrieb«) zunimmt, da Versicherungsvertreter in ihren Wohnbezirken makeln und auch die Anzahl der nebenberuflich tätigen Versicherungsvertreter im Steigen begriffen ist. Ein großer Teil der Kreditnehmer kannte ihren Makler vorher persönlich.

Gegenüber Nachbarn, Bekannten und Freunden ist der Bauwillige jedoch weniger mißtrauisch, obwohl die Interessen hier divergieren. Wie aus der Unterrichtung ehemaliger Versicherungsvertreter an der Hochschule deutlich wurde, werden die persönlichen Probleme systematischer Falschberatung im Bekanntenkreis von den Vertretern teilweise dadurch verarbeitet, daß sie selber an solche Finanzierungskonstruktionen glauben und eine eigene Nachprüfung der Grundsätze vermeiden. Dadurch wird die Falschberatung im Bekanntenkreis noch überzeugender.

B. Anpassungsphase

Die in der Anpassungsphase, d. h. der Phase nach Auftreten der ersten Zahlungsschwierigkeiten, beobachteten Problemschwerpunkte sind durchgehend das Ergebnis unzureichender bzw. fehlerhafter Reaktionen der Kreditgeber auf die veränderte Situation der Kreditnehmer.

Die Beratung der Banken trägt häufig auch nicht dazu bei, bei Zahlungsschwierigkeiten die Kosten zu minimieren.

Zu den in solchen Situationen gewählten kostenintensiven Problemlösungsangeboten gehören **Zinsstundungs- und Tilgungsstreckungsdarlehen**, Versuche, eine Anpassung an die veränderten Bedingungen über den Abschluß von **Kettenbausparverträgen zu vollziehen**, sowie umzuschulden.

Finanzierungsphasen gescheiterter Kredite

I. Zinsstundungs- und Tilgungsstreckungsdarlehen

Kreditnehmer werden insbesondere in den Fällen, in denen eine Finanzierung über die Bausparsofortfinanzierung gewählt wurde, oft von der tatsächlichen Höhe der Monatsrate überrascht. Da sie mit einer wesentlich niedrigeren monatlichen Belastung gerechnet hatten, waren sie dann schon sehr bald nach Abschluß der Kreditverträge nicht mehr in der Lage, ihren finanziellen Verpflichtungen nachzukommen.

In diesem Stadium wurden den Kreditnehmern dann Zinsstundungs-/Tilgungsstreckungsdarlehen angeboten. Dieses Vorgehen bedeutet für die Betroffenen zwar eine vorübergehende Erleichterung, da sich die Rate zunächst auf ein für den Kreditnehmer erträgliches Maß senkt. Tatsächlich wird die Schuld jedoch weiter erhöht. Durch Aufnahme weiterer Kredite und Stundung der Zinsen türmt sich die Zinsschuld weiter auf und wird zugleich wiederum verzinst. Diese Regelung, bei der die Zinsen dem Kapital zugeschlagen werden, verstößt gegen den Wortlaut des Zinseszinsverbotes im Sinne des § 248 BGB, da zukünftig fällig werdende Zinsen wiederum verzinslich gestellt werden sollen. Erstaunlicherweise entspricht gleichwohl diese Vertragsgestaltung gängiger Praxis, ohne daß entsprechende Gerichtsurteile hierzu bekannt wären.

Bei einer Anpassung in Form eines Zinsstundungs- und Tilgungsstreckungsdarlehens müssen die Rückstände später durch einen neuen Kredit oder höhere Raten getilgt werden. Das Scheitern des Kredits wird somit mit erhöhter Wahrscheinlichkeit in der Zukunft eintreten.

Grundsätzlich kann davon ausgegangen werden, daß Kreditnehmer, deren Einkommen nicht nur vorübergehend zur Zinstilgung nicht mehr ausreicht, bereits strukturell zahlungsunfähig sind. In diesen Fällen müßte bereits eine für die Fälle der Zahlungsunfähigkeit geeignete Reorganisation des Kreditverhältnisses erfolgen. Die Wertung des BGB, wonach eine Vereinbarung nichtig ist, bei der einem Schuldner gegen weiteres Entgelt das Kapital belassen wird, der nicht einmal die Zinsen hierfür bezahlen kann, ist aus der Sichtweise des Verbraucherschutzes eine sinnvolle Regelung, die angewandt werden müßte.

Funktion, Inhalt und Auswirkungen derartiger Zinsstundungs- und Tilgungsstreckungsdarlehen sind für einen durchschnittlich informierten Kreditnehmer, der sich zudem bei Inanspruchnahme derartiger Kredite finanziell in einer Notlage befindet, die ihn den Ratschlägen der Anbieter fast willenlos ausliefert, nicht ohne weiteres erkennbar.

II. Umschuldungen

1. Umschuldungsverluste

In einigen der Fälle hatten die Kreditnehmer den Weg aus ihrer bedrängten Situation über eine Umschuldung der notleidenden Verträge in neue Verträge gesucht.

Die Frage, ob eine Umschuldung für den Kreditnehmer in seiner finanziellen Situation eine echte Hilfe darstellt und damit als angemessene Reaktion gelten kann, hängt im wesentlichen von der Bewertung folgender Aspekte ab:
- Wie sieht die Veränderung der monatlichen Belastung für den Kreditnehmer aus?
- Welches ist die Differenz zwischen den nach der alten Regelung zu zahlenden Beträgen und denjenigen Beträgen, die nach der neuen Konstruktion zur Tilgung der Darlehen führen würden?

Gemeinsam ist allen Umschuldungskrediten, daß
- der Schuldner bei drohenden Zahlungsproblemen regelmäßig in einer außerordentlich schwachen Position ist, während die Banken häufig die Wahl zwischen Kündigung, Umschuldung und Stundung haben oder die Vergabe eines Neukredites von der Ablösung eines Altkredits abhängig machen,
- durch die Umschuldung neue Zinskonditionen vereinbart werden können,
- die Abrechnung des alten Kredites meistens verlustreich erfolgt, weil nach der bisherigen Praxis die auf die ganze Laufzeit berechneten Einmalkosten, wie Bearbeitungsgebühr, Vermittlercourtage und häufig auch das Disagio, nicht anteilig erstattet werden,
- die in einem erhöhten Zinssatz oder Disagio miterworbenen Rechte der Zinsfestschreibung verloren gehen.

Besonderheiten gelten für Kombinationsfinanzierungen, da die Verluste bei Umschuldung der Gesamtkonstruktion in dem Sparteil des Paketes besonders hoch sind.

Bei der Kapitallebensversicherung verliert der Kunde bei vorzeitiger Kündigung
- in den ersten 3 Jahren der Laufzeit nach alter Praxis bis 1977 alles, nach neuer Praxis ca. 50 % der eingezahlten Summe,
- bei späterer Umschuldung nach alter und auch heute noch häufiger Praxis den Anspruch auf die Überschußbeteiligung vollständig. Zudem ist der Rückkaufswert bei fortschreitender Laufzeit progressiv gestaffelt, so daß auch nach Ablauf des 3. Jahres noch weniger als eingezahlt wurde angerechnet wird.

Bei Bausparkreditkonstruktionen verliert der Kunde
- den Anspruch auf ein zinsgünstiges Bauspardarlehen,
- die gezahlte Abschlußgebühr auf den Bausparvertrag.

Wird eine Umschuldung zu einem anderen Kreditgeber hin (externe Umschuldung) durchgeführt oder wird, was auch vorkommt, selbst bei interner Umschuldung ein Kreditmakler in Anspruch genommen, so fällt für eine identische Kreditvergabe doppelt Vermittlercourtage an.

Da Umschuldungen zumeist als vermeintliche Rettungsaktion in wirtschaftlicher Not durchgeführt werden, die finanzielle Belastung aber nach einer kurzfristigen Entlastung nur weiter erhöhen, führen sie zu neuen Umschuldungen in immer geringeren Abständen und setzen so das zu Recht so genannte »Umschuldungskarussell« in Gang.

2. Umschuldungstransparenz

Umschuldungen können selbst dann, wenn sie annähernd kostenneutral durchgeführt werden, eine Finanzierung erheblich verteuern, wenn eine Ratenherabsetzung zu einer für den Kreditnehmer nicht überschaubaren Kreditverlängerung führt. Der zusätzliche Umschuldungsverlust kann dann darin liegen, daß die gleiche Konstruktion wiederverwendet wurde, obwohl der Kreditnehmer in seiner Situation eine vollständig andere Finanzierungsform hätte wählen müssen. Dieses soll anhand des Falles eines Ehepaares gezeigt werden, bei dem eine Kombinationsfinanzierung aus zwei Hypothekendarlehen mit zwei Kapitallebensversicherungen insgesamt umgeschuldet wurde.

Es handelte sich dabei um die Finanzierung bei zwei verschiedenen Banken. Da jedoch die zu finanzierende Summe bei beiden Banken nicht durch Zusatzkreditaufnahme verändert wurde, können beide Umschuldungen bzw. Kreditveränderungen vollständig getrennt voneinander behandelt werden.

> Die Umstellung der Kreditverträge bei Auftreten der Zahlungsschwierigkeiten war insgesamt minimal. Bei der Hypothekenbank wurde lediglich die Tilgung für eines der beiden Darlehen ausgesetzt. Bei der anderen Bank war bereits im Juni 1985 eine Umstellung der Konditionen erfolgt, die, im wesentlichen gleich, in den Konditionen der vermittelten Anschlußfinanzierung wiederkehren. Die Besonderheit bestand nur darin, daß auch hier, wie bei dem Darlehen bei der Hypothekenbank, die Tilgung im Hinblick auf den Abschluß des Lebensversicherungsvertrages ausgesetzt wurde.

Zur Analyse dieser Umschuldung ist die Veränderung der monatlichen Belastung für die Familie und die Differenz zwischen den nach der alten Regelung zu zahlenden Beträgen und denjenigen Beträgen, wie sie nach der neuen Konstruktion zur Tilgung der Darlehen führen würde, vom Bauherren zu errechnen, damit er den Wert der Umschuldung beurteilen kann.

Während die Veränderung der monatlichen Belastung ohne weiteres berechnet werden kann, da die hierfür erforderlichen Zahlenangaben regelmäßig vorliegen, begegnet die Beurteilung des Umschuldungsverlustes technischen Schwierigkeiten. Dieses liegt daran, daß für die in der umgeschuldeten Konstruktion verwendeten Lebensversicherungen und ihre Ablaufrendite – wie oben (a) beschrieben wurde – entscheidend ist, wann und in welchem Umfang das Darlehen getilgt wurde.

Die Versicherungsgesellschaften geben im übrigen solche Ablaufrenditen nicht bekannt.

In dem für diese Zwecke programmierten System CALS des Instituts für Finanzdienstleistungen und Verbraucherschutz e.V. werden bei den Rechnungen die in Zeitschriften[7] wiedergegebenen Ablaufrenditen für die Lebensversicherung eingesetzt. Als Ablaufrenditen sind dabei 4,92 % p.a angegeben für Laufzeiten über 30 Jahre. Diese Werte können nur überschlägigen Charakter haben.

Außerdem sind wir davon ausgegangen, daß bei vorzeitiger Beendigung (statt 30 Jahre 25 Jahre) der neu abgeschlossenen Versicherungen zu dem Zeitpunkt, in dem die Kreditsumme erreicht worden ist, kein Renditeverlust eintritt. Bei der Berechnung der Gewinne und Verluste aus beiden Konstruktionen können aus den bereits benannten Gründen steuerliche Ersparnisse unberücksichtigt bleiben, weil sie entweder nicht anfallen (Vorsorgepauschalen) oder keinen Vorteil gegenüber dem Vorkredit aufweisen.

a) Erste Kreditkonstruktion (Interne Umschuldung)

Vorkredite

Das Ehepaar S. schloß zur Finanzierung ihres Hauses bei einer Hypothekenbank einen Vertrag mit Wirkung vom 1. April 1983 über ein tilgungsfreies Darlehen i. H. von DM 66 000,– DM zum Zinssatz von 6,5 % p. a. ab. Die Tilgung war ausgesetzt wegen der Abtretung einer im Jahre 1980 abgeschlossenen Lebensversicherung i. H. von 40 000,– DM.

Für diese Lebensversicherung war eine Prämie von 110,80 DM monatlich zahlen.

Für das Darlehen i. H. von 66 000,– DM, das wegen der Lebensversicherung tilgungsfrei war, waren im Vierteljahr 1 072,50 DM zu zahlen, was sich in eine monatliche Belastung von 357,50 DM umrechnet.

Darüberhinaus wurde mit Wirkung vom 1. April ein weiteres Darlehen über DM 64 000,– bei der gleichen Hypothekenbank aufgenommen. Für dieses Darlehen waren unter Einbeziehung einer Tilgungsquote von 1 % im Vierteljahr 1 200,– DM zu leisten, was einer monatlichen Rate von DM 400,– entspricht.

---

7 Z. B. Capital 1986, S. 101.

Finanzierungsphasen gescheiterter Kredite

Insgesamt zahlte Familie S. somit monatlich

DM 868,30.

Neufinanzierung
An die Stelle dieser Konstruktion trat durch die Vermittlung der Bank ab April 1987 eine Konstruktion, bei der beide Kredite durch eine neue Lebensversicherung gesichert und dafür beide tilgungsfrei wurden. Die neue Lebensversicherung war somit nicht nur eine Gegenleistung für die Freistellung von der Tilgung bei dem Darlehenskredit über 64 000,– DM, sondern sie ersetzte auch die Zahlungen auf die erste Lebensversicherung.

Für die beiden Darlehen waren nunmehr folgende, auf den Monat umgelegte Raten zu zahlen:

Für das **Darlehen über 66 000,– DM** unverändert 357,50 DM.

Bei dem **Darlehen über 64 000,– DM** ist zunächst der im August 1986 verbleibende Restbetrag zu ermitteln. Wie sich aus der Tilgungsaufstellung errechnet, waren von den 64 000,– DM abzüglich geleisteter Zahlungen zuzüglich angefallener Zinsen 816,00 DM getilgt, so daß ein Restbetrag von 63 184,00 DM verblieb. Laut Schreiben der Hypothekenbank vom 3. 7. 1986 war jedoch eine Umstellungsgebühr von 200,– DM zu bezahlen, so daß sich dieser Betrag wiederum auf 63 384,– DM erhöht. Auf diesen Kapitalbetrag waren nunmehr nur Zinsen ohne Tilgung zu zahlen.

Ein Zinssatz von 6,5% p. a. ergibt eine monatliche Belastung von 343,30 DM.

Die **Versicherungsprämie** für die neue Lebensversicherung betrug 89,58 DM statt der bisher gezahlten 110,80 DM. Damit belief sich der nunmehr monatlich zu zahlende Betrag auf

357,50 DM
343,33 DM
89,58 DM
―――――――
790,41 DM

Die tatsächlich zu zahlende Rate war somit um **77,89 DM** niedriger als vorher.

Diese niedrigere Rate wurde jedoch durch eine erheblich längere Laufzeit erkauft. Bei 4,92% Ablaufrendite wird bei der Lebensversicherung dieses Unternehmens nach 40 Jahren der Betrag von 130 218,88 DM erreicht. Dies entspricht dem Betrag von 130 000,– DM (= 64 000,– + 66 000,–), mit dem beide Kredite dann abzulösen wären.

Die Beiträge auf die Lebensversicherung wären 42 998,21 DM. Die Zinsen für 130 000,- DM auf 40 Jahre bei einem Zinssatz von 6,5 % p. a. ergeben einen Betrag von 338 000,- DM. Addiert man die Beiträge und Zinsen, so kommt man auf

380 998,21 DM,

die für die gesamte **Rückzahlung** des Darlehens nach der neuen Konstruktion erforderlich sind.

Dem würden **Aufwendungen nach der abgelösten Konstruktion** i. H. von

258 280,10 DM

gegenüberstehen, so daß diese Konstruktion

122 718,11 DM **Mehrkosten**

erforderlich machen würde.

Der Grund, warum mit einer relativ geringfügigen Ratenherabsetzung so immens hohe Zusatzkosten verursacht werden, liegt darin, daß die neue Lebensversicherung erheblich später beginnt, ohne sich den Ansparbetrag der alten Lebensversicherung zuzueignen, vor allem aber in ihrer Prämie so niedrig liegt, daß kaum ein Sparbetrag entsteht, durch den eine schnelle Tilgung des Darlehens möglich ist. Ist aber eine schnelle Tilgung nicht möglich, so potenzieren sich durch die längere Laufzeit die zu zahlenden Zinsen. Insgesamt ist damit die Konstruktion bei der Hypothekenbank um über 100 000,- DM teurer.

Bei einem Steigen der Zinssätze wird die tilgungsfreie Konzeption nach Ablauf der Zinsfestschreibung noch teurer, da höhere Kreditaußenstände zu verzinsen wären, während bei kontinuierlicher Kapitaltilgung die Rate gleich geblieben wäre und lediglich die Tilgung sich verlangsamt hätte.

Vergleichsrechnung
Zur Berechnung des zur Tilgung der Darlehen erforderlichen Gesamtaufwandes ist zunächst die Konstruktion, wie sie vor der Umschuldung vorlag, so zu verfolgen, als ob sie unverändert fortbestanden hätte. Danach ergibt sich folgendes bezüglich des Tilgungsdarlehens über 64 000,- DM. Nach 360 Monaten, entsprechend 30 Jahren, wäre der Kredit bei tilgungsgenauer Verrechnung der Einzahlungen bis auf einen Restbetrag von 3 453,20 DM getilgt gewesen. Bis dahin wären Zinsen i. H. von 83 453,32 DM bezahlt worden. Zieht man hiervon die Restkapitalsumme von 3 453,20 DM ab, so ergibt sich ein Zinsbelastungsbetrag von ca. 80 000,- DM für das Tilgungsdarlehen über 64 000,- DM.

Bei weiterer Bedienung der ersten Lebensversicherung mit 110,80 DM monatlich und einer hier unterstellten ähnlichen Rendite von 4,92 % p. a.

Finanzierungsphasen gescheiterter Kredite

würde sich nach 25 Jahren eine Auszahlungssumme von 64177,94 DM, also etwa dem Betrag ergeben, der zur Tilgung des zweiten Darlehens aufzubringen wäre. Bis dahin wären in die Lebensversicherung insgesamt 33240,10 DM eingezahlt worden. Da der Lebensversicherungsvertrag 1980 abgeschlossen wurde, wäre damit im Jahre 2005 der Wert der Rückzahlungssumme des Kredites über 64000,– DM erreicht gewesen. Geht man davon aus, daß dann auch eine entsprechende Ablösung erfolgt wäre, so verbleibt ab 1986 für den Kredit über 64000,– DM eine Laufzeit von 19 Jahren. Bei 6,5% Zinsen ergibt dies eine gesamte Zinssumme von

$$0{,}065 \times 19 \times 64000{,}- = 79040{,}- \text{ DM}.$$

Der Gesamtaufwand für Tilgung und Verzinsung der beiden Darlehen über insgesamt 130000,– DM bei der Hypothekenbank hätte sich demnach auf

    80000,– DM
    33240,10 DM
    79040,– DM
    66000,– DM
    ―――――――――
    258280,10 DM

belaufen. Die Kreditkosten hätten somit 128280,– DM betragen.

Die Umschuldung bewirkte somit bei einer um 77,89 DM reduzierten Rate Mehrkosten von 128280,– DM allein für die Finanzierung der Schulden bei der Hypothekenbank.

Stundungskreditalternative
Setzt man Rate und Laufzeit in Beziehung, so muß ermittelt werden, wieviel ein Tilgungsstreckungsdarlehen über monatlich 77,79 DM über 360 Monate gekostet hätte.

Bei einem Zinssatz von 6,5% p.a. wäre das Konto nach 30 Jahren auf 83575,50 DM angewachsen (errechnet mit dem CALS-Variokreditprogramm). Dabei hätten die aufgelaufenen Zinsen 55534,96 DM und die Zinseszinsen (bei jährlicher Verrechnung) 28040,53 DM ausgemacht.

Hätten die Kreditnehmer diesen Betrag anschließend in monatlichen Raten von 790,41 DM abgezahlt, so wären weitere Zinsen i. H. von 40847,93 DM entstanden bei 158 Monaten Zahlung.

Rechnet man beide Beträge zusammen, so würden sich bei sonst gleichen Bedingungen Zusatzkosten von

     83575,50 DM
    + 40847,93 DM
    ―――――――――
     124423,43 DM

ergeben.

Da der Verlust sich auf 128 280,- DM belief, der Wert der Ratenreduzierung auf 124 423,43 DM zu beziffern ist, bleibt ein Verlust der neuen Konstruktion von 3 856,57 DM. Die Mehrkosten betrugen jedoch über 128 000,- DM.

b) Zweite Kreditkonstruktion (Externe Umschuldung)
Neben der bereits dargestellten Finanzierung hatte Familie S. zudem noch mit Wirkung ab 14. 12. 1982 nach dem Baukreditsystem einer anderen Bank eine weitere Finanzierung von 111 000,- DM mit einer Vorschalthypothek durchgeführt, was einem Nettokredit von 101 287,50 DM entspricht. Mit Schreiben vom 10. 6. 1985 gab die Bank bekannt, daß der Zinssatz nunmehr 8,75 % p. a. betrage, entsprechend einer monatlichen Belastung bei 2 % Tilgung von 970,- DM.

Außerdem wurde ein Betrag i. H. von 18 000,- DM als Zwischenkredit für einen Bausparvertrag zum Zinssatz von 10,75 % finanziert. Diese Zinsen wurden am 10. 6. 1985 auf 9,5 % ermäßigt. Die Ratenzahlung betrug 100,- DM.

An die Stelle der oben beschriebenen Finanzierung und ihrer Kosten von 1 070,- DM trat nun eine Konstruktion, wonach der Bankkredit tilgungsfrei war und stattdessen zusätzlich eine Kapitallebensversicherung zu zahlen war. Die Prämie hierfür sollte 125,50 DM pro Monat betragen, jedoch progressiv mit 5 % Zuwachs sich erhöhen. Der Zinssatz war auf 5 Jahre fest auf 8,0 % tilgungsfrei festgelegt. Die Restfinanzierung sollte über einen Betrag von 112 000,- DM gehen und mit einer Tilgungsrate von 750,- DM pro Monat bedient werden.

Damit ergab sich im ersten Monat eine Rate von

$$750,- \text{DM} + 125,50 \text{DM} = 875,50 \text{DM},$$

die um 194,50 DM niedriger als in dem bisherigen Vertrag lag.

Dabei bleibt allerdings unberücksichtigt, daß der bisherige Vertrag mit variablem Zins ausgerüstet war. Dies hätte bedeutet, daß auch hier mit einer um 10 % reduzierten Rate bei 112 000,- DM Kapital entsprechend 933,33 DM zu rechnen gewesen wäre. Damit verbleibt nur noch ein Gewinn bei der Ratenherabsetzung von 157,33 DM. Die wesentliche Ermäßigung stammte daher nicht von der Umschuldung, sondern von einer überplanmäßigen Tilgung. Da zudem der Lebensversicherungvertrag eine progressive Prämienzahlung vorsah, wäre im 11. Jahr der neuen Laufzeit bereits wieder das ursprüngliche Ratenniveau erreicht worden. Das Ratenniveau hätte sich dann sukzessive bis zum 25. Jahr sogar darüberhinaus um insgesamt weitere 200,- DM erhöht. Die Probleme waren somit lediglich in die Zukunft verschoben.

Die Bank ging in ihrem Anschlußfinanzierungsvertrag davon aus, daß durch den abgeschlossenen Lebensversicherungsvertrag der Kredit in ca. 25 Jahren getilgt sein würde. Nach der Berechnung unseres Programms mit einer Durchschnittsrendite von 4,92 % erreicht der Lebensversicherungsvertrag tatsächlich bereits nach 24 Jahren den Betrag von 112 529,32 DM, also den vollen Kreditbetrag. Die Kreditnehmer hätten dann 67 018,77 DM auf die Versicherungspolice bezahlt. Außerdem hätten sie unter der Bedingung, daß der Zinssatz konstant blieb, für 24 Jahre 8 % Zinsen auf 112 000,– DM = 215 040,– DM gezahlt. Die Gesamtbelastung aus dieser Konstruktion ergäbe damit den Betrag von

$$\begin{array}{r} 67\,018{,}77\ \text{DM} \\ 215\,040{,}-\ \ \text{DM} \\ \hline 282\,058{,}77\ \text{DM} \end{array}$$

Die Kosten hätten somit

$$282\,058{,}77\ \text{DM} - 112\,000{,}- = 170\,058{,}77\ \text{DM}$$

betragen. Wäre dagegen das Vorschalthypothekendarlehen der Bank mit 2 %iger Tilgung und einem Zinssatz von 8 % über dieselbe Summe von 112 000,– DM weitergelaufen, so ergäbe sich, daß nach einer Laufzeit von 242 Monaten das Restkapital praktisch getilgt wäre. Nach 20 Jahren hätten die Kreditnehmer dann 114 071,84 DM an Zinsen plus 112 000,– DM an Kapital entsprechend 226 071,84 DM bezahlt.

Der Verlust durch die vom Vermittler angebotene Lebensversicherungskonstruktion würde somit

$$\begin{array}{r} 282\,058{,}77\ \text{DM} \\ -226\,071{,}84\ \text{DM} \\ \hline 55\,986{,}93\ \text{DM} \end{array}$$

betragen, wenn man die zeitweilige Ratenminderung außer acht läßt. Letztlich liegt auch hier der Verlust im Bereich der Ratenminderung, die den Kreditnehmern in ihrer Auswirkung nicht transparent war, weshalb sie Klage erhoben. Da das Zinsniveau jedoch insgesamt abnahm, außerdem die Raten progressiv gestaffelt waren, hatten sie für diese Mehrkosten nicht einmal in eine marktgerechte und auf Dauer sanierende Konzeption umgeschuldet.

c) Ergebnis

Die interessierenden Fragen sind somit unterschiedlich zu beantworten. Durch die Umschuldungskonstruktionen ist tatsächlich die monatliche Ratenbelastung um ca. 160,– DM gesunken. Dies erhöhte jedoch die Kreditkosten um ca. 180 000,– DM.

Der Wert der Ratensenkung liegt in der ersten Konstruktion geringfügig unter den Zusatzkosten. In der zweiten Konstruktion dürfte sich ähnliches ergeben. Das Problem liegt eher wohl darin, daß den Kreditnehmern die Kosten einer Ratenrechnung nicht klar waren, weil sie nicht darüber aufgeklärt wurden.

Insgesamt liegt jedoch die Problematik der Beratung eher darin, daß eine kostenintensive Konstruktion durch eine ebenso kostenintensive Konstruktion abgelöst wurde.

d) Alternative Umschuldungslösung

Die gesamte Umschuldungskonstruktion war hier letztlich deswegen so negativ, weil sie keine außerhalb der Konstruktion liegenden Alternativen mit einbezog. Bei der Suche nach Alternativen geht es bei den Personen, die keine steuerlichen Vorteile geltend machen können, immer wieder um die Realisierung eines fundamentalen Grundsatzes der Hausfinanzierung. Dieser Grundsatz läuft jedoch den Interessen von Vermittlern und Anbietern entgegen, weil der die Anzahl der veräußerten Finanzdienstleistungen reduziert.

Abb. 37: Bei Zahlungsschwierigkeiten ist diejenige Konstruktion zu wählen, bei der der Kreditnehmer den niedrigsten Kreditbetrag zu bedienen hat.

Das bedeutet, daß vorhandenes Vermögen zur Tilgung einzusetzen ist und keine neuen Sparvermögen aufgebaut werden. Im vorliegenden Fall hätte dies zu folgendem Ergebnis geführt:

(1) Liquidierung des Bausparvertrages und Nutzung der Beträge zur Senkung der ausstehenden Kapitalschuld.
(2) Beantragung des Ruhens der bisherigen Lebensversicherung und ihre Beleihung durch einen zinsgünstigen Lebensversicherungskredit in der Höhe von 9 229,16 DM, den der damalige Wert darstellte. Entsprechende Tilgung der übrigen Kreditschulden.
(3) Der auf diese Weise um 30 000,- DM reduzierte Gesamtkreditbetrag von ca. 210 000,- DM wird als ordentlicher Hypothekenkredit mit entweder Tilgungsfreistellung oder geringer Tilgung vergeben. Bei 8 % plus 1 % Tilgung käme man auf eine Monatsrate von 1 575,- DM statt der erreichten Rate von
$$\begin{array}{r} 875{,}50 \text{ DM} \\ + 790{,}41 \text{ DM} \\ \hline 1\,665{,}91 \text{ DM}. \end{array}$$

(4) Abschluß einer Risikolebensversicherung über den Gesamtbetrag aller Kredite und Abtretung ihrer Ansprüche anteilmäßig an die beiden Kreditgeber (Prämie von wenigen 100 DM im Jahr).

Bei einem solchen Kredit über 210000,- DM wäre die Tilgung nach 330 Monaten eingetreten, die Kreditkosten hätten 310816,17 DM (o. RSV) statt der 250998,11 DM + 170058,77 DM = 421056,88 DM also ca. 100000,- DM weniger betragen.

Daß solche einfachen Konstruktionen nicht gewählt werden, sondern statt dessen eher kaum zu durchschauende komplizierte Konstruktionen, liegt einerseits am Provisionsinteresse der Vertreter, zum anderen aber auch daran, daß vor allem Versicherungsvertreter häufig als Einfirmenvertreter auf ein Produkt beschränkt sind und dieses Produkt auch dann verkaufen müssen, wenn es auf eine bestehende Situation nicht paßt.

III. Kettenbausparverträge

Wie bereits oben im Zusammenhang mit der Bausparsofortfinanzierung dargestellt, wird bei Finanzierungen im Rahmen dieses Systems der Bedarf an Krediten regelmäßig zu knapp kalkuliert. Kommt es dann zu Zahlungsschwierigkeiten, weil sich mit zunehmendem Fortschritt des Bauvorhabens herausstellt, daß die für den Bau veranschlagten Fremdmittel nicht ausreichen, um den Bau fertigzustellen, bietet der Vermittler bzw. Berater wiederum seine Finanzierungen zur Sanierung an. Dadurch entsteht die jeder Rationalität entbehrende Situation, daß der Kreditbedarf durch weitere Bausparverträge gedeckt werden soll. Dabei kumulieren dann die Verluste aus Umschuldungen mit den Verlusten der Bausparvollfinanzierung.

Bei einer Bausparsofortfinanzierung von 60000,- DM für den Baubeginn wird ein Bausparvertrag über 100000,- DM und ein Kredit über 100000,- DM abgeschlossen. Entsteht weiterer Kreditbedarf, so wird z. B. eine weitere Bausparsofortfinanzierungskonstruktion über noch einmal 100000,- DM abgeschlossen. Tritt der nächste Kreditbedarf auf, so werden mit einem erheblich erhöhten Bausparvertrag über z. B. 300000,- DM die anderen Verträge abgelöst. Für aufgelaufene Zinsaußenstände bei Zinsstundungen können ebenfalls wieder Bausparverträge abgeschlossen werden.

In allen von uns untersuchten Fällen dieser Finanzierungsart waren derartige Kettenbausparverträge abgeschlossen worden, nachdem sich herausstellte, daß ein zusätzlicher Kreditbedarf vorlag.

Die durch die Fehleinschätzung des Kreditbedarfes und der Leistungsfähigkeit des Kreditnehmers sowie durch die Nachteile der Bausparsofortfinanzierungskonstruktion generell entstandenen Probleme werden durch weitere Verträge dieser Art nur noch potenziert.

C. Scheitern der Finanzierung

Eine Finanzierung ist endgültig gescheitert, wenn nach Zahlungsverzug die Gläubiger den Vertrag kündigen, zu keinen vertraglichen Sanierungsangeboten mehr bereit sind und eine Verwertung des Schuldnervermögens im Wege der Zwangsvollstrekung betreiben.

I. Kündigungsverluste

Bei Kreditkündigung entstehen für den Kreditnehmer besonders in der Kombinationsfinanzierung die oben für die Umschuldung aufgeführten Verluste. Sein in der Sparkonstruktion von Kapitallebensversicherung und Bausparvertrag aufgebautes Vermögen, das aus Anwartschaften auf verbilligte Darlehen und Überschußbeteiligungen sowie Schlußzahlungen bei der Lebensversicherung besteht, geht ebenso verloren wie die gezahlten Einmalgebühren sowie die erworbenen Anrechte auf langfristige Zinsbindung. Daß solche Anwartschaften einen Marktwert haben, ist nicht nur aus dem Wertpapier- und Anlagegeschäft mit steigenden Renditen (z. B. Bundesschatzbriefe) bekannt. Auch im Kreditgeschäft finden sich in Zeitungsannoncen Übernahmeangebote für laufende Kredite.

Da die Kreditgeber sich nach Kündigung alle zusätzlichen Kosten ersetzen lassen, ist der Umstand, daß durch das Scheitern selber sich per Saldo die Schulden erhöhen, schwer verständlich. Dabei handelt es sich vor allem bei der vorzeitigen Liquidierung der Bausparverträge um erhebliches Vermögen, das auf diese Weise beim Kreditgeber verbleibt, wenn, wie in einem Fall, Guthaben von 240 000,- DM Kredite von 540 000,- DM gegenüberstanden.

II. Rechtliche Gegenwehr

Das gesamte Grundkreditrecht ist im Gegensatz zum übrigen Kreditrecht so ausgestaltet, daß die Kreditgeber bei der Durchsetzung ihrer Forderungen praktisch keiner gerichtlichen Kontrolle unterworfen sind. Da alle Grundschuldurkunden formularmäßig die Unterwerfung unter die sofortige Zwangsvollstreckung enthalten, bedarf es für die Hypothekenkreditgeber keiner gerichtlichen Legitimation ihrer Forderungen. Darauf dürfte es auch zurückzuführen sein, daß ganz offensichtlich problematische Konstruktionen, wie Zinsstundungsdarlehen, Einbehalt eines Disagios bei kurzfristigen Verträgen, schädigende Kombinationsfinanzierungen, bisher kaum in der Rechtsprechung behandelt wurden. Auch die nach der Rechtsprechung unzulässige Erhöhung der Verzugszinssätze gegenüber dem Vertragszins, ihre fixe Vereinbarung, ist im Hypothekenkredit kaum Gegenstand gerichtlicher Auseinandersetzung geworden, weil die Unterwerfung unter die Zwangsvollstreckung auch diese Kosten mitumfaßt.

Da die Klagezumutung beim Kreditnehmer liegt, der als zahlungsunfähiger Schuldner weitgehend von der Gnade des Kreditgebers abhängig ist, außerdem das Prozeßkostenrisiko enorm ist, ist der Rechtsweg hier faktisch eingeschränkt.

III. Zwangsversteigerung

Die Zwangsversteigerung von Grundstücken ist in der Regel kein geeignetes Mittel, um den tatsächlichen Wert eines Grundstücks zur Schuldtilgung zu realisieren. Das Verfahren der ZPO, wonach durch Formen staatlicher Bekanntgabe (Veröffentlichung im Amtsblatt) und öffentlicher Versteigerung eine Marktsituation simuliert wird, entspricht schon lange nicht mehr den Realitäten im Grundstücksmarkt. Der Grund liegt vor allem darin, daß ein Grundstück entsprechend seiner Lage einen ganz unterschiedlichen Wert für verschiedene Käufer hat (landschaftliche Lage, Distanz zu Arbeitsstelle, zu Schulen etc.) und daher die Realisierung des Marktwertes im Verkauf erfordert, daß gerade die potentiellen Käufer, die den höchsten individuellen Nutzen aus dem Erwerb ziehen können, informiert werden. Dies ist nur bei langfristig angelegten Informationen über die Computer von Immobilienmaklern, über wiederholte Zeitungsannoncen etc. möglich.

Zwangsversteigerungen erlösen daher so weit unter dem potentiellen Wert, daß es inzwischen bereits in Wirtschaftszeitungen regelmäßige Rubriken über Versteigerungstermine und Orte gibt. Die Gestattung eines freihändigen Verkaufs durch die Kreditnehmer wäre somit in der Regel der Zwangsversteigerung vorzuziehen, da hier, wie die Akten zeigen, weit bessere Erlöse erzielt werden.

Daß manchmal Kreditgeber diese Möglichkeit nicht bieten, läßt sich nur damit erklären, daß sie selber direkt oder indirekt an dem niedrigen Kaufpreis partizipieren, weil sie als diejenigen, die am besten informiert sind, diese Angebote selber wahrnehmen können. Es kann aber auch an einer kurzsichtigen und sehr schematischen Abwicklungspolitik liegen, bei der die Schuldbeitreibung noch stark formalisiert ist. Die Regel ist jedoch, daß Notverkäufe zugelassen werden, wobei allerdings die Fristen häufig nicht ausreichen.

In 13 der von uns untersuchten 29 Akten notleidender Baufinanzierungen wurde bis zum Zeitpunkt der Untersuchung ein Zwangsversteigerungsverfahren eingeleitet. Nur in zwei Fällen waren zwischen Auftreten der ersten Zahlungsschwierigkeiten, die in der Regel bereits kurz nach Bezug des Hauses entstanden, und Einleitung des Zwangsversteigerungsverfahrens mehr als zwei Jahre verstrichen.

Alle Betroffenen hatten zuvor versucht, einen Notverkauf zu erreichen und mußten dann feststellen, daß der Wert ihres Hauses weit unter den Beträgen lag, die sie selbst für den Bau oder den Kauf des Hauses aufgewendet hatten. Der Verkehrswert des Hauses lag oft bis zu DM 100000,- unter dem Kaufpreis. So wurde ein Haus, das einmal DM 140000,- gekostet hatte, schließlich für DM 70000,- verkauft. Ein Anderer mußte erkennen, daß sein Eigenheim in der Nähe einer Giftmülldeponie praktisch unverkäuflich war. Tatsächlich zu einer Zwangsversteigerung kam es jedoch nur in 7 Fällen. Dabei zeigte sich, daß der Versteigerungserlös in keinem Fall ausreichte, die Schulden zu begleichen. Oft blieben erhebliche Restschulden zurück; eine weitere Beitreibung wurde dann im Wege der Lohnpfändung betrieben.

Im Falle des A. erbrachte die Zwangsversteigerung einen Verkaufserlös von DM 152000,-. Restschulden i. H. von DM 160000,- waren noch weiterhin offen.

Mit zweien seiner Gläubiger einigte er sich dahingehend, daß nunmehr monatlich jeweils DM 100,- zu zahlen sind, das dritte Kreditinstitut betreibt die Lohnpfändung.

Familie M. hatte vergeblich versucht, ihr Eigenheim, dessen Verkehrswert DM 460000,- betrug, im Rahmen eines Notverkaufes zu verwerten. Sieben Jahre nach Einleitung des Zwangsversteigerungsverfahren wurde dann schließlich die Zwangsversteigerung durchgeführt, die lediglich einen Betrag von DM 315000,- erbrachte. Die Eltern des Herrn M., die für eine Summe von DM 130000,- bürgten, mußten infolge der Bürgenhaftung selbst ihr Haus im Notverkauf anbieten.

IV. Beratungshilfe Dritter

Es zeigte sich jedoch auch, daß dem Schuldner auch in diesem Stadium, nach Einleitung des Zwangsversteigerungsverfahrens noch weitreichende Spielräume bleiben, günstige Vergleiche mit den beteiligten Kreditinstituten auszuhandeln. Individuelle Hilfskonzepte wurden in den Fällen erarbeitet, in denen fachkundige Hilfe, d. h. Anwälte oder Selbsthilfeorganisationen, vom Kreditgeschädigten in Anspruch genommen wurden. In 6 Fällen kam es nach Einschaltung eines Rechtsanwaltes zur Aussetzung des Zwangsversteigerungsverfahrens. Daß auch in scheinbar aussichtslosen Fällen auf der Seite der Kreditinstitute noch Verhandlungsbereitschaft besteht, soweit konsensfähige Sanierungskonzepte angeboten werden, soll folgender Fall zeigen:

Nach bereits erfolgter Zwangsversteigerung ließ sich ein Rückkauf des Hauses i.H. des Zwangsersteigerungserlöses, d.h. DM 155000,– erreichen. Die Restschulden i.H. von DM 132000,– wurden i.H. eines Betrages von DM 35000,verglichen. Die für die Finanzierung benötigten Mittel in Höhe von DM 195000,– stellte eine Sparkasse zu einem Zins von 7 % bei einer 10-jährigen Zinsbindungsfrist zur Verfügung. Außerdem erhielt die Familie noch ein zinsgünstiges Aufwendungsdarlehen.

Auch in anderen Fällen konnten Interessenvertreter für die Schuldner Erfolge erzielen und erreichen, daß das Eigentum erhalten wurde.

Familie L. war es nicht gelungen, ihr Haus, dessen Verkehrswert auf DM 250000,– geschätzt wurde, zu verkaufen. Nach Einschaltung des Vereines für Kreditgeschädigte kam es zu einem teilweisen Erlaß der Forderungen. Die monatliche Belastung wurde um DM 1000,– reduziert. Mit einigen der Gläubiger ließen sich Vergleiche i.H. von 35% der ursprünglichen Forderungen vereinbaren.

Grundsätzlich läßt sich sagen, daß die Chancen einer befriedigenden Sanierung um so größer ausfallen, je eher der Entschluß gefaßt wird, mit Hilfe kompetenter Vertreter Verhandlungen mit den Kreditinstituten zu führen. Wird bereits in einem früheren Stadium der Zahlungsschwierigkeiten interveniert, läßt sich unter Umständen die Einleitung eines Zwangsversteigerungsverfahrens verhindern.

So wurde im Fall N. nach Einschaltung des Vereines für Kreditgeschädigte ein Vergleich geschlossen, durch den die Forderung von DM 95000,– auf DM 48000,– reduziert wurde und die Schuld in monatlichen Raten i.H. von 700,– zinslos getilgt werden kann.

D. Darstellung der Problemphasen an Hand eines ausgewählten Fallbeispiels

Die folgende Einzelfallbeschreibung analysiert eine im Rahmen der zur Verfügung stehenden Akten typische Finanzierung über ein selbständiges Hypothekendarlehen, bei dem keine weiteren formspezifischen Problemlagen ersichtlich sind. In dieser Finanzierung werden daher die phasenspezifischen allgemeinen Strukturen problematischer Baufinanzierung deutlicher als in den vorher behandelten Fällen. Bis auf die Aufnahme von zusätzlichen Ratenkrediten handelte es sich um eine reine Hypothekenfinanzierung.

I. Finanzierungsplan vom April 1983

Die Planungsphase beginnt mit dem Wunsch nach dem eigenen Heim, der dann stärker wird, wenn von Dritter Seite, der man entsprechende Fachkompetenz zutraut oder die sich so darstellen kann, plausibel erscheinende Realisierungsmöglichkeiten angeboten werden.

Im Herbst 1982 erfuhr der Bauherr, gelernter Steinsetzer als Straßenbauarbeiter tätig, von der Möglichkeit, ein Eigenheim zu mietähnlichen Belastungen zu bauen. Zudem war die bisherige Wohnung für die sechsköpfige Familie zu eng geworden. Bei einem durchschnittlichen monatlichen Haushaltseinkommen von

DM 2900,–

setzte er sich mit einem Finanzvermittler in Verbindung, der die Bauunterlagen mit anderen Bescheinigungen sowie einem Finanzierungsplan einer Sparkasse zur Prüfung vorlegte.

Zentrales Element für die Manifestierung des Bauwunsches ist dabei der Finanzierungsplan. Er kann als eine Art Grundgesetz des konkreten Bauvorhabens angesehen werden. Stimmt ein Kreditinstitut diesem Plan zu bzw. fertigt es einen solchen für den Bauwilligen an, so wird dieser in der Regel darin nicht nur Fachkompetenz für die Finanzierung, sondern auch eine sachverständiges Urteil darüber sehen, ob ein entsprechender Hausbau möglich ist.

Je stärker der Bauwillige dabei die Ausarbeitung des Plans Dritten überläßt, desto deutlicher gibt er zu erkennen, daß er selber kaum in der Lage ist, die komplexe Situation zu durchschauen und realistische Prognosen abzugeben.

Dabei wurde bereits erwähnt, daß falsch angelegte Prognosen häufig schon daraus ersichtlich sind, daß das Disagio im Kredit nicht berücksichtigt und eine Scheindeckung des Kreditbedarfs durch den Finanzierungsbetrag suggeriert wurde. Dies ist im vorliegenden Beispiel jedoch nicht der Fall, da das Disagio als zu finanzierender Betrag ausgewiesen ist.

Mit Datum vom 20.4.83 teilte die Sparkasse dem Bauherrn mit, daß sich aufgrund der Informationen des Finanzvermittlers folgende Gesamtherstellungskosten ergäben:

Grundstückskosten incl. Erschließung	DM 32000,–
Baukosten	DM 286000,–
Bauzeitzinsen (Bezugsfertig Mai 1983)	DM 3000,–
Disagio	DM 20000,–
Sonstige Nebenkosten	DM 1000,–
Gesamtherstellungskosten	DM 342000,–

Die Regel, daß ohne Eigenkapital keine Baufinanzierung sinnvoll ist, wird wie im vorliegenden Plan durch die Einbeziehung einer fiktiven Eigenleistung scheinbar bestätigt. Das Kapital ist hier die eigene Arbeitskraft, deren realer Wert jedoch schwer abzuschätzen ist. Seriöse Schätzunterlagen für die tatsächlichen Ergebnisse der Arbeitskraft sind nicht vorhanden. Insbesondere fehlen Unterlagen über die mit dem Einsatz der Arbeitskraft verbundenen zusätzlichen Kosten.

Die Finanzierung war wie folgt vorgesehen:

Vorhandener Grundstückswert	DM 32000,–
Eigenleistung	DM 32000,–
Einheitsdarlehen der Bank	DM 278000,–
Gesamt	DM 342000,–

Für die Bereitstellung des Darlehens wurden folgende Konditionen vorgesehen:

Zinssatz:	6,5 % p. a.
Zinsfestschreibung:	5 Jahre
Auszahlungskurs:	93 %
Anfängl. Tilgung:	1 %

Unter Berücksichtigung der zu erwartenden Aufwendungsdarlehen i. H. von DM 572,– sowie des Aufwendungszuschusses i. H. von DM 275,– monatlich war die Sparkasse grundsätzlich bereit, die Finanzierungsmittel i. H. von DM 278 000,– zur Verfügung zu stellen.

II. Vom Vertragsschluß bis zum Zusammenbruch

1. Der Darlehensvertrag

Beim Abschluß des Darlehensvertrages stellen sich bei später gescheiterten Kreditbeziehungen häufig bereits die ersten Inkongruenzen zwischen Plan und Wirklichkeit dar. Der Grund hierfür liegt darin, daß im Finanzierungsplan das Interesse von Vermittler und Bank noch deutlich ist, einen neuen Kunden zu erreichen. Probleme werden darin nicht erwähnt. Die Finanzierung wird insgesamt als problemlos herstellbar ausgewiesen. Kommt es jedoch zum Vertrag, so ist die Interessenrichtung eine andere. In diesem Fall müssen alle Kosten offen ausgewiesen und vertraglich festgelegt werden. Dabei müssen dann auch die Vermittlerprovision, die man vorher nicht gerne in den Vordergrund stellt, offengelegt und Kosten, wie die Bereitstellungsprovision, vereinbart werden. Außerdem muß die Bank Vorsorge tragen für mögliche später auftauchende Probleme. Daher kommt es hier zu Zusatzvereinbarungen, die zunächst nebensächlich erscheinen, in denen jedoch deutlich wird, daß die Problematik des Falles bereits geahnt wird.

Am 1. 7. 1983 schloß der Bauherr mit der Sparkasse einen Vertrag über Darlehen von insgesamt DM 278 000,– zu den Konditionen ab, die bereits im Finanzierungsplan in Aussicht gestellt worden waren. In einer Zusatzvereinbarung wurde der Beginn der Tilgung des Realkredits i. H. von DM 168 000,– von der Tilgung des Personalkredits i. H. von DM 110 000,– abhängig gemacht. Es wurde eine einmalige Bearbeitungsgebühr auf 0,5 % des Darlehens festgelegt. Das Darlehen war in monatlichen Teilbeträgen von DM 1 737,50, zuerst am 31. 1. 1984, zurückzuzahlen. Bis zu diesem Zeitpunkt zahlte der Bauherr an die Sparkasse **Bereitstellungszinsen** von insgesamt DM 6 557,29. Der Finanzvermittler erhielt einen Betrag von DM 13 901,56.

Insbesondere fehlt es in den Finanzierungsplänen häufig an einer Bezifferung der Kosten der Finanzierung, die erst bei Vertragsschluß offensichtlich werden, wenn der Bauwunsch durch eine Vielzahl von Maßnahmen bereits so verfestigt ist, daß der Wunsch weiterzumachen größer sein kann als die finanzielle Vernunft.

So entstanden dem Bauherrn durch den Abschluß des Darlehensvertrags insgesamt Kosten i. H. von 21 848,85 DM, zu denen noch die Kosten des Disagio i. H. von 20 000,– DM hinzu zu zählen wären.

Bearbeitungsgebühren	DM 1 390,–
Bereitstellungszinsen	DM 6 557,29
Vermittlungsgebühren	DM 13 901,56
Gesamtkosten	DM 21 848,85

Bei einer Auszahlungsquote von 93 % standen dem Bauherren für den Kauf des Eigenheims somit von dem Kredit über DM 278 000,– lediglich DM 236 691.15 effektiv für seine Baumaßnahmen zur Verfügung.

Auszahlungsbetrag	DM 258 540,–
Gesamtkosten	DM – 21 848,85
Gesamtbetrag	DM –236 691,15

Keine Rolle spielen beim Vertragsabschluß die formularmäßigen Bedingungen für den Störungsfall, weil jeder Kreditnehmer bei Kreditaufnahme regelmäßig vom ungestörten Verlauf des Kredites ausgeht. Dabei können Verzugszinsklauseln, die entgegen der Rechtsprechung für den Störungsfall sogar eine erhöhte Kostenbelastung vorsehen, die Situation eines Kreditnehmers gerade dann, wenn er in Schwierigkeiten ist, erheblich verschlechtern.

Auch dieser Vertrag enthielt neben einer Tilgungsverrechnungsklausel eine solche Verzugszinsklausel:

»2.1.2. Zahlt der Darlehensnehmer bei Fälligkeit nicht, so erhöht sich der Zinssatz für den rückständigen Kapitalbetrag um 1,0 v. H. jährlich.«

2. Öffentliche Wohnungsbauförderung

Wie bereits für die Steuervergünstigungen im Wohnungsbau ausgeführt, können staatliche Hilfsprogramme zur Förderung des Wohnungsbaus den negativen Effekt haben, daß Bauherren, die sich an sich einen Wohnungsbau überhaupt nicht leisten können, auf Grund dieser Programme glauben, daß ihnen eine Finanzierung doch gelingen kann. Tatsächlich sind jedoch die meisten öffentlichen Wohnungsbauförderungsprogramme so angelegt, daß sie lediglich denjenigen das Bauen erleichtern, die es sich gerade leisten können. Sie sind jedoch durch ihre Beschränkung auf Finanzierungshilfen nicht immer geeignet, die objektiven Probleme mangelnden Einkommens bei Haushalten, die sich einen solchen Bau nicht leisten können, zu kompensieren. Da die Förderung nicht darin besteht, Eigenkapital zu vermitteln, sondern in der Regel nur Darlehen oder Zinsverbilligungen umfaßt, ändert sie an der zu übernehmenden privaten Verschuldung zunächst einmal nichts.

Diese einfache Tatsache wird jedoch häufig nicht verstanden und auch in dem Begriff »Wohnungsbauförderung« nicht hinreichend deutlich. In einer österreichischen empirischen Untersuchung überschuldeter Haushalte des Instituts für Gesellschaftspolitik der Arbeiterkammer Wien wurde dieser Zusammenhang zwischen öffentlichen Wohnungsbauförderungsprogrammen und einer leichtfertigen Überschuldung ebenso angesprochen wie in den Ergebnissen, die aus der oben wiedergegebenen Befragung durch die Verbraucher-Zentrale Lille in Nordfrankreich durchgeführt wurde. Entsprechende Probleme wurden, z. B. von der Interessengemeinschaft Baufinanzierung bei der Kreditvergabepraxis der Wohnungsbaukreditanstalt Schleswig-Holstein, in einer Fernsehdiskussion behauptet.

Da zudem die staatlichen Förderungsprogramme in der Regel durch ein kompliziertes Regelwerk die Zugangsbedingungen festlegen, ist der Bauwillige hierbei auf die Interpretation und Information Dritter angewiesen, die diese Regeln auf seinen Fall beziehen können. Am Beispiel von staatlichen Programmen für lärmgeschädigte Anwohner von Flughäfen, mit deren Formularen eine Reihe von Schwindelfirmen überall um Hamburg herum übertuerte neue Fenster verkaufen konnten, ist dieses Problem staatlicher Subventionsprogramme in der Verbraucherarbeit bekannt.

Ähnlicher Mißbrauch wird von Vermittlern auch mit der Wohnungsbauförderung getrieben, wenn sie deren Möglichkeiten überzeichnen oder die tatsächlichen Auswirkungen für den einzelnen falsch darstellen. Dabei kann es passieren, daß die Art der Vergabe solcher Vergünstigungen falsche Vorstellungen bewirkt, da die Leistungen als besonders günstig dargestellt werden.

Mit Datum vom 5. 8. 1983 gewährte die Landestreuhandstelle dem Bauherrn aus dem Wohnungsbauprogramm 1982 für den Neubau eines Einfamilienhauses mit einer Wohnfläche von 115,27 qm ein Aufwendungsdarlehen i.H. von DM 51 480,– und bewilligte einen Aufwendungszuschuß i.H. von DM 9 900,–.

Die Höhe des jährlichen Aufwendungsdarlehens betrug

1.– 3. Jahr	DM 6 864,–	(= DM 572,– p.m.)
4.– 6. Jahr	DM 5 148,–	(= DM 429,– p.m.)
7.– 9. Jahr	DM 3 452,–	(= DM 287,67 p.m.)
10.–12. Jahr	DM 1 716,–	(= DM 143,– p.m.)

Das Aufwendungsdarlehen wurde bis zum Ablauf von 14 Jahren zins- und tilgungsfrei gewährt. Vom 15. Jahr an sollte das Darlehen in Halbjahresraten mit jährlich 6 % verzinst und mit jährlich 2 % zuzüglich der durch die fortschreitende Tilgung ersparten Zinsen getilgt werden. Von diesem Zeitpunkt an sollte auch ein laufender Verwaltungskostenbeitrag i. H. von 0,5 % jährlich entrichtet werden.

Von der ersten Auszahlung am 9. 5. 1984, die zwei Halbjahresraten umfaßte, wurde die einmalige Bearbeitungsgebühr von 1 % des bewilligten Gesamtdarlehens, also DM 514,80, sowie der Verwaltungskostenbeitrag für jede Halbjahresrate i. H. von je DM 128,70 abgezogen. Der Bauherr erhielt somit lediglich eine Gutschrift von DM 6 091,80.

Die Höhe des Aufwendungszuschusses betrug tatsächlich im

1. Jahr	DM 3 300,–	(mtl. DM 275,–)
2. Jahr	DM 2 640,–	(mtl. DM 220,–)
3. Jahr	DM 1 980,–	(mtl. DM 165,–)
4. Jahr	DM 1 320,–	(mtl. DM 110,–)
5. Jahr	DM 660,–	(mtl. DM 55,–)

Der Aufwendungszuschuß wurde für die Zeit von der Bezugsfertigkeit an gewährt und mit dem gleichzeitig gewährten Aufwendungsdarlehen in Halbjahresraten am 15.4. und 15.10. eines jeden Jahres ausgezahlt. Als Bearbeitungsgebühr war eine einmalige Gebühr i. H. von 2/10 des ersten Jahresbetrages des Aufwendungszuschusses zu zahlen. Die Gebühr wurde je zu einem Viertel bei der Auszahlung der ersten 4 Halbjahresraten einbehalten. Bei der Auszahlung der ersten beiden Halbjahresraten am 9. 5. 1984 wurde somit ein Betrag von DM 330,– abgezogen.

Mit Schreiben vom 6. 7. 1984 teilte die Treuhandstelle dem Bauherrn mit, daß gegen die Überweisung der fällig werdenden Raten aus dem Aufwendungsdarlehen und dem Aufwendungszuschuß auf sein Konto keine Bedenken bestehen.

3. Eintritt der Zahlungsschwierigkeiten

Die ersten Zahlungsschwierigkeiten sind häufig das Ergebnis von Planungsfehlern bei der Kostenschätzung und dem Kreditbedarf. Entscheidend in dieser Phase ist es jedoch, daß in einer solchen noch nicht ausweglosen Situation recht bedenkenlos von allen Seiten der Kredit zur Finanzierung von Krediten genutzt wird. Kredite können nur kurzfristige Engpässe überwinden, weil sie zukünftiges Vermögen mobilisieren.

Handelt es sich jedoch um strukturelle Probleme im Verhältnis zwischen Einkommen und Ausgaben, die auf unabsehbare Zeit bestehen, so bedeutet die Kreditaufnahme eine erhebliche Verschärfung der Situation. Zum einen verbaut sich der Kreditnehmer damit die Möglichkeiten des täglichen Lebens, wenn er seine Kontoüberziehungsmöglichkeit blockiert, zum anderen setzt er eine Zinslawine in Gang, die die Probleme in verschärfter Form in die Zukunft verlagert. Sind zunächst noch relativ günstige Kreditmöglichkeiten vorhanden, so muß zu immer teureren Krediten gegriffen werden, um Kapital und aufgelaufene Zinsen zu tilgen.

Finanzierungsphasen gescheiterter Kredite

Eine typische Verschuldungskette ergibt sich dabei aus folgenden Formen:

Abb. 38: Verschuldungsleiter
1. Hypothekenkredit
2. Kontoüberziehung
3. Ratenkredit
4. Umschuldung
5. Versandhandelsschulden
6. Erzwungene Stundungskredite
   (Miete, Gas, Elektrizität etc.)

Da die äußerste Grenze der Kreditrückzahlung hiermit ebenso wie auch mit fortschreitendem Lebensalter jedoch immer näher rückt, sind die Chancen zu Beginn der Krise regelmäßig wesentlich besser, als wenn Symptome verdeckt werden.

Die Überschuldung kann dabei mit der Krebserkrankung verglichen werden. Ein gesunder Organismus, wie ihn der Kredit zur Wohnungsfinanzierung darstellt, gerät dabei außer Kontrolle. Aus Schulden wird eine allmähliche Überschuldung. Bei frühzeitiger Erkenntnis sind Therapien durchaus möglich, während bei längerem Zuwarten die Fälle häufig hoffnungslos werden, wie dies auch in unserem Beispiel deutlich wird.

Der Bauherr befand sich schon bald nach Kreditabschluß in Zahlungsschwierigkeiten. Durch zusätzliche Baumaßnahmen beim Innenausbau erhöhten sich die Herstellungskosten um DM 10 000,–, auch der Bau von Garage und Einfahrt sowie weitere Pflasterarbeiten mit einem Wert von insgesamt DM 15 000,– konnten nicht mehr mit dem von der Sparkasse zur Verfügung gestellten Geld erfolgen, da es inzwischen verbraucht war. Im Zusammenhang mit dem Hausbau waren schon Möbel im Wert von DM 10 000,– gekauft worden.

Auf die Zahlungsschwierigkeiten reagierte der Bauherr zunächst mit einer Überziehung seines Girokontos. Im Frühjahr 1984 wandte er sich an die Sparkasse, um dort einen weiteren Kredit zur Fertigstellung der Restarbeiten zu erhalten. Die Sparkasse räumte ihm jedoch kein neues Darlehen ein.

Nach weiteren erfolglosen Bemühungen gewährte eine Bank dem Bauherrn am 10. 5. 1984 einen Ratenkredit über DM 10 000,–, deren Kosten sich einschließlich Restschuldversicherung auf DM 5 156,10 beliefen und der in 71 Raten zu je DM 211,– und einer Rate zu DM 175,10 zurückzuzahlen war. Eine weitere Belastung des Haushalts ergab sich im Juli 1984, als das Kindergeld von bisher DM 530,– auf DM 150,– monatlich reduziert wurde.

Der finanzielle Engpaß setzte sich weiter fort, so daß eine Aufstockung des Ratenkredits erforderlich wurde. Mit Datum vom 28. 12. 1984 gewährte die Bank dem Bauherrn einen Zusatzkredit i. H. von DM 5 000,–. Der Gesamtkreditbetrag von nunmehr DM 22 474,– war in 71 Raten zu je DM 312,– und einer Rate zu DM 322,– zurückzuzahlen.

Typisch für eine Verschuldungslawine ist dabei, daß das Tempo der Neu-, Zusatz- und Umfinanzierungen zunimmt und damit vor allem unverhältnismäßig viele zusätzliche Abschlußkosten anfallen.

> Die Schwierigkeiten bei der Bedienung der Kreditverpflichtungen setzten sich auch im Jahre 1985 fort. Zu späte Zahlung der Raten und eine teilweise Stundung führten zu einer weiteren Erhöhung der Kosten. Ab August 1985 nahm die Ehefrau des Bauherrn eine Beschäftigung an, aber die dadurch erzielten Einnahmen konnten die gestiegenen Belastungen nicht auffangen. Eine weitere Aufstockung des Ratenkredites um DM 3500,– erfolgte am 21.11.85.
>
> Der Gesamtkreditbetrag i. H. von nunmehr DM 27 230,40 mußte in 71 Raten zu je DM 378,– und einer Rate zu DM 392,40 zurückgezahlt werden. Die Ratenbelastung gegenüber der Bank hatte sich somit von Mai 1984 bis November 1985 bei gleichzeitiger Reduzierung von Aufwendungsdarlehen und Aufwendungszuschuß von DM 211,– auf DM 378,– erhöht.

4. Zusammenbruch der Baufinanzierung

Der Zusammenbruch einer Finanzierung bleibt am deutlichsten im Bild der Lawine beschreibbar. Was sich bis vor kurzem noch bewegungsfähig entwickelt hat, zerbricht relativ kurzfristig. Erklären kann man solche verspäteten Zusammenbrüche, wie sie in der Wirtschaft – sogar strafrechtlich festgehalten – in der Konkursverschleppung deutlich sind, aus der Psychologie der Beteiligten, die sich auf das Spiel der Kettenfinanzierung zur Sanierung eingelassen haben, und ähnlich wie der höher setzende Spieler an eine eher gefühlsmäßig gewünschte als rational erwartete Auflösung des Dilemmas glauben.

> Ab Winter 1985/86 wurde der Bauherr regelmäßig für einige Monate entlassen, da er in der Baubranche tätig war. Diese Zeit der Arbeitslosigkeit führte stets zu erheblichen finanziellen Einbußen. Im März 1986 wies der Haushalt des Bauherrn ein monatliches Einkommen von DM 2950,– auf, die Ratenzahlungsverpflichtungen beliefen sich in diesem Monat auf DM 2116,50 ohne Berücksichtigung von Aufwendungsdarlehen (DM 572,–) und Aufwendungszuschuß (DM 165,–).

a) Verhalten der Banken

Für die Banken gibt es beim Zusammenbruch einer Finanzierung zwei Optionen: Schneller und kompromißloser Zugriff auf alles verfügbare Vermögen, um die Schäden zu begrenzen, oder aber geduldiges Warten auf Chancen, die außer Kontrolle geratene Kreditbeziehung wieder in der Weise tragfähig zu gestalten, daß auf lange Sicht noch Beträge zurückgeführt und die Möglichkeit, durch Einsatz der Arbeitskraft die Schäden zu begrenzen, nicht verstellt wird. Es spricht vieles dafür, daß auch betriebswirtschaftlich gesehen ein Verhalten, das Forderungen rational abschreibt und auf ihren realisierbaren Wert reduziert, um den Kreditnehmer mit der Chance der Entschuldung auch psychologisch wieder aufzurichten und zu einer rationalen Haushaltsführung zu veranlassen, größere Vorteile verspricht als der bedingungslose Zugriff.

Gleichwohl ist ein solches Verhalten für die vorliegenden Aktenfälle nicht typisch. Vielmehr wird, wie auch der hier geschilderte Fall deutlich macht, immer wieder im Detail kostenintensiv mit neuem Disagio und Zinseszinsen angepaßt. Vorhandene kleinere Vermögenswerte werden aufgelöst, man versucht, Angehörige in die Überschuldung neu mit einzubinden, gefährdet außerdem die Wohnsituation, bis alles Vermögen aufgebraucht und die Schuld untilgbar angewachsen ist. Dabei verkennen die Kreditgeber, daß, wie es bei der Konkursreform gesetzgeberische Einsicht zu werden scheint, der Besitz von Vermögen, Perspektive und Überlebenssicherheit den Kreditnehmer zu letztlich weit höheren Zahlungen befähigt und zudem der Bank Durchsetzungskosten in Rechtsabteilung, Inkasso und gerichtlicher Durchsetzung spart.

Schuld an solchem, auch sozialpolitisch problematischen Verhalten ist u. a. die mangelnde Schulung des Bankpersonals, das häufig nur für den »Normal-«fall ausgebildet ist und wenig Kenntnisse über die ökonomischen und psychologischen Zusammenhänge besitzt. Je undurchsichtiger die Situation geworden ist, desto eher tendieren auch Banken zu irrationalen Reaktionen auf Details, statt die Finanzierung insgesamt wieder mit Perspektive zu versehen. Am Ende steht dann die simple, aber für alle Beteiligten teuerste Alternative des Alles oder Nichts.

> Als auch weiterhin unregelmäßige Ratenzahlungen sowie die notwendig gewordene Stundung einer Rate daraufhin deuteten, daß durch die Kreditaufstockung Zahlungsschwierigkeiten nicht behoben werden konnten, gewährte am 11.7.86 die Bank ein weiteres Darlehen i. H. von DM 30000,–. Der Gesamtkreditbetrag von nunmehr DM 31 370,50 war in 71 Raten von DM 436,– und einer Rate von DM 414,50 zurückzuzahlen.
>
> Am 7.8.86 wurde das überzogene Girokonto des Bauherrn bei der Sparkasse in ein Tilgungsdarlehen von DM 15000,umgeschuldet. Bei einem Auszahlungskurs von 98 % und einer Bearbeitungsgebühr von 2 % war das Darlehen mit 8 % variabel zu verzinsen. Den monatlichen Raten von DM 200,– lag eine anfängliche jährliche Tilgung von 8 % des ursprünglichen Darlehensbetrages zuzüglich der durch die Rückzahlung ersparten Zinsen zugrunde. Der Zinssatz war zudem variabel vereinbart. Zur Sicherung aller Ansprüche aus der Geschäftsverbindung trat der Bauherr seine Ansprüche aus einer 1965 abgeschlossenen Lebensversicherung über DM 10000,– an die Sparkasse ab.
>
> Im Oktober 1986 erklärte sich die Sparkasse bereit, im Rahmen des Hypothekendarlehens die Tilgung von 1 % vorerst vom 1. 10. 1986 bis 31. 12. 1987 auszusetzen. Ein weiteres Entgegenkommen besteht darin, die per Mai und August nicht gezahlten Darlehensraten bis zum 30. 6. 1987 zu stunden. Eine von der Sparkasse geforderte Mitverpflichtung des Sohnes konnte nicht erfüllt werden.

b) Verhandlungen Dritter mit den Gläubigern
Bei Überschuldung im Hypothekenkredit sind ökonomische Hilfen Dritter in der Regel illusorisch. Würde hier eine Schuldübernahme stattfinden, wie sie im Ratenkredit mit Entschuldungsfonds besteht, so müßten Millionenbeträge aufgebracht werden, mit denen insgesamt gesehen letztlich das Risikoverhalten von Banken im Privatsektor subventioniert würde. Die Einschaltung Dritter in solchen Krisensituationen ist jedoch geeignet, beide Parteien zu einem rationalen Verhalten zu veranlassen. Während ein Bankangestellter sich unter Umständen sogar gegenüber dem Kreditnehmer von diesem persönlich hintergangen oder enttäuscht fühlt und deshalb reagiert statt agiert, kommt durch die Einschaltung eines bisher unbeteiligten Dritten ein sachliches Element in die Diskussion, wodurch wiederum mehr Lösungschancen entstehen.

Anfang 1987 wandte sich der Bauherr mit der Bitte um Unterstützung an einen Selbsthilfeverein. Von dort wurden Verhandlungen und Schriftverkehr mit der Sparkasse und der Landestreuhandstelle zur Lösung der bestehenden Zahlungsprobleme geführt. Die Landestreuhandstelle sah keine Möglichkeit, durch den Einsatz günstiger Mittel aus ihrem Hause die zusätzlich bestehenden Kredite umzuschulden.

Die Bank fand sich nach anfänglicher Ablehnung gegenüber den Vergleichsvorschlägen des Selbsthilfevereines und eines in der Zwischenzeit eingeschalteten Rechtsanwaltes bereit, einer Ratenreduzierung auf DM 250,– ohne Berechnung von Verzugszinsen zuzustimmen. Nach dieser Vereinbarung ging die Sparkasse davon aus, daß damit die Tragbarkeit der Gesamtaufwendungen nachhaltig gesichert sei. Die Sparkasse versucht auch weiterhin, den Bauherrn zu einem Verkauf seines Hauses zu veranlassen.

Kapitel 4 Ruinöse Baufinanzierung im Spiegel des geltenden Rechts

A. Rechte bei der Überprüfung gescheiterter Baufinanzierung

Die aufgezeigten Probleme ergeben sich im wesentlichen daraus, daß mit intransparenten Konstruktionen und mangelnder Aufklärung über Risiken und Folgen der Baufinanzierung, durch Ausnutzung von Unerfahrenheit und Zwangssituationen sowie durch die Forderung zusätzlicher Zinsen und Zinseszinsen bzw. die Vorenthaltung von Rückzahlungsansprüchen, Verbraucher eine falsche Finanzierung erhalten haben. Rechtlich hätte ihnen eine Vielzahl von Ansprüchen zugestanden, wie die nachfolgenden Ausführungen deutlich machen.

Der Bundesgerichtshof sowie einige Oberlandesgerichte wie insbesondere das OLG Celle und das OLG Düsseldorf, haben seit dem Abschluß dieser Untersuchung deutliche Grenzen für willkürliche Benachteiligungen in der Baufinanzierung markiert.

I. Transparenz

1. Tilgungsverrechnung

So hat der Bundesgerichtshof festgestellt, daß für Hypothekenkredite[1] und Bausparverträge[2] das Gebot der Transparenz bei der Gestaltung der Zinsberechnung gilt. Danach ist die willkürliche und unerkennbare Manipulation der Tilgungsverrechnungstermine auf Grund von AGB-Klauseln, wegen Verstoßes gegen das Transparenzgebot des § 9 Abs.1 AGBG, nichtig.

Der BGH geht dabei von folgenden Voraussetzungen aus:

Tilgungsverrechnungsklauseln betreffen nicht die Tilgungswirkung einer Zahlung i. S. des § 362 BGB. Vielmehr ist mit der Zahlung die Tilgung der Kapitalschuld erfolgt. Die Klausel begründet daher eine Zinszahlungspflicht für ein fiktives Kapital, d. h. fiktive Zinsen. Entsprechend der bishe-

---

[1] BGH NJW 1992, 503; 179; 1991, 1889; 2559; BGHZ 106, 42 = NJW 1989, 222; BGHZ 112, 115 = NJW 1990, 2383.
[2] BGH NJW 1991, 2559 (allerdings abgemildert).

rigen Rechtsprechung geht der BGH weiterhin davon aus, daß »fingierte Zinsrechnungsfaktoren« im Grundsatz hingenommen werden können und die Regel, daß Zinsen nur für tatsächlich bereitgestelltes Kapital zu zahlen ist, nicht zur Natur des Darlehensvertrages i. S. des § 9 AGBG gehören. Fingierte Zinsrechnungsfaktoren können jedoch dann nicht hingenommen werden, wenn sie gegen das »Transparenzgebot« des § 9 Abs. 1 AGBG verstoßen, wonach dem Kreditnehmer hinreichend deutlich sein muß, inwieweit eine Nebenabrede den Preis erhöht und inwieweit hierdurch seine Tilgung verzögert wird. Dabei kommt es auf die Sicht eines durchschnittlichen Verbrauchers an.

Während zunächst noch Möglichkeiten eröffnet erschienen, fiktive Zinsen[3] zu verlangen, indem die Regelung als Individualvereinbarung gestaltet wurde, hat der BGH[4] dem entgegengehalten, daß als Zusätze eingetragene Alternativen, die für den Verbraucher schlechtere Bedingungen enthalten als die AGB selber, dann nicht als Individualvereinbarungen angesehen werden können, wenn sie der Bank nur Vorteile brächten. Mit diesem Urteil bekräftigt der BGH insgesamt die Tendenz, seine Aufklärungs- und Transparenzrechtsprechung in der Weise zu verfestigen, daß die Aufklärung und Transparenz an dem Ergebnis gemessen wird, das den Verbraucher letztendlich durch die Vertragsgestaltung erreichte. Um eine ausreichende Information zu gewährleisten, hat er bei willkürlicher Tilgungsverrechnung auch die Laufzeitangabe nicht ausreichen lassen[5] und verlangt, daß Ratenpläne vor Unterschrift auszuhändigen sind. Im wesentlichen hält er eine gewillkürte Tilgungsverrechnung nur dann für transparent, wenn der effektive Jahreszinssatz korrekt angegeben ist.[6]

Während bei den Krediten ein relativ strikter Maßstab angenommen wird, soll demgegenüber bei der Frage der anzurechnenden Zinsen bei der Bausparleistung eine nachträgliche Verrechnung der eingehenden Zahlungen nicht so gravierend sein, daß sie als unangemessen anzusehen ist.[7]

Der Rückforderungsanspruch auf zu viel gezahlte Zinsen bei abgewickelten Hypothekenkrediten verjährt nach 30 Jahren.[8]

---

3 vgl. dazu *Reifner*, Zinsfiktionen und AGB-Gesetz, NJW 1989, 952.
4 NJW 1992, 503.
5 BGH NJW 1991, 1889.
6 BGH NJW 1989, 222.
7 BGH NJW 1991, 2559.
8 BGH WM 1990, 1989.

2. Effektiver Jahreszinssatz

Inzwischen hat auch das Verbraucherkreditgesetz in den §§ 4–6 die Regeln über die Schriftform, die Angabe des effektiven Jahreszinssatzes, den Nominalzinssatz, den Ratenplan, die einzelnen Kostenbestandteile und die Zinsänderungsfaktoren auf Hypothekenkredite ausgedehnt (§ 3 Abs. 2 Nr. 2 VerbrKreditG), so daß gemäß § 6 VerbrKreditG der Verbraucher nicht ausgewiesene Kosten nicht zu zahlen braucht und sich bei zu niedrig angegebenen Zinssätzen die Kosten entsprechend reduzieren.

Da nach der Rechtsprechung des BGH Kombinationsfinanzierungen mit eindeutigem Kreditcharakter auch wie Kredite zu beurteilen sind, so daß die Wuchergrenze sich auf den effektiven Jahreszinssatz der Gesamtkonstruktion bezieht und nicht nur der Kreditbestandteil alleine zu überprüfen ist,[9] bedeutet dies gemäß § 18 VerbrKreditG, daß in Zukunft für Bausparsofortfinanzierungen ebenso wie für Lebensversicherungskredite ein effektiver Jahreszinsatz anzugeben ist, der die Belastungen aus der gesamten Konstruktion so wie sie sich bei Abschluß des Vertrages darstellen in einem einzigen Zinssatz angibt. Die ursprüngliche Fassung des Art. 1A EGRichtlinie, die noch von einem »Gesamtbelastungssatz«[10] sprach, hatte dieses Anliegen noch deutlich zum Ausdruck gebracht. Durch die Einführung des Umgehungsverbotes in Art. 14 Abs. 2 EGRichtlinie entspr. § 18 VerbrKreditG sollten die Mitgliedsstaaten sicherstellen, »daß die Vorschriften, die sie gemäß dieser Richtlinie verabschieden, nicht durch eine besondere Gestaltung der Verträge, insbesondere eine Aufteilung des Kreditbetrags auf mehrere Verträge, umgangen werden.« Kombinationsfinanzierungen beinhalten aber gerade solche Aufteilungen, bei denen die Verluste im Anlagevertrag versteckt werden, so daß im Kreditvertrag moderate Zinssätze suggeriert werden können.

II. Nichtigkeit und Aufklärungsverschulden

1. Nichtigkeit

Traditionell wurde der Schutz der Verbraucher im Kreditgeschäft durch die Nichtigkeitvorschriften der §§ 138 ff. BGB (Wucher)[11] und des § 138 BGB i. V. mit Art.1 RBerG[12] sowie mit dem Haustürverbot des § 56 Abs.1 Nr. 6

---

9 vgl. BGH WM 1990, 918; 1989, 665; ZIP 1988, 422 zum Lebensversicherungskredit als Ratenkredit.
10 mit gleicher Bezeichnung BGH NJW 1988,818; WM 1989, 665.
11 zu der umfangreichen Rechtsprechung zum Konsumentenkredit vgl. zuletzt BGH NJW 1991, 832; 834; im einzelnen *Reifner*, Handbuch des Kreditrechts, München 1991 § 20ff.
12 BGH WRP 1987, 621.

GewO bewirkt.[13] Grundsätzlich gelten diese vor allem im Verbraucherkredit entwickelten Schutzmechanismen auch im Hypothekenkredit. Gleichwohl haben sie hier keine praktische Bedeutung erlangt, weil z. B. die Wuchergrenze von 90 % Überschreitung des Marktzinssatzes im langfristigen Kredit unsinnig hoch erscheint und praktisch bis zum 15fachen des Entgeltes decken würde, Versicherungsmakler vom Rechtsberatungsverbot ausgenommen wurden und schließlich das Haustürverbot mit Verabschiedung des Verbraucherkreditgesetzes im wesentlichen entwertet wurde, als das Haustürgeschäft der direkten Bankvertreter ausgenommen wurde.

Eine Ausnahme bietet allein die heftig umstrittene Entscheidung des XI. Zivilsenates des BGH zur Nichtigkeit der Mithaftung einer Ehefrau, wenn diese bei Vertragsabschluß über kein Vermögen verfügte, kein Einkommen zu erwarten war, die Vorteile der Kreditaufnahme allein dem Ehemann zuflossen und dieser die Beziehung zur Druckausübung genutzt hatte.[14]

Tatsächlich dürfte hinter dem Versagen des Schutzzweckes der Nichtigkeitsnormen im Hypothekenkredit wohl eher die wirtschaftliche Überlegung stehen, daß die Nichtigkeit eines Hypothekenkredits dem Kreditnehmer unangemessen hohe Vorteile und der Bank erhebliche Nachteile bringen würde, die sie auf die übrigen Kreditnehmer umlegen müßte.

Die Chancen für eine neue Bedeutung dieser Vorschriften im Hypothekenkredit sind daher gering. Stattdessen hat die Rechtsprechung jedoch das weit flexiblere Instrument des Aufklärungsverschuldens entwickelt, mit dem sich gerade bei gescheiterten Krediten ein dem Einzelfall angemessener Ausgleich erzielen läßt.[15]

2. Grundsätze zum Aufklärungsverschulden

Während mit den Transparenzpflichten vor allem formale Aufklärungen über den Inhalt der Erklärungen der Kreditgeber bezeichnet werden, bei deren Verletzung im wesentlichen die Bedingungen gelten, die der Kreditnehmer tatsächlich verstehen durfte (vgl. § 6 VerbrKreditG), betreffen die Aufklärungspflichten der Banken die gesamten Umstände der Kreditvergabe. Mangelnde Aufklärung führt dann zu einem Schadensersatzanspruch, bei dem der Kreditnehmer so zu stellen ist, wie er gestanden hätte, wenn er ausreichend aufgeklärt worden wäre. Hätte sich allerdings für ihn ohnehin

---

13 BGH NJW 1992, 425; 1989, 3217; WM 1989, 4; BB 1987, 995; 1376; 1990, 136; NJW 1979, 1579.
14 BGH NJW 1991, 923 (XI. Senat); dagegen deutlich der IX. Senat in BGH NJW 1991, 2015.
15 so ausdrücklich als sachgerechter als die Nichtigkeit bezeichnet in BGH WM 1991, 271 (Umschuldungskredit).

keine Alternative eröffnet, so geht dieser Anspruch regelmäßig ins Leere.[16]

Nach der älteren Rechtsprechung des Bundesgerichtshofs ist die kreditgebende Bank grundsätzlich nicht verpflichtet, den Darlehensnehmer hinsichtlich der Zweckmäßigkeit der Kreditaufnahme oder der Risiken der von ihm beabsichtigten Verwendung des Darlehens aufzuklären[17].

Die kreditgebende Bank soll in diesem Zusammenhang grundsätzlich auch nicht verpflichtet sein, »einen Kreditinteressenten darüber aufzuklären, daß zwischen seinen finanziellen Möglichkeiten, wie sie sich insbesondere aus seinen Einkommensverhältnissen ergeben, und den Darlehensbelastungen ein Mißverhältnis besteht; die damit verbundenen speziellen Risiken muß er in aller Regel selbst tragen und bewältigen«[18].

In der neueren Rechtsprechung sind jedoch, ohne daß diese Grundsätze explizit aufgegeben wurden, in einer Reihe konkreter Fälle Ausnahmen statuiert worden, die sich zu neuen Regeln verdichten. So wurden sowohl bei der Frage der Zuteilung von Bausparverträgen[19] als auch bzgl. der zukünftigen Belastungen aus einer Hausfinanzierung[20], der Folgen einer schädigenden Umschuldung[21] sowie der Schäden aus einer Kombinantionsfinanzierung im Lebensversicherungskredit[22] Aufklärungspflichten angenommen, bei deren Verletzung der Kreditnehmer das Recht hat, so gestellt zu sein, als ob er die schädigende Konstruktion nicht abgeschlossen hätte.

3. Einzelne Fallkonstellationen zum Aufklärungsverschulden

a) Beratungsvertrag

In seiner Entscheidung zu den Verhaltenspflichten einer Bank bei der Vergabe von Lebensversicherungskrediten hat der BGH in seinem Urteil v. 9. 3. 1986[23] die Abfolge von Grundsatz und Ausnahme umgekehrt und ausgeführt:

> »a) Bei Verhandlungen über den Abschluß eines Vertrages kann jeder Teil nach Treu und Glauben verpflichtet sein, den anderen über Umstände aufzuklären, die für dessen Entschließung von wesentlicher Bedeutung sein können (Senatsurteil vom 17. 4. 1986 – III ZR 246/84 – WM 1984, 1032, 1034 m. w. N.). Dieser Grundsatz findet auch bei Verhandlungen über den Abschluß von Kreditverträgen Anwendung.

---

16 dazu insbesondere BGH NJW 1991, 694.
17 vgl. BGH WM 1988, 561(562 f.); BGH WM 1987, 1546 jeweils m. w. N.; siehe auch OLG Schleswig VuR 1987, 152 ff.; LG Münster WM 1988, 658 ff.
18 so zuletzt: BGH Beschluß vom 24. 11. 1988 – III ZR 283/87, S. 3.
19 BGH NJW 1991, 694.
20 BGH NJW 1991, 1881.
21 BGH WM 1991, 271.
22 BGH WM 1990, 918; 1989, 665; ZIP 1988, 422.
23 WM 1989,665.

> Allerdings ist die Bank in aller Regel nicht gehalten, den Kreditbewerber von sich aus auf mögliche Bedenken gegen die Zweckmäßigkeit der gewählten Kreditart hinzuweisen (Canaris Bankvertragsrecht, 3. Aufl. Rdn. 114). Es ist grundsätzlich Sache des Bewerbers, selbst darüber zu befinden, welche der in Betracht kommenden Gestaltungsformen seinen wirtschaftlichen Verhältnissen am besten entspricht. Diese Entscheidung betrifft den Bereich der wirtschaftlichen Dispositionen, für die er im Verhältnis zum Kreditinstitut im allgemeinen das alleinige Risiko trägt (vgl. Senatsurteil vom 1. 12. 1988 – III ZR 175/87 – WM 1989, 165, 167 = ZIP 1989, 83, 85). Soweit ihm in diesem Zusammenhang die für die Beurteilung notwendigen Kenntnisse fehlen, ist ihm in der Regel zuzumuten, sich durch Rückfragen bei der Bank die Grundlage für eine sachgerechte Entscheidung zu verschaffen (vgl. dazu auch BGH Urteil vom 11. 3. 1987 – VIII ZR 215/86 – BGHR BGB vor § 1/Verschulden bei Vertragsschluß Aufklärungspflicht 5). Macht er hiervon Gebrauch und läßt die Bank sich darauf ein, dann trifft sie die Pflicht, richtiger und vollständiger Auskunftserteilung (Canaris a. a. O. Rn. 100 f. m. w. Nachw.; zum stillschweigenden Abschluß eines Auskunftsvertrages Senatsurteil vom 16. 6. 1988 – III ZR 182/87 – BGHR BGB § 676 Auskunftsvertrag 1); andernfalls braucht sie ihr etwaiges Eigeninteresse an der Vergabe eines Kredits bestimmter Art den wirtschaftlichen Belangen des Bewerbers grundsätzlich nicht unterzuordnen.«

Beratungsverträge werden dabei insbesondere dann angenommen, wenn der Kunde erkennbar von der Bank Beratung erwartet und ihr diesbezüglich Vertrauen entgegenbringt.[24]

b) Komplexe Finanzierungen und Umschuldungsdruck
Unabhängig vom Vorliegen der Voraussetzungen eines Beratungsvertrages hat der BGH[25] bei einer Kombinationsfinanzierung über einen Kapitallebensversicherungskredit[26] eine Aufklärungspflicht ganz grundsätzlich bejaht:

> »In solchen Fällen ist die Bank, wenn sich die Vertragskombination aus Festkredit und Kapitallebensversicherung für den Kreditbewerber wirtschaftlich ungünstiger darstellt als ein marktüblicher Ratenkredit, nach Treu und Glauben gehalten, den Kreditbewerber im Rahmen der Vertragsverhandlungen von sich aus darüber aufzuklären, in welchen wesentlichen Punkten sich der mit einer Kapitallebensversicherung verbundene Kredit vom üblichen Ratenkredit unterscheidet, welche spezifischen Vor- und Nachteile sich aus einer derartigen Vertragskombination für ihn ergeben können und was ihn der Kredit unter Berücksichtigung aller Vor- und Nachteile der Lebensversicherung voraussichtlich kosten wird (Reifner a. a. O. S. 824). Ohne eine solche Belehrung vermag der durchschnittliche Kreditinteressent nicht sachgerecht zu prüfen, ob die Aufnahme eines mit einer Kapitallebensversicherung gekoppelten Kreditvertrages für ihn wirtschaftlich vertretbar ist.«

Ähnlich hat der BGH das Verhalten bei schwer zu durchschauenden Umschuldungen bewertet, wenn wirtschaftlich unvertretbare Ergebnisse damit erzielt wurden[27]

---

24 BGH NJW 1987, 1815.
25 WM 1989, 665.
26 BGH WM 1990, 918; 1989, 665; ZIP 1988, 422; LG Mönchengladbach Urt. v. 26. 06. 1991 – 3 O 210/90 – zur Aufklärung über den Risikoschutz einer Lebensversicherung bei Baufinanzierungen.
27 BGH NJW 1988, 818 = VuR 1988, 132 Urteil v. 5. 11. 1987; ebenso BGH WM 1991, 271 mit konkreter Anleitung zur Schadensberechnung; bzgl. der Beachtung der Nichtigkeit eines externen Vorkredits BGH NJW 1990, 1597.

»1. a) Zwar ist das Interesse der Bank, alleinige Gläubigerin ihres Kreditnehmers zu sein und deshalb die Kreditvergabe mit der Ablösung bestehender Kredite anderer Gläubiger zu verknüpfen, nicht grundsätzlich zu mißbilligen. ...

Die Bank darf jedoch ihr Anliegen, durch Umschuldung alleinige Gläubigerin ihres Kreditnehmers zu werden, nicht ohne Rücksicht auf dessen wirtschaftliche Belange durchzusetzen suchen. Bietet sie ihm das neue Darlehen zu Bedingungen an, die deutlich hinter den Konditionen des Vorkredits zurückbleiben, so können ihm im Falle des Vertragsabschlusses aus der Umschuldung erhebliche Nachteile erwachsen. Dieser Erkenntnis darf sich die Bank bei der Verfolgung ihres Sicherungsinteresses nicht verschließen. Sie muß deshalb im Rahmen der Vertragsverhandlungen berücksichtigen, zu welchen Konditionen der Vorkredit gewährt worden ist, in welcher Höhe er noch besteht und in welchem Verhältnis die abzulösende Verbindlichkeit zum Umfang des in Aussicht genommenen Gesamtkredits steht. Führt die Abwägung der Vor- und Nachteile, die sich für den Kreditnehmer aus dem Vertragsabschluß ergeben würden, zu dem Ergebnis, daß die Umschuldung wirtschaftlich unvertretbar ist, weil sie die finanzielle Gesamtbelastung des Kreditnehmers unverhältnismäßig steigern würde, so muß die Bank ihr Interesse an der Ablösung in aller Regel zurücktreten lassen. Das kann anders zu beurteilen sein, wenn der Kreditnehmer trotz uneingeschränkter Aufklärung durch die Bank auf der Umschuldung besteht, obwohl er auf den neuen Kredit nicht zwingend angewiesen ist.«

c) Wissensvorsprung, Steuer und Disagio

Aufklärungs- und Warnpflichten sind somit geboten, wenn ein besonderes Aufklärungs- und Schutzbedürfnis des Darlehensnehmers besteht, etwa dann, wenn die Bank selbst einen zu den allgemeinen wirtschaftlichen Risiken des Projekts hinzutretenden Gefährdungstatbestand für den Kunden schafft oder dessen Entstehung begünstigt oder wenn sie in Bezug auf die speziellen Risiken des zu finanzierenden Vorhabens gegenüber dem Darlehensnehmer einen konkreten Wissensvorsprung hat, z. B. weiß, daß dieses zum Scheitern verurteilt ist.[28]

Insbesondere besteht bei Verhandlungen über den Abschluß eines Vertrages grundsätzlich die Verpflichtung, den anderen Teil über Umstände aufzuklären, die zur Vereitelung des Vertragszweckes geeignet sind und daher insbesondere auch für die Entschließung des anderen Teils von wesentlicher Bedeutung sein können[29].

Hinzuweisen ist auch darauf, daß nur die Vereinbarung eines Disagios zu niedrigeren Zinsen und deshalb nach Ablauf der Laufzeit zu erheblichen Mehrbelastungen führen kann.[30] Auch über den Nichteintritt steuerlicher Möglichkeiten kann eine Aufklärungspflicht bestehen.[31]

---

28 Vgl. BGH NJW 1991, 2015 (unter 2 b) aa)); 1991, 1881; WM 1988, 561(563); BGH WM 1987, 1546; BGH WM 1986, 6(7); BGH NJW-RR 1987, 950(60); prinzipiell auch BGH Beschluß vom 24. 11. 1988 – III ZR 283/87, S. 3, wenn im konkreten Fall auch verneint.
29 Vgl. BGH NJW-RR 1987, 950(960); BGH WM 1974, 512 m. w. N.
30 Vgl. OLG Düsseldorf WM 1986, 253(254); LG Verden Urteil vom 7. 9. 1988 – 8 O 146/87, S. 10.
31 BGH NJW-RR 1990, 814.

d) Aufklärung über zukünftige Belastungen

So ist die Bank gehalten, erkennbar unerfahrene Darlehensnehmer auf Gefahren hinzuweisen, die diese entweder nicht erkannt oder nicht richtig eingeschätzt haben[32].

Die Bank ist insbesondere verpflichtet, den Kreditnehmer umfassend über die Bedingungen des Vertrages, insbesondere die daraus für ihn erwachsenen Pflichten, aufzuklären[33]. Vor allem soll die Bank auch einer für sie erkennbaren Überschuldung vorbeugen, indem sie auf mögliche Belastungen und Risiken in der Zukunft wahrheitsgemäß hinweist. Die Erzeugung einer Illusion über eine frühe Zuteilung von Bausparverträgen verpflichtet ebenso zum Schadensersatz[34] wie eine falsche Darstellung zukünftiger Belastungen aus einer Hausfinanzierung. Der Kreditnehmer ist über die Höhe der zu erwartenden Monatsbelastung gerade auch bei Kombinationsfinanzierungen intensiv und vollständig aufzuklären.[35]

Täuscht der Kunde sich erkennbar über seine finanzielle Leistungsfähigkeit, dann kann sich die Aufklärungspflicht ausnahmsweise sogar einmal zur Warnpflicht steigern, d.h. die Bank muß dem Kunden von der Kreditaufnahme abraten[36].

Auch über scheinbar eher abwicklungstechnische, aber in ihren Konsequenzen doch bedeutsame Fragen, wie etwa den Effekt der Vereinbarung eines Disagios darf der Kunde stets Aufklärung erwarten. Dieses gilt auch nur für die steuerliche Seite.

e) Gesamtfinanzierung und Bausparkassen

Eine Verpflichtung zur besonders umfassenden Beratung ist dann gegeben, wenn dem Kunden eine Gesamtfinanzierung aus einer Hand angeboten wird. Insbesondere die komplizierten Verzahnungen zwischen den einzel-

---

32 Vgl. LG Münster WM 1988, 658(659).
33 Vgl. BGH NJW-RR 1990, 814f.; LG Münster WM 1988, 658(660).
34 BGH NJW 1991, 694.
35 BGH NJW 1991, 1881; vgl. auch BGH WM 1974, 512(514f.) zur Aufklärungspflicht eines »auch beratenden Wohnungsbauunternehmens« über die monatliche Dauerbelastung für Tilgung und Zinsen; vgl. auch OLG Celle Beschl. vom 7. 3. 1988 – 3 W 18/88, S. 3; OLG Düsseldorf WM 1986, 253 ff. zu den entsprechenden Aufklärungspflichten einer Bausparkasse; a. A. jedoch zu pauschal OLG Hamm, WM 1988, 191 mit dem Verweis auf die »ureigenste Sache des Kreditnehmers selbst«; OLG Koblenz Beschl. vom 18.9.89 – 7 W 645/87, S. 18, das die Verantwortlichkeit für den Finanzierungsüberblick dem Bauherrn zuschreibt.
36 Vgl. ausdrücklich für fehlerhafte Finanzierungsberechnung durch eine Bausparkasse OLG Düsseldorf WM 1986, 253; OLG Düsseldorf WM 1984, 157, allerdings mit einer Lösung über § 138 BGB; siehe auch OLG Celle Beschluß vom 7. 3. 1988 – 3 W 18/88, S. 6.

nen Vor-, Zwischen- und Teilfinanzierungen sind ihm im einzelnen auseinanderzulegen[37].

Zu einer vollständigen Finanzierungsberatung gehört auch die Aufklärung über Möglichkeiten und Gefahren eines eventuellen Zinsanstiegs und dessen Folgen für die Höhe der monatlichen Belastung in absoluten Zahlen[38].

Darüberhinaus darf das Kreditinstitut dem Bauherrn ein komplexes Finanzierungssystem nur dann empfehlen, wenn eine Finanzierung über Hypothekenkredite und Bauspardarlehen ausscheidet[39].

Bausparkassen sind im übrigen verpflichtet, den Bausparer über spezielle Risiken aufzuklären, die zu einer Verlängerung der Zuteilungsfrist führen können[40] und zwar gerade auch dann, wenn es ihrem Eigeninteresse widerspricht[41].

Ein Bausparvertrag begründet eine besonders enge und dauernde geschäftliche Verbindung, deren Abschluß in vielen Punkten dem Beitritt zu einer echten Gesellschaft vergleichbar. Gerechtfertigt wird dieser Vergleich damit, daß ein jahrelanges Dauerschuldverhältnis besteht, das überwiegend erhebliche Geldsummen betrifft[42].

Die Bank ist zu einer auf konkreten Berechnungen fußenden Beratung verpflichtet; eine Beratung über den Finanzierungsbedarf setzt voraus, daß die Bank die entstehenden Kosten in etwa abschätzen können muß, um beurteilen zu können, ob die avisierten Darlehen zur Finanzierung ausreichen oder ob es zu einer Steigerung der monatlichen Belastung kommen könnte[43].

III. Verhalten bei Scheitern der Kreditbeziehung

Bereits vorstehend wurde darauf hingewiesen, daß die Ausnutzung einer schwierigen Zahlungssituation des Kreditnehmers zur Vermittlung einer ungünstigen Umschuldung schadensersatzpflichtig machen kann. Weiterhin hat die Rechtsprechung klargestellt, daß bei Nichtabnahme eines Darlehens

---

37 Vgl. ausdrücklich für Finanzierungsberatung durch Bausparkassen OLG Düsseldorf WM 1986, 253ff.
38 Vgl. OLG Celle Beschluß vom 7. 3. 1988 – 3 W 18/88, S. 5; a. A. OLG Koblenz Beschluß vom 18. 9. 1989 – 7 W 645/87, S. 20 mit dem pauschalen Hinweis, daß niemand eine zuverlässige Prognose über die Veränderung des Zinsniveaus abgeben könne.
39 Für den Fall der Bausparsofortfinanzierung OLG Koblenz Beschluß vom 18. 9. 1989 – 7 W 645/87, S. 21.
40 Vgl. BGH WM 1976, 50(51f.).
41 Vgl. BGH a. a. O.; im konkreten Fall nur deshalb im Ergebnis verneint, weil z. Z. des Vertragsschlusses solche Risiken noch nicht absehbar waren.
42 BGH WM 1976, 50(52).
43 Vgl. OLG Celle Urt. vom 7. 1. 1987 – 3 U 53/86 – VuR 1987, 151ff. = NJW-RR 1987, 1261ff.

die Nichtabnahmeentschädigung zeitlich auf die Zinsbindung und von der Höhe her auf die Differenz einer alternativen Anlage beschränkt ist[44] und daß bei vorzeitiger Kreditbeendigung ein hohes Disagio regelmäßig wie vorausgezahlte Zinsen zu behandeln und anteilig zu erstatten ist.[45] Die umfassende Rechtsprechung des BGH zur Höhe der Verzugszinsen im Konsumratenkredit[46] hat ebenso wie dessen Neuregelung in § 11 VerbrKreditG keine Entlastung, sondern eher im Gegenteil eine Belastung für die Hypothekenkreditnehmer gebracht, da die Übertragung dieser Grundsätze inadäquat und zu erheblichen Mehrverdiensten geführt hätte. Der BGH[47] hat ummißverständlich erklärt, daß Hypothekenkreditgeber ihren Schaden nicht nach diesen Grundsätzen pauschalieren können. Werden überhöhte Verzugszinsen verlangt, so ist eine so bezifferte Mahnung nicht geeignet, den Kreditnehmer in Verzug zu setzen.[48]

IV. Zinseszinsvereinbarungen

Grundsätzlich ist die Forderung von Zinseszinsen verboten. Das BGB unterscheidet zwischen vertraglichen Zinseszinsvereinbarungen (§ 248 BGB), die nur insoweit nichtig sind, wie sie im voraus vereinbart wurden und nicht in einem Kontokorrent (§ 355 HGB) erfolgen, und der Berechnung von Zinseszinsen im Rahmen eines gesetzlichen Zinsanspruchs insbesondere im Verzug (§ 289 BGB; § 353 Satz 2 HGB).

In der Praxis der Bausparsofortfinanzierung lassen sich die in einem gesonderten Rechtsverhältnis erbrachten Zinsstundungsdarlehen nicht ohne weiteres unter die §§ 248 ff. BGB bzw. 289 BGB subsumieren. Im Kreditrecht ist jedoch die sogenannte wirtschaftliche Betrachtungsweise vorherrschend. Danach kommt es nicht darauf an, wie ein Geschäft rechtlich gestaltet sondern ob die wirtschaftlich mißbilligten Folgen erreicht werden sollen.

Die Bestimmung des § 18 Satz 2 VKG, wonach die Schutzvorschriften des VKG auch dann anzuwenden sind, »wenn seine Vorschriften durch anderweitige Gestaltungen umgangen werden« enthält einen Grundsatz i. S. des § 242 BGB, der auch bei der Anwendung älterer Schuldnerschutzvorschriften zu berücksichtigen ist.

---

44 BGH NJW 1991, 1817.
45 BGH NJW 1990, 250.
46 BGH JZ 1988, 1126 m. Anm. *Reifner*; WM 1990, 391 ff.; BB 1987, 995; WM 1986, 8 = ZIP 1986, 545; NJW-RR 1990, 303 ff.; WM 1988, 1044 f. = BB 1988, 1485 f. = NJW-RR 1988, 1072.
47 NJW 1992, 109–110 = BB 1991, 2396–2398 = WM 1991, 1983–1985; WM 1992, 566–567.
48 BGH WM 1991, 60–64 = BB 1991, 796–798 = NJW 1991, 1286.

Soweit daher anfallende Zinsen durch rechtlich getrennte Konstruktionen im Ergebnis wirtschaftlich notwendig verzinslich gestaltet werden, verstößt eine solche Konstruktion gegen § 248 BGB wie insbesondere die Zinsstundungsdarlehen. Werden zur Umgehung des Zinseszinsverbotes im Verzug wissentlich Verzugszinsen ohne konkrete Zustimmung des Kreditnehmers in einen Kreditrahmen gebucht und dort verzinst, so ist § 289 BGB ggf. § 11 Abs.2 VKG anwendbar.

V. Rechtliche Bewertung und Effektivität der Rechte

Vergleicht man die bezeichneten Probleme bei gescheiterten Baufinanzierungen mit den vorstehend aufgeführten Rechten, so wird deutlich, daß in allen aufgezeigten Fällen eine Vielzahl dieser Rechte gebrochen wurden. Nichtangabe der Effektivverzinsung, schädigende Umschuldungen, Täuschung über mögliche Steuervorteile, Nichterstattung eines hohen Disagios, Zinseszinsvereinbarungen bei Zinstundungsdarlehen, Täuschung über die reale Belastung und die Risiken der Kombinationsfinanzierung, intransparente Tilgungsverrechnung sowie das Ausnutzen von Zwangssituationen, mangelnder Erfahrung und Vertrauen der Kreditnehmer gehörte praktisch zum Alltag dieser Fallgestaltungen. Gleichwohl nützte dies den Kreditnehmern in aller Regel wenig. Die Rechte erwiesen sich in der Praxis durchgehend als nicht durchsetzbar. Folgende Faktoren, die dies erklären können, dürften dafür ausschlaggebend sein:

1. Kreditnehmer in gescheiterten Kreditbeziehungen müssen im Gegensatz zum Konsumentenkredit, wo die Bank klagen muß, selber aktiv werden, um eine rechtliche Überprüfung der Kreditkonstellationen zu erreichen, da sie sich regelmäßig der sofortigen Zwangsvollstreckung unterworfen haben, die der Bank direkten unzensierten Zugriff auf ihr Vermögen gewährt. Mit dieser von der Rechtsprechung anerkannten[49] Umkehr der Klagezumutung und der Beschränkung des Kreditnehmers auf § 771 ZPO wird die Chance der rechtlichen Überprüfung erheblich herabgesetzt. Finanziell ruiniert ist es für die Hausbauer schwierig, ohne Prozeßkostenhilfe eine Klage zu erheben. Im Prozeßkostenhilfeverfahren aber müßte der Anwalt (ohne Bezahlung) bereits so viel erarbeitet haben, daß auch Landgerichte, die solche undurchdringlichen Materien ungern bearbeiten, Verständnis für die Gesamtproblematik aufbringen. So etwas ist zumeist jedoch erst durch ein Gutachten möglich, das auf diese Weise nicht zustandekommt. Aus einer Vielzahl von Gutachten in Prozessen ebenso wie aus Schulungen für Richter weiß der Verfasser aus eigener Anschauung, wie ungern Richter sich der

---

49 BGHZ 99, 274, 283; BGH NJW 1991, 2559.

komplexen eine Vielzahl von Rechnungen erfordernden Materie stellen mögen.

2. Es fehlt eine gefestigte höchstrichterliche Rechtsprechung gerade zu den Massenproblemen gescheiterter Baufinanzierungen. Dies ist nicht nur durch die unter 1. geschilderten Umstände bedingt sondern dürfte auch Teil einer Strategie der Bausparkassen sein, gerade in den Fällen, in denen Verbraucher zur rechtlichen Gegenwehr bereit sind, Prozesse durch großzügige Vergleichsangebote abzubrechen oder zu verhindern. Solchen Angeboten kann kein Überschuldeter widerstehen. Insgesamt dürften sie aber den gescheiterten Hausbauern eher schaden.

3. Es fehlt an einem qualifizierten rechtlichen Beratungsangebot bei Baufinanzierungen. Die Anwälte sind hierzu bisher nicht ausgebildet, entsprechende Rechensoftware fehlt, so daß eine angemessene Rechtsverteidigung nur selten erwartet werden kann. Da hierauf spezialisierte Anwälte einem Werbeverbot unterliegen, ist auch hier keine Abhilfe erkennbar, da die wenigen Fälle mit zudem zahlungsunfähigen Mandanten bei der Komplexität der Materie ein Anwaltsbüro eher ruinieren als finanzieren.

4. Die Verbraucher-Zentralen bieten noch kaum Rechtsberatung in Baufinanzierungen an, da sie weder die personellen noch sachlichen Mittel hierfür haben.

5. Durch die enge Verflechtung der Banken (alle Bausparkassen gehören zu Sparkassen, Genossenschaftsbanken oder Geschäftsbanken) können sich auf dem Markt kundenfreundliche Alternativen nur schwer über den Wettbewerb etablieren.

6. Die Kreditaufsicht fühlt sich für den Schutz konkreter Verbraucherinteressen nicht berufen, hat zudem keine Vertreter vor Ort und ist bisher in diesem Bereich nicht öffentlich in Erscheinung getreten.

7. Die in der höchstrichterlichen Rechtsprechung behandelten Fälle gescheiterter Finanzierungen sind bisher allesamt untypisch für die Massenprobleme, da sie in der Regel Geschäftsleute betreffen, die die Grundstücksabsicherung für Geschäftskredite mitbenutzt hatten. Von daher sind diese Entscheidungen auch in vieler Hinsicht schwer übertragbar.

Kapitel 5 Präventive und kompensatorische Möglichkeiten bei gescheiterter Baufinanzierung

A. Information und rechtlicher Schutz – konzeptionelle Möglichkeit

I. Vorschläge und Ergebnisse der Awos-Studie[1]

In ihrer empirischen Untersuchung zu den Problemen bei gescheiterten Baufinanzierungen, auf die wir uns in dieser Untersuchung mehrfach bezogen haben, kommen die Verfasser zu dem Ergebnis, daß eine Verhinderung von Zwangsversteigerungen selbstgenutzten Wohneigentums vor allem der Prophylaxe zu dienen hat. Sie führen dabei aus:»Die Instrumentalisierung der Prophylaxe ist dabei primär auf die Herstellung der Gleichrangigkeit unter den Marktpartnern gerichtet. Lösungsansätze für Fälle auftretender Zahlungsschwierigkeiten dienen einer verbesserten Kommunikation der Problembeteiligten sowie der Verbesserung von Rahmenbedingungen, die Nachteile für betroffene Eigentümer mit sich bringen. Maßnahmevorschläge im Bereich des Zwangsversteigerungsverfahrens zielen auf die Vermeidung der negativen Wirkung der Zwangsverwertung ab. Der Gedanke der Prophylaxe, der nicht allein auf die Einstiegsphase der Eigentumsbildung begrenzbar ist, zieht sich insgesamt auch durch andere Phasen notwendigen Eingreifens«[2].

In ihrem Maßnahmenkatalog schlägt die Studie die Einrichtung von Beratungsangeboten in Kreditinstituten, Verbraucherschutzorganisationen, Bewilligungsstellen vor. Dabei soll über den Wohnstandort in einer Weise aufgeklärt werden, daß überzogene Wohnstandortansprüche abgebaut und Hemmschwellen für einkommensüberfordernde Wohnungseigentumsbildung aufgebaut werden. Zu diesem Komplex ist kritisch zu fragen, ob Beratungsangebote in Kreditinstituten der Aufgabe gerecht werden können, insbesondere von Finanzierungen abzuraten. Mit gleichen Zielrichtungen fordern die Verfasser auf, wieder ein stärkeres Gewicht auf die Eigenkapitalbildung bei der Wohnungsfinanzierung zu legen, in der Bera-

---

[1] Veröffentlicht vom Bundesminister für Raumordnung, Bauwesen und Städtebau: Zahlungsschwierigkeiten von Wohneigentümern, Bonn 1986 (Heft Nr. 07017).
[2] A. a. O., S. 186.

tung und Aufklärung darauf hinzuweisen und Schutz vor übereilter Wohnungseigentumsbildung zu vermitteln.

In ihrem dritten Punkt zur Prophylaxe fordern die Verfasser die Einrichtung von Finanzierungsberatungsstellen bei Verbraucherschutzorganisationen, die interessenneutral beraten. Außerdem soll sichergestellt werden, daß Falschberatung zu rechtlichen Konsequenzen führt. Das Berufsbild eines Finanzierungsberaters müsse geschaffen werden, die Beratung soll durch Muster von Finanzierungsplänen standardisiert und durchschaubar werden. In ihrem vierten prophylaktischen Punkt fordern die Verfasser die Einführung von Budgetverwendungsübersichten in Musterform, die Umstellung der Leistungen auf monatliche Zahlungsweise, um damit Einkommen und Ausgabensituationen aneinander anzugleichen, sowie verstärkte Hilfestellungen während der Nutzungsphase des Objektes. Hier soll eine Koordination zwischen Bewilligungsbehörden, Schuldnerberatungsstellen, Verbraucherzentralen und Arbeitgebern im Fall des werksgeförderten Wohnungsbaus erfolgen.

Bei den Maßnahmen hinsichtlich der Zahlungsschwierigkeiten wird wiederum auf die große Bedeutung eines objektiven sozial orientierten Beratungsangebotes hingewiesen, wobei Hemmschwellen etwa des Rechtsberatungsgesetzes abgebaut und die Bundessozialhilfegesetzgebung auf die Bedingungen von Wohnungseigentümern ausgerichtet werden soll. Der Vorschlag, den § 419 BGB abzuändern, um den Notverkauf zu erleichtern, ist dabei allerdings nicht nachvollziehbar, da § 419 BGB in aller Regel auf einen Grundstücksverkauf als solchen nicht Anwendung finden dürfte. Im Rahmen der Insolvenzrechtsreform soll § 419 BGB nunmehr ohnehin gestrichen werden.

Bei den Maßnahmen zur Zwangsversteigerung geht es um Effektivierung des Verkaufs und der Verhinderung von Zwangsversteigerungsverlusten und eine Stärkung der Rolle der Amtsgerichte. Der grundbuchrechtliche Zinssatz soll limitiert und der Verzugzins begrenzt werden. Insbesondere der zuletzt genannte Vorschlag ist inzwischen von der Rechtsprechung aufgenommen und im Sinne des § 11 Nr. 5a AGB-Gesetz umgesetzt worden.

Die Schaffung einer Hypothekenversicherung zur Absicherung unvorhersehbarer Risiken bei der Eigentumsbildung, wie sie in dem Bericht vorgeschlagen wird, hat allerdings nur Sinn, wenn sie zu einer Zwangsversicherung für alle Hypothekenschuldner wird, da sie sonst zu einer einseitigen erheblichen Verteuerung gerade bei Problemgruppen führt. Entsprechende negative Erfahrungen mit einer Versicherung wegen Arbeitslosigkeit lassen dieses wahrscheinlich erscheinen.

Im Bereich des öffentlich geförderten Wohnungseigentums wird eine interessenneutrale fachkundige Beratung gefordert. Die Bewilligungsbehörde soll sich stärker in die Beratung einschalten, auch die Bewilligungsbedingungen sollten stärker auf die tatsächliche Situation bezogen werden. Außerdem soll die zukünftige Einkommensentwicklung der Kreditnehmer bei der Bewilligung stärkere Berücksichtigung finden. Ganz generell soll von einem formalisierten Ansatz stärker zu einem haushalts- und sozialorientierten Ansatz in der Bewilligung übergegangen werden mit größeren Ermessensspielräumen.

Die von der Arbeitsgruppe gemachten Vorschläge treffen in ganz überwiegenden Teilen auch die in dieser Untersuchung gemachten Einschätzungen. Insbesondere wird die hohe Bedeutung einer anbieterunabhängigen Beratung in allen Phasen der Problematik gescheiterter Baufinanzierungen in beiden Untersuchungen im Ergebnis gleich bewertet. Allerdings wird, wie im folgenden noch zu zeigen ist, der Effektivierung bereits bestehenden rechtlichen Schutzes sowie der Einführung neuen Schutzes und einer größeren Öffentlichkeit für die Probleme der Baufinanzierung deshalb eine erheblich höhere Bedeutung zugeordnet, weil wir in unserer Untersuchung den Eindruck gewinnen mußten, daß bereits die Verwendung der angebotenen Systeme eine erhebliche Entlastung potenziell geschädigter Verbraucher bedeuten würde. Die Aussicht, daß innerhalb dieser Systeme ein Verbraucher sich auch bei guter Beratung hinreichend zurechtfinden würde, wird von uns nicht so hoch eingeschätzt. Gleichwohl kommen wir doch zu dem gleichen Ergebnis eines verstärkten Beratungsangebotes, weil diese Beratung zugleich auch eine Information der Verbraucherorganisationen über Probleme der Baufinanzierung beinhaltet, die sie öffentlichkeitswirksam auf dem Markt stellvertretend für zukünftige oder bereits betroffene Verbraucher artikulieren können. Die Erfahrungen aus dem Konsumentenkreditbereich zeigen dabei, daß ein solches Vorgehen am ehesten geeignet ist, durch wirtschaftlichen und politischen Druck veränderte Angebotssysteme zu unterstützen, die die aufgezeichneten Probleme nicht enthalten.

Der formspezifische Ansatz der gescheiterten Baufinanzierungen, die hier sehr stark auf bestimmte Systeme zurückgeführt werden, wurde in der bezeichneten Studie allerdings nicht verfolgt, so daß etwa die Gefährdung durch Kombinationsfinanzierungen nicht als solche thematisiert wurde.

II. Die Ergebnisse der vorliegenden Studie

Das Ergebnis der Untersuchung läßt sich in einem Satz zusammenfassen: Fast alle gescheiterten Baufinanzierungen hätten bei frühzeitigem Erkennen ganz oder zumindest in ihren Auswirkungen teilweise verhindert oder gemildert werden können.

Dabei gab es folgende Fallkonstellationen:

(1) Baufinanzierungen, die von Anfang an zum Scheitern verurteilt waren und bei guter Beratung nicht begonnen worden wären.

(2) Baufinanzierungen, bei denen die gewählte Konstruktion von Anfang an auf die spezifischen Bedürfnisse der Kreditnehmer nicht zugeschnitten war, ein Scheitern daher vorprogrammiert, aber vermeidbar gewesen wäre.

(3) Baufinanzierungen, die durchaus vernünftig geplant und angelegt waren, jedoch durch unvorhergesehene Ereignisse notleidend wurden und dann

  (a) eine kostenintensive, fehlerhafte Anpassung der Kreditkonstruktion erfolgte, die letztlich das Scheitern der Kreditbeziehung bewirkte oder aber

  (b) keine Anpassung möglich war, so daß durch eine konsequente Rückabwicklung des Bauvorhabens und der Finanzierung zumindest das Anwachsen des Schuldenberges hätte vermindert werden können.

Keiner der beschriebenen Fälle war somit in der Weise hoffnungslos, daß er durch eine sinnvollere Gestaltung nicht hätte gemildert werden können.

Grundsätzlich sind dabei zwei logische Anknüpfungspunkte für Hilfsmaßnahmen gegeben:

– Die Anknüpfung an die Entscheidung des Konsumenten, der letztlich durch seine Bauentscheidung und seinen Finanzierungsabschluß diese Entwicklung eingeleitet hat.
– Die Regulierung des Anbieterverhaltens, um bestimmte Angebote zu verhindern oder zumindest unattraktiver zu gestalten, die besonders schädigende Effekte auf die Verbraucher hatten.

Beide Hilfsmöglichkeiten sind dabei durchaus nicht gleichgewichtig. Dem nachfrageorientierten Ansatz ist dabei der Vorzug vor der Anbieterregulierung zu geben, da auf diese Weise eine größere Vielfalt von Möglichkeiten zur Entwicklung neuer Modelle und den Bedürfnissen angepaßter Angebote gefördert wird, während strikte Regulierung den Verhaltensspielraum und die Kreativität der Anbieter einengt.

Hauptansatzpunkt der Problembewältigung muß daher das Verbraucherverhalten sein. Durch Information und Entscheidungshilfen ist es in der Weise zu optimieren, daß sich nur die günstigsten und sozial verträglichsten Angebote durchsetzen.

Es läßt sich jedoch aus der Erfahrung im Kreditrecht etwa der USA und Großbritanniens nicht übersehen, daß dieses Konzept Grenzen hat. Es gibt Verbrauchergruppen, die von ihren bildungsmäßigen Voraussetzungen und ihrer geschäftlichen Erfahrung her nicht in der Lage sind, ohne fremde Hilfe aus den vorhandenen Alternativen die für sie günstigste Möglichkeit herauszusuchen.

Es gibt im Kredit Situationen, in denen durch bestehende Schulden, niedriges Einkommen und geringe Sicherheiten die angebotenen Möglichkeiten für einen Verbraucher so eingeschränkt sind, daß seine Auswahl sich insgesamt auf für ihn negative Angebote beschränkt.

Beide Problembereiche können zusammentreffen. Für manche Anbieter und Vermittler gibt es Anreize, an geschäftlich Unerfahrene uneinbringliche Kredite zu vergeben, weil sie im Störungsfall besondere Gewinne erwirtschaften können. Solche unerwünschte Risikobereitschaft der Anbieter wächst in dem Maße, wie sie die Möglichkeit haben, bei Eintritt der Risiken, diese auf die Nachfrager abzuwälzen. Daher bedeuten restriktive Bedingungen bei der Abwicklung gestörter Kreditbeziehungen auch, daß die Anbieter mit größerer Vorsicht präventiv ihre Angebote an dem späteren, vermuteten Verlauf orientieren.

Nachfrageorientierte Information und anbieterorientierte Regulierung bedingen sich somit gegenseitig. Sie müssen zudem auf die spezifischen Situationen ausgerichtet sein, in denen sich die Kreditnehmer befinden.

Letztlich geht es nur um situations-, phasen- und formspezifische Hilfen. Eine spezifische Rücksichtnahme darauf, daß es neben geschäftlich unerfahrenen geschäftlich erfahrenere Verbraucher gibt, denen nicht in gleicher Weise geholfen werden muß, ist weder bei der Informationsvermittlung noch bei der Regulierung notwendig, wie die Rechtsprechung es wiederholt in ihrer Ablehnung gruppenspezifischer Rechtsanwendung deutlich gemacht hat.

Überflüssige Informationen für geschäftsgewandte Kreditnehmer stellen keine Gefahr dar, weil diese Verbraucher von den Informationsangeboten ohnehin keinen Gebrauch machen werden.

Ein an alle Verbraucher gegebenes Informationsangebot kann sich somit spezifisch an den Bedürfnissen derjenigen orientieren, die sich in besonderen Problemkonstellationen befinden.

Information und rechtlicher Schutz

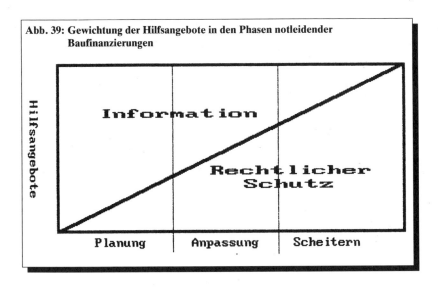

Die Situationen, für die dabei spezifische Angebote sowohl in der Information als auch in der Regulierung gemacht werden müssen, sind bereits im dritten Abschnitt ausführlich beschrieben worden. Nachfrageorientierte Informations- und Beratungsangebote sind dabei naturgemäß in der Phase am wichtigsten, in der der Verbraucher durch sein Entscheidungsverhalten noch in besonderem Maße das spätere Scheitern hätte verhindern können.

In dem folgenden Vorschlag zu einem nachfrageorientierten Informationssystem spielt daher die Planungsphase bei der Baufinanzierung eine besonders große Rolle. In der Anpassungsphase besteht dagegen häufig nur noch geringer Verhandlungsspielraum. Außerdem ist die Abhängigkeit vom Anbieter, an den man durch die Schulden gebunden ist, erheblich größer. Trotzdem stehen häufig noch verschiedene Alternativen offen, so daß anbieterorientierte Regulierungen und nachfrageorientierte Informationen ineinander greifen könnten. Beim Scheitern einer Kreditbeziehung spielen daher, wie es die vorstehend gemachten Analysen deutlich gemacht haben, Informationsmöglichkeiten für die Nachfrager kaum noch eine Rolle. Hier geht es eher um Betreuung und um rechtliche Möglichkeiten, noch einmal von vorne anfangen zu können.

In der vorstehenden Matrix ist dieser Zusammenhang noch einmal optisch dargestellt.

B. Aufbau eines unabhängigen Informationssystems für gefährdete Baufinanzierungen

I. Das bestehende Beratungsangebot

Für Bauwillige ist z. Z. das Beratungsangebot der Anbieter konkurrenzlos. Dabei handelt es sich durchaus um ein flächendeckendes und auch kompetentes Beratungsnetz, wie es in kaum einem anderen Dienstleistungsbereich vorhanden ist. Dieses Beratungsnetz weist jedoch gerade für die gefährdeten Finanzierungsbeziehungen Defizite auf.

Die meisten Berater sind Ein-Firmenvertreter, die jeweils nur das in ihrer Sparte und von ihrer Bank oder Versicherungsgesellschaft angebotene Modell verkaufen. Die verschiedenen Modelle und Angebote, etwa der Bausparkassen, Lebensversicherungen und Hypothekenbanken, kommen jedoch nicht für jeden Bauwilligen in gleicher Weise in Frage. Da gerade Spar-Kredit-Modelle von dem großen Heer der Außendienstmitarbeiter (Vertreter von Versicherungen und Bausparkassen) vertrieben werden, diese Modelle jedoch für Bauwillige und Wohnungserwerber der unteren Mittelschicht große Gefahren mit sich bringen, und andererseits diese Berater allein von den Anbietern aus den abgeschlossenen Geschäften bezahlt werden, sind hier Fehlberatungen vorprogrammiert.

Das zweite Problem des bestehenden Beratungsangebots liegt darin, daß in vielen Finanzierungsfällen auch der Ratschlag, nicht zu bauen bzw. ein bestimmtes Objekt nicht zu erwerben oder aber sich mit einem geringerwertigen Objekt oder einer billigeren Bauausführung zu begnügen, zum Repertoire des Beraters gehören müßte. Zwar kann eine solche Beratung im Durchschnitt auch von anbieterabhängigen Beratern erwartet werden, gleichwohl zeigt die Durchsicht der gescheiterten Baufinanzierungsakten, daß in den Fällen, die endgültig gescheitert sind, Berater aus Provisionsinteresse heraus der Tendenz nach eher zur Durchführung der Finanzierung und ihrer Ausweitung als zur Vermeidung geraten haben.

Es fehlt der Beruf eines unabhängigen Finanzberaters, der von den zu Beratenden nach seinem Aufwand bezahlt wird und nicht provisionsabhängig ist. Als Träger solcher neuer Tätigkeitsfelder kämen auch bestehende Berufe, wie unabhängige Versicherungsvermittler, aber auch Rechtsanwälte und Steuerberater in Frage. Zur Zeit gibt es diesen Beruf noch nicht in ausreichender Anzahl.

Auch die Verbraucher-Zentralen sehen sich bisher außerstande, eine Beratung für Bauwillige anzubieten. Mehrfache Versuche scheiterten an der Arbeitsüberlastung in der bestehenden Kredit- und Finanzberatung sowie an der Scheu vor einer als allzu komplex eingeschätzten Materie.

Es gibt allerdings einige Interessenorganisationen, die sich der Unterstützung und Beratung von Bauwilligen verschrieben haben. Dabei handelt es sich einmal um Betroffenengruppen, die aus der Erfahrung gescheiterter Baufinanzierung Selbsthilfeorganisationen gebildet haben. Sie kommen als Beratungsangebote für Bauwillige nur begrenzt in Frage, da sie allein auf gescheiterte Baufinanzierungen spezialisiert sind und Betroffenheit keine Ausbildung ersetzt. Daneben gibt es eine Reihe von Schutzvereinen für Bauwillige, bei denen jedoch bisher der Eindruck überwiegt, daß es sich teilweise um Vermittlerorganisationen handelt, deren Frontstellung gegen eine bestimmte Finanzierungsart und der daran geübten scharfen Kritik sich häufig aus der vertraglichen Verbindung zu einem anderen Anbieter herleitet.

Die Komplexität der Materie und das bestehende Beratungsangebot legen es daher nahe, unabhängige staatlich finanzierte Stellen, wie die Verbraucher-Zentralen, in die Lage zu versetzen, eine qualifizierte Baufinanzierungsberatung anzubieten.

II. Grundprinzipien einer Baufinanzierungsberatung – Konzeption des EDV-Programms BAUFUE des IFF

Ein Beratungssystem für vom Scheitern bedrohte Baufinanzierungen muß im allgemeinen Interesse der ratsuchenden Bauherren und Erwerber von einer Institution angeboten werden, der in der Öffentlichkeit Kompetenz und der Wille zur Unterstützung zugeordnet wird. Außerdem muß diese Beratung in der Lage sein, die verschiedensten Baufinanzierungen finanzmathematisch durchsichtig und verständlich zu gestalten, insbesondere die allgemeinen Daten für einen spezifischen Fall zu konkretisieren und damit eine gültige Prognose über den Verlauf der Finanzierung abzugeben.

Ferner muß diese Beratung in der Lage sein, die finanziellen Kräfte eines Haushaltes abzuschätzen und in Bezug dazu die Finanzierungsbelastungen zu setzen sowie berufs- und spartenspezifische Risiken und Lebensverläufe erkennen zu können. Neben der betriebswirtschaftlichen und soziologischen Kompetenz der Beratungsstelle spielt juristisches Wissen eine erhebliche Rolle, mit dem auf Fehlverhalten der Anbieter – sei es in Form einer falschen Beratung oder Übertretung allgemeiner Kreditrechtsnormen, wie des Zinseszinsverbotes oder der Kostengestaltung im Verzugsfalle – reagiert werden kann.

Ein solches Beratungssystem kann dabei durchaus kostendeckend angeboten werden. Bereits heute ist es bei der Versicherungsberatung und der Berechnung von Tilgungsverrechnungen der Verbraucher-Zentralen üblich,

Präventive und kompensatorische Möglichkeiten

Kostenbeiträge für die Beratung nach Aufwand zu erheben. Allerdings ist eine Anfangsinvestition zur Entwicklung eines solchen Beratungssystems notwendig, die von den Verbraucherverbänden selber nicht übernommen werden kann.

Ein für die Zentralen entwickeltes Beratungssystem kann im übrigen auch solchen gemeinnützigen Organisationen unentgeltlich bereitgestellt werden, die die Gewähr dafür bieten, daß mit den Programmen nicht das Finanzierungsvermittlungsgeschäft unterstützt wird. Im besonderen ist dabei an die Mieterverbände zu denken, denen bei der Beratung von Mietern, die ihre Wohnung kaufen wollen, eine besondere Beratungsfunktion zukommt.

Ohne die erwartete Hilfe des Bundesbauministeriums wurde in der Zwischenzeit auf der Grundlage dieses Gutachtens in Kooperation einiger Verbraucher-Zentralen und der AgV das Programm BAUFUE entwickelt, das inzwischen im Einsatz ist. Das nachfolgende Konzept wurde somit inzwischen (teilweise) schon umgesetzt.

III. Inhalt eines Beratungssystems bei den Verbraucher-Zentralen

Die Verbraucher-Zentralen praktizieren seit etwa acht Jahren mit Erfolg die Beratung im Konsumkredit mit dem EDV-gestützten Beratungssystem CALS des Instituts für Finanzdienstleistungen und Verbraucherschutz. Inzwischen sind mit diesem System weit über hunderttausend Kreditnehmer beraten worden. Bisher enthielt das CALS-System zwei Bausteine, die auch in die Baufinanzierung hineinreichen: das Tilgungsverrechnungsprogramm, bei der ein einfacher Hypothekenkredit entsprechend dem Urteil des BGH zur Tilgungsverrechnung tilgungsgenau neu berechnet wird und die Differenz zur bankmäßigen nachträglichen Tilgungsverrechnung ausgewiesen wird sowie ein Programm zur Berechnung von Kapitallebensversicherungskrediten im Konsumkredit, das ein entsprechendes Urteil des BGH umsetzt, wonach Schäden, die aus einer undurchsichtigen Kombinationsfinanzierung herrühren, liquidiert werden können. Dieses Kapitallebensversicherungsprogramm ist jedoch auf Hypothekenkredite bisher noch nicht direkt anwendbar, da es eine Tilgung zu Null voraussetzt.

Zum System CALS gehört ferner ein Haushaltsfinanzberatungsprogramm (CADAS), mit dem die Finanzkraft eines Haushaltes entsprechend seiner Einnahmen- und Ausgabenstruktur errechnet werden kann. Das Programm führt Wohngeldberechnungen durch und ist in der Lage, bei bestehenden laufenden Verbindlichkeiten Schuldentilgungspläne zu entwerfen, die einem Schuldentilgungsvergleichsvorschlag zugrunde liegen können. Dieses Programm wird in etwa 150 Beratungsstellen eingesetzt. Seine neue Version enthält die Erfahrung einer Vielzahl gescheiterter Finanzierungen und könnte auch für die Baufinanzierung eingerichtet werden.

1. Ausbau von CALS und CADAS zum Baufinanzierungsberatungsprogramm BAUFUE

a) Finanzmathematische Hilfe

Besondere Probleme beim Zugang bestehender Verbrauchereinrichtungen zur Baufinanzierungsberatung stellt die Komplexität finanzmathematischer Berechnungen dar. Hier kann eine computerunterstützte Finanzberatung im Bau- und Wohnungseigentumsbereich die in diesem Gutachten mit Hilfe von Tabellenkalkulationsprogrammen durchgeführten Berechnungen benutzerfreundlich auch für solche Berater ermöglichen, die keine Programmierfähigkeit haben. Insbesondere Kombinationsfinanzierungen, aber auch variable Hypothekenkredite werden auf der Grundlage allgemein zugänglicher Marktdurchschnittsdaten standardisiert berechnet. Im einzelnen werden folgende Rechnungen durchgeführt:

(1) Effektivzinsberechnung für einfache Hypothekenkredite sowie für die Gesamtbelastung aus einer Kombinationsfinanzierung
(2) Verlauf der Ratenbelastung bei verschiedenen Finanzierungskombinationen unter Einschluß der konkreten steuerlichen Belastungen eines Kreditnehmers und bei Zugrundelegung verschiedener Marktzinsverläufe
(3) Alternativberechnung bei identischem Finanzierungsbedarf mit den gleichen Ratenverläufen bzw. alternativen Ratenbelastungen
(4) Darstellung des Vergleichs und Bezug auf die voraussichtliche Entwicklung des verfügbaren Einkommens eines Haushaltes
(5) Vergleich bestimmter Angebote mit marktdurchschnittlichen Preiskonstellationen und Darstellung von Finanzierungsverlusten gegenüber dem Marktdurchschnitt
(6) Berechnung zur Bewertung von Eigenleistung nach Marktdurchschnittsdaten (Berücksichtigung verfügbarer Freizeit, verfügbarer Arbeitskraft und Qualifikation)
(7) Bereitstellung von Berechnungsmöglichkeiten, zur Wertberechnung eines erstellten Neubaus entsprechend seiner Ausstattung im jeweilgen Baugebiet,
(8) Zusammenstellung *aller* anfallender Kosten

Das Programm hat hierzu EDV-technisch entsprechende Erfassungsbildschirme mit Hilfefenstern und Plausibilitätskontrollen von Eingaben und verfügt über Datenbanken mit Marktdurchschnittsdaten, Zinssätzen und Hauswerten, die einerseits zentral fortgeschrieben, zum anderen aber auch in der jeweilgen Beratungsstelle angepaßt werden. Außerdem soll das Programm über einen Editor mit Musterbriefen verfügen, in dem die gefundenen Ergebnisse übersichtlich und eventuell sogar graphisch dargestellt werden, damit der Bauwillige bzw. zum Erwerb entschlossene Käufer eine tragfähige Grundlage für seine Entscheidung erhält.

b) Haushaltsberatung
Zur Baufinanzierungsberatung gehört auch die Finanzberatung für den Haushalt. Hier werden sämtliche Ausgaben und Einnahmen eines Haushalts erfaßt. Durch Zusammenarbeit mit einer allgemeinen Finanzberatung bzw. durch die Nutzung vorhandener Finanzberatungsprogramme im System CALS ist es darüberhinaus möglich, Einsparungsalternativen in einem Haushalt sowie die Auflösung vorhandener Anlagen für den Einsatz in der Baufinanzierung durchzurechnen. Wichtig ist bei dieser Beratung, daß sie objektiv erfolgt und dem Verbraucher die besonderen Belastungen und Risiken der zusätzlichen Übernahme monatlicher Verpflichtungen im konkreten Einzelfall vor Augen führt. Das Programm bietet zugleich die Möglichkeit, bei Baufinanzierungen in Krisenfällen die Möglichkeiten eines Haushaltes zu ergründen, tragfähige Angebote an die Bank für eine Bereinigung der Probleme zu bieten. Da in einem Haushaltsberatungsprogramm ohnehin alle Haushaltserfassungsdaten eingegeben werden müssen, ist mit diesem Programm auch eine konkrete Berechnung der Grundlagen steuerlicher Vorteile möglich, so daß Fehlinformationen korrigiert werden können.

c) Rechtsberatung
Das Programm wird ergänzt durch die FIS-Datenbank, die nach Stichworten jeweils aufgerufen werden kann und die wichtigsten gesetzlichen Vorschriften sowie Anordnungen der Kreditaufsicht zur Baufinanzierung einschließlich der steuerrechtlichen Vorschriften enthält. Außerdem sind, wie im bisherigen System der Konsumkreditberatung, die wichtigsten Urteile des BGH zur Baufinanzierung nach Stichworten aufgelistet im Volltext vorhanden, damit zu den Grundfragen für Preisauszeichnung, Beratungsverschulden, Kündigung, Abwicklung gescheiterter Kreditbeziehungen, Zwangsvollstreckung in ein Grundstück etc. das rechtliche Wissen verfügbar ist.

In technischer Hinsicht ist die Möglichkeit gegeben, die nach Stichworten aufgelisteten Textblöcke auf dem Bildschirm zu lesen, zum anderen unmittelbar auszudrucken oder aber einem Musterbrief einzugeben.

Das Finanzierungsberatungssystem ist so ausgelegt, daß es die zur Beratung eingegebenen Daten ohne Identifikationsmöglichkeiten des Ratsuchenden speichert. Da mit dem System Verbraucher in allen Phasen der Finanzierung beraten werden sollen, gibt das System damit eine Möglichkeit, empirische Erhebungen über Anbieter- und Verbraucherverhalten, über Tendenzen in der Baufinanzierung sowie über gefährdende Formen zu geben. Nach Installation eines solchen Programms sind damit empirische Erhebungen wie in dem vorgelegten Gutachten auf einer unvergleichlich größeren Datenbasis möglich und wiederholbar.

2. Der Einsatz des Baufinanzierungsberatungssystems in den verschiedenen Finanzierungsphasen

a) Planungsphase

Es ist wünschenswert, daß Bauwillige sowie Mieter, die den Erwerb einer Eigentumswohnung planen, sich vor Abschluß der Finanzierung kompetent beraten lassen. Entsprechende Hoffnungen waren auch im Bereich der Konsumentenkreditfinanzierung schon vor Jahren geäußert worden.

Die Praxis zeigt allerdings, daß nur wenige der potentiell gefährdeten Verbraucher von einer objektiven und neutralen Möglichkeit der Beratung Gebrauch machen, selbst wenn sie, wie dies im Konsumentenkredit der Fall ist, unentgeltlich erfolgt.

Der Grund dafür, daß Verbraucher eine Beratung erst aufsuchen, wenn die ersten Probleme aufgetreten und die Finanzierung längst vertraglich vereinbart ist, liegt zum einen darin, daß Probleme erst als solche identifiziert werden, wenn sie konkret erfahren worden sind. Deshalb muß sich jedes Beratungssystem darauf einstellen, einen Schwerpunkt auf Problemberatungen zu legen.

Ein zweiter Grund der Beratungsabstinenz in der Planungsphase liegt darin, daß, wie auch die vorliegende Aktenauswertung gezeigt hat, gerade die problematischen Bauentschlüsse in Zusammenarbeit bereits mit dem Vermittler des späteren Finanzierers erfolgten. In dieser Kooperation glaubt sich jeder Verbraucher von kompetentem Fachwissen assistiert. Alle die von ihm vorgestellten Probleme wird der Vertreter in der Regel lösen bzw. Lösungsmodelle anbieten. Es entsteht damit keinerlei Problemdruck, eine unabhängige Beratungsstelle aufzusuchen. Hinzu kommt, daß in aller Regel der Verbraucher nicht einmal über die Finanzierungsdaten verfügt, bevor er seine Unterschrift unter die Vertragsangebote setzt.

Diese Erfahrungen aus der Konsumkreditberatung müssen nicht unbedingt vollständig auf die Baufinanzierung übertragbar sein. In der Baufinanzierung ist jedem Verbraucher deutlich, daß er hohe Risiken eingeht und sich auf lange Sicht verschuldet. Daher dürfte hier das Verlangen nach unabhängiger Beratung eher zu wecken sein.

Darüber hinaus könnte durch eine Auswertung gescheiterter Baufinanzierungen und eine ständige Information über mögliche Problemschwerpunkte, wie sie die Speicherung der Daten im Beratungssystem erlauben würde, das Problembewußtsein erheblich vergrößert werden können. Weiter wäre notwendig, daß die Konditionen der einzelnen Finanzierung dem Bauherrn dokumentiert zur Verfügung gestellt werden, bevor ein bindendes Angebot des Verbrauchers abgegeben worden ist. Zu einem solchen Verhalten könnten sich die Anbieter selbst verpflichten. Nur durch eine solche Überlegungsfrist, deren spezifische Ausgestaltung bei den Regulierungsvorschlägen noch erörtert wird, würde eine Präventivberatung so unterstützt, daß ein Beratungsangebot in der Planungsphase auf entsprechende Nachfrage stoßen könnte.

b) Anpassungsphase
Der Schwerpunkt der Beratungsnachfrage gefährdeter Kreditnehmer wird aller Voraussicht nach in der Anpassungsphase gestörter Finanzierungen liegen. Unabhängige Beratung würde zusammen mit der Erfahrung, die Berater aus einer Vielzahl von Beratungen sowie aus laufender Fortbildung hätten, Möglichkeiten eröffnen, weit mehr gefährdete Baufinanzierungen »zu retten«, als dieses durch das nicht uneigennützige Beratungsverhalten der Vermittler geschieht. Zinskumulationen und die Verschiebung von Problemsituationen in die Zukunft könnten ebenso vermieden werden wie unsinnige Umschuldungen oder das Beharren auf letztlich nicht mehr durchführbaren Finanzierungsmodellen.

In der Anpassungsphase könnten auch die Fälle identifiziert werden, bei denen eine sofortige Rückabwicklung die Folgeprobleme für den Verbraucher gering halten würde. Lebenslange Verschuldung könnte eher vermieden werden.

Wesentlich ist, daß die Berater, die in dieser Phase beraten, eine hohe rechtliche Kompetenz haben, damit zumindest die vom Gesetz und Recht bereitgestellten Hilfen zur Korrektur nicht angepaßter oder überhöhter Konstruktionen genutzt werden können. Das hierfür ein Bedarf besteht, haben die Ausführungen etwa zur Verzugszinshöhe, zur Zinseszinsnahme sowie zu nicht rückerstattetem Disagio bei kurzfristigen Zwischenkrediten deutlich gemacht.

3. Phase endgültigen Scheiterns

Auch bei bereits gescheiterten Kreditbeziehungen ist der Einsatz eines kompetenten Beratungssystem durchaus noch sinnvoll. Mit dem Finanzberatungsprogramm können insbesondere Vergleichs- und Schuldentilgungspläne aufgestellt werden. Es kann aber zugleich die gesamte Kreditbeziehung überprüft werden, um damit Argumente, aber auch Rechte deutlich zu machen, mit denen ein vernünftiges Nachgeben der Anbieter stimuliert werden kann.

Eine solche Beratung wird in vielen Fällen, wie die Erfahrung etwa amerikanischer Schuldenberatungssysteme zeigt, den Verbraucherkonkurs überflüssig machen. Wenn der Entwurf eines Verbraucherkonkurses, wie ihn das Bundesjustizministerium vorgelegt hat, verwirklicht wird, wird eine solche Beratung ohnehin erforderlich sein, da das zukünftige Verfahren solche Schuldentilgungspläne vorsieht. Schon heute gibt es eine große Anzahl von Beratungsersuchen gescheiterter Baufinanzierungen bei den Verbraucher-Zentralen, die zum Teil mit dramatischer Dringlichkeit vorgetragen werden. Ohne ein EDV-gestütztes Beratungssystem und entsprechende Schulung der Mitarbeiter kann jedoch eine solche Beratung nicht kompetent geleistet werden. Die Ablehnung der Beratungsersuchen in Verbraucher-Zentralen ist somit zwar bedauerlich, jedoch notwendig.

Die Lücke zwischen erwünschter, jedoch nicht angebotener Beratung wird zum Teil durch dubiose »Schuldenregulierungsfirmen« ausgefüllt, deren Zahl auf weit über 500 im Bundesgebiet angestiegen ist. Diese Schuldenregulierungsfirmen, die in der Regel unter Verstoß gegen das Rechtsberatungsgesetz tätig sind, erreichen häufig nur, daß ihre eigenen überhöhten Dienstleistungspreise beim Verbraucher zusätzlich eingetrieben werden, ohne daß eine Schuldensanierung erfolgt. Allein um solchen Geschäftemachern das Handwerk zu legen, wäre eine für den Fall des Scheiterns von Baufinanzierungen kompetente neutrale Baufinanzierungsberatung erforderlich.

C. Schutzrechte im Bereich der Baufinanzierung

Es gibt verschiedene Formen möglicher Regulierungen im Bereich der Baufinanzierung zur Verhinderung ihres Scheiterns. Neben den traditionellen Möglichkeiten der Gesetzgebung oder den Anordnungen der Kreditaufsicht haben Selbstbindungsrichtlinien der Wirtschaft an Bedeutung gewonnen. Gerade im Finanzdienstleistungsbereich werden, z. B. auf EG-Ebene, Vorschläge zur Selbstregulierung der anbietenden Wirtschaft erarbeitet, die mit der Drohung, anderenfalls gesetzlich einzugreifen, durchgesetzt werden.

Aus einer verbraucheroptimalen Sicht wären folgende Regulierungen für die verschiedenen Phasen eine sinnvolle Unterstützung einer Baufinanzierungsberatung.

I. Planungsphase

Der Bauwillige bzw. Erwerber braucht in der Baufinanzierung weit stärker noch als in der allgemeinen Kreditfinanzierung des Konsums eine Überlegungsfrist, in der ihm die konkreten Bedingungen der Baufinanzierung bereits dokumentiert vorliegen, so daß er sie von einer unabhängigen Stelle überprüfen, nachrechnen und auf seine konkreten Verhältnisse beziehen lassen kann. Im wesentlichen bieten sich zur Gewährleistung eines solchen Rechtes zwei Wege an:

1. Widerrufsrecht innerhalb einer Woche vor Auszahlung der Darlehensvaluta

Entsprechend dem Haustürwiderrufsgesetz und § 7 VerbrKreditG könnte dem Verbraucher ein gesetzliches Recht zum Widerruf von eingegangenen Baufinanzierungen binnen einer Woche nach Vertragsabschluß eingeräumt werden, soweit noch keine Auszahlung der Darlehensvaluta erfolgt ist. Der Vorteil einer solchen Konstruktion läge darin, daß in einer Beratungseinrichtung der Verbraucher selber die Konditionen, die er auch tatsächlich in Anspruch nehmen kann, beurteilen könnte. Der Nachteil läge darin, daß Konkurrenten die Frist nutzen könnten, indem sie die Beratungsinvestitionen des Erstanbieters durch Abgabe geringfügig günstigerer Angebote zunichte machen. Dies kann allerdings auch positive Wirkungen haben, weil durch ein solches Verfahren überhaupt erst ein relevanter Preiswettbewerb in diesem recht undurchsichtigen Bereich entstehen würde. § 3 Abs. 2 Nr. 2 VerbrKreditG sollte entsprechend die Ausnahme für Hypothekenkredit streichen.

2. Vorausgehendes bindendes Angebot

Der französische Gesetzgeber hat bei Abzahlungskäufen und finanzierten Abzahlungskäufen einen anderen Weg eingeschlagen. Dort ist gesetzlich verankert, daß der Verbraucher das Recht hat, von dem Anbieter ein den Anbieter selber für eine Woche bindendes Angebot zu verlangen. In dieser Woche kann er dieses Angebot auch nicht selber bindend annehmen, so daß im Ergebnis die gleichen Effekte wie beim Widerruf entstehen, mit dem Unterschied, daß die Probleme eines bereits geschlossenen Vertrages nicht vorliegen. Ein solches offre préalable könnte auch durch eine Selbstverpflichtung der Kreditwirtschaft den Verbrauchern angeboten werden. Versuche im Konsumkredit, solche Angebote auf vorgefertigten Formularen einzuholen, sind allerdings bisher am Widerstand der Anbieter gescheitert.

3. Konditionenangabe

Ein besonderes Problem der Beurteilung von Baufinanzierungen ist die undurchsichtige und z. T. mangelhafte Konditionenangabe. Dieses beginnt bei der Angabe des effektiven Jahreszinssatzes, der insbesondere bei Kombinationsfinanzierungen allein auf den Kreditteil bezogen ein falsches Bild von der Kostenstruktur des Kredites gibt. Deshalb sollte die Rechtsprechung, wie bereits zu § 138 BGB erfolgt, auch im Rahmen des Verbraucherkreditgesetzes solche Konstruktionen als Umgehungsversuche i. S. des § 18 VerbrKreditG anerkennen und die strenge Sanktion des § 6 VerbrKreditG auf den regelmäßig zu niedrig angegebenen effektiven Jahreszinssatz des Festkredits im Vergleich zur Gesamtkonstruktion der Bausparsofortfinanzierung ebenso wie des Kapitallebensversicherungskredits anwenden.

Inzwischen sind auch die einzelnen Kostenpositionen, wie sie in § 3 Verbraucherkreditgesetzentwurf für den Verbraucherkredit vorgesehen sind, auch im Hypothekenkredit anzugeben, leider jedoch durch den neuen § 3 Abs. 1 VerbrKreditG auf Druck der Wohnungsfinanzierer 1993 wieder eingeschränkt worden. Wesentlich wäre, daß Raten- und Tilgungspläne sowie die sonstigen Vertragsangaben vor Vertragsschluß dem Verbraucher zur Verfügung stehen. Im bisherigen System wird die Belastung häufig erst nach Vertragsschluß, wenn keine Änderungen mehr möglich sind, dem Verbraucher deutlich gemacht.

Einen Schritt weiter bei der Verbraucherinformation beim Vertragsabschluß geht der amerikanische Gesetzgeber, der die Formulare den Kreditgebern vorgeschrieben hat. Diese Formulare, die von allen Kreditgebern einheitlich benutzt werden müssen, sind inzwischen in der Öffentlichkeit so bekannt, daß ein direkter Vergleich der Zahlen, wie sie an den verschiedenen Stellen dieses Formulars einzutragen sind, dem Verbraucher die Auswahl erheblich erleichtern. Demgegenüber zeichnet sich die Formulargestaltung im Hypothekenkredit in der Bundesrepublik durch große Unübersichtlichkeit aus, weil jeder Kreditgeber sein Formular anders gestaltet.

Um die Vielzahl der Falschberatungen in der Planungsphase zu mildern, wäre es wünschenswert, wenn die Vermittler ihre ständigen Kooperationsbeziehungen zu bestimmten Anbietern von Anfang an offen legen. Der Schein einer unabhängigen Beratung würde dadurch abgebaut, und die Verbraucher wären kritischer. Zu erwägen wäre auch, bei den Vermittlern und Finanzberatern, ähnlich wie in anderen Berufen, einen Standeskodex zu entwickeln, der insbesondere die Interessenkollision bei Mehrfachvermittlung diskriminieren würde. Die Konzentration von Wohnungs-, Versicherungs- und Kreditmakler in einer Hand widerspricht den Erfordernissen eines wettbewerbsorientierten Marktmodells: Das Grundübel der

Falschberatung liegt aber sicherlich in der Provisionsabhängigkeit der Vermittlung. Diese Probleme können nur dadurch besser gelöst werden, daß die Vermittler bei Beginn ihrer Vermittlungstätigkeit ebenso wie die Anbieter gezwungen werden, ihre Konditionen offen zu legen und damit Kosten und Abhängigkeiten zu offenbaren.

4. Steuererleichterungen

Für eine angemessene Information des Verbrauchers über seine zukünftige Belastung ist es dringend erforderlich, daß die steuerrechtlichen Erleichterungen durchsichtiger und klarer werden und damit das Steuerrecht nicht länger für Falschberatungen mißbraucht werden kann.

Das vorliegende Material sowie die Modellberechnungen legen es dabei nahe, die Steuervergünstigung für Bausparbeiträge und Kapitallebensversicherungsprämien im Rahmen der Vorsorgepauschale entweder ersatzlos zu streichen oder das vom Gesetzgeber im Einkommensteuergesetz vorgesehene Anrechnungsverbot bei Kreditierung effektiver zu gestalten. Nach der bisherigen Rechtsprechung des Bundesfinanzhofes sind nämlich Kombinationsfinanzierungen durchaus rechtlich als Vorsorgeleistungen absetzbar, obwohl es sich wirtschaftlich hier nicht um Vorsorge, sondern um eine Kreditrückzahlung handelt. Wenn in der Öffentlichkeit deutlich wird, daß Kreditfinanzierungen nicht über diese Vorsorgepauschale steuerlich begünstigt werden können, kann auch die Illusion besonderer Steuervorteile über solche Konstruktionen nicht aufkommen.

Die Werbungskostenanrechnung für Zinsen ist irrational, wenn sie zwischen dem Zeitpunkt vor und nach dem Einzug unterscheidet. Sie zwingt Bauherren mit hoher Selbstbeteiligung zur künstlich aufrechterhaltenen doppelten Haushaltsführung. Sie ist darüberhinaus sozial ungerecht, weil die Besserverdienenden hohe Subventionen, in Not geratene (ohne steuerpflichtiges Einkommen) keinen Zuschuß erhalten. Dies ist mit dem Sozialstaatsgebot nicht vereinbar. Die Abschreibesubventionen sollten bei selbstgenutztem Wohnraum durch (auch in Zukunft noch verrechenbare) Steuergutschriften ersetzt werden, deren absolute Höhe sich an dem Wohnbedarf der Familie und nicht am Einkommen orientiert.

II. Anpassungsphase

1. Zins-Caps und variable Konditionen

Besondere Probleme ergeben sich aus der variablen Gestaltung der Zinsbelastungen. Da das Zinsniveau in den letzten fünfzehn Jahren um fast 100 % geschwankt ist, bedeutet ein variabler Abschluß von Hypothekenkrediten, daß für die Verbraucher die Ratenbelastung nicht mehr kalkulierbar ist. Die Überwälzung des gesamten Zinsänderungsrisikos ist insbesondere bei solchen Haushalten, die knapp kalkulieren, kaum tragbar und hat in vielen der vorliegenden Fälle zumindest entscheidend mit zum Scheitern der Baufinanzierung beigetragen. Einer variablen Zinsgestaltung steht es dabei häufig gleich, wenn Baufinanzierungen, die mit der ersten Konstruktion keine vollständige Tilgung vorsehen, auslaufen und dann zu den neuen Marktbedingungen Anschlußfinanzierungen vereinbart werden müssen. Daher sind zumindest solche zu Festzinssätzen vereinbarte Finanzierungen einer variablen Zinsgestaltung gleichzuachten, deren Laufzeit unter 10 Jahren liegt.

Für variable Zinsvereinbarungen hat der amerikanische Gesetzgeber ein relativ einfaches marktkonformes Mittel gefunden, die Risiken in Grenzen zu halten. Er verpflichtet die Kreditgeber, einen Prozentsatz anzugeben, um den sich der Zinssatz maximal erhöhen kann (»Zins-Caps«). Dabei gibt es zwei Möglichkeiten, einmal die pro Jahr mögliche Zinserhöhung anzugeben und zum anderen die während der Gesamtlaufzeit eines Kredits mögliche Erhöhung auszuweisen (Per-Year-Caps und Life-Time-Caps). Der Gesetzgeber hat den Kreditgebern dabei nicht vorgeschrieben, wie hoch diese Zinsspanne sein darf. Da jedoch die Caps ausgewiesen werden müssen, hat sich in Bezug auf die Höhe der Caps ein Wettbewerb entwickelt, so daß man heute in den USA maximale Per-Year-Caps von 1–2 % und Life-Time-Caps von 3–5 % auf dem Markt vorfindet.

Solche Caps hätten auch für die Beratung in der Planungsphase den außerordentlichen Vorteil, daß mit der schlechtesten Variante der Kreditverlauf durchgerechnet werden könnte.

Das deutsche System, wonach nach der Rechtsprechung bei variablen Zinssätzen eine Erhöhung lediglich im Rahmen der Refinanzierungsverteuerung möglich ist, hilft angesichts der außerordentlich hohen Zinsschwankungen nur wenig. Zins-Caps würden das Risiko gleichmäßiger auf alle Kredite verteilen und damit das Scheitern von Baufinanzierungen reduzieren.

2. Zinseszinsverbot

Das Zinseszinsverbot, wie es im Bürgerlichen Gesetzbuch sowohl für den Verzugsfall als auch für den Fall vertraglicher Vereinbarung zukünftiger Zinsen verankert ist, wird in der Baufinanzierung nur sehr eingeschränkt beachtet. Dies führt zu z. T. verheerenden Zinskumulationen. Die Rechtsprechung zeigt die Tendenz, sich dieser faktischen Situation weit verbreiteter Zinsstundungsdarlehen anzupassen und sie anzuerkennen[1]. Eine Regelung, wie sie § 11 Abs. 2 VerbrKreditG vorsieht, wonach rückständige Zinsen nur mit einem gesetzlichen Zinssatz verzinst werden können, gelten nicht für den Hypothekenkredit.

3. Disagio

Besonders problematisch bei gescheiterten Baufinanzierungen erwies sich das Disagio. Das Disagio hat seine Ursache und Berechtigung heute allein noch in einer steuerrechtlichen Bevorzugung von Vorausleistungen bei der Baufinanzierung vor Einzug. Diese Bevorzugung ist wenig rational und undurchschaubar, weil die Banken bei festliegenden Laufzeiten den im Disagio vorauszuzahlenden Zins beim Nominalzins absichern. Wie hoch also das Disagio ist, hat nichts mit den notwendigen Vorausaufwendungen zu tun, sondern entspringt allein der steuerlichen Verrechenbarkeit der Parteien.

Das Disagio als verdeckter Vorauszins, wie es der Bundesgerichtshof erst kürzlich für kurzfristige Verträge deutlich gemacht hat, ist jedoch eine Quelle einer Vielzahl von Fehleinschätzungen, Falschberatungen und Verlusten im Störungsfall. Wenn der Steuergesetzgeber, wie dies bereits für die Anrechnung von kreditbezogenen Lebensversicherungs- und Bausparprämien ausgeführt wurde, auch bei im voraus gezahlten Zinsen die steuerliche Anrechenbarkeit abschaffen und dafür in entsprechender Proportion die fälligen Zinszahlungen vor Bezug eines Hauses bzw. einer Wohnung erhöht begünstigen würde, so würde das Disagio mit Sicherheit vom Markt verschwinden und eine wesentlich bessere Verbraucherinformation ermöglichen. Da die Rechtsprechung bereits den Einbehalt des Disagios bei vorzeitiger Kreditbeendigung ebenso wie die Risikotragung für das Disagio bei fehlgeschlagener Kreditauszahlung den Anbietern zugewiesen hat, reduziert sich das Interesse der Anbieter auf Gewährung eines Disagios ohnehin auf die Vermittlung solcher Steuervorteile.

---

1 Vgl. *Reifner*, Das Zinseszinsverbot im Verbraucherkredit, NJW 1992, 337.

III. Scheitern der Kreditbeziehung

Für das Scheitern der Kreditbeziehung sind die bisherigen Bedingungen nicht geeignet, eine vernünftige Sanierung zu bevorzugen. Von einem zukünftigen Verbraucherkonkurs, bei dem jedoch für den Schutz der Wohninteressen entsprechend den amerikanischen Vorbildern noch besser Sorge zu tragen wäre, sind hier wesentliche Erleichterungen zu erwarten. Eine grundsätzliche Begrenzung spekulativen leichtfertigen Zwangsverkaufs unter Marktpreis wäre die Einführung der Möglichkeit, durch Richterspruch nach französischem Vorbild die Kreditschuld auf den Verwertungserlös der Sicherheit zu begrenzen. Im einzelnen sind darüberhinaus folgende Vorschläge denkbar:

1. Verzugszinsproblematik

Die Verzugszinsen sind bei gescheiterten Konsumkreditbeziehungen vom Bundesgerichtshof auf den marktüblichen Zinssatz des Durchschnittsgeschäfts des entsprechenden Anbieters reduziert worden. Sie müssen danach variabel gestaltet sein. Dies hat zu einer erheblichen Reduktion der in AGB-vereinbarten Verzugszinssätze geführt. Für den Hypothekenkredit gilt diese BGH-Rechtsprechung jedoch nur eingeschränkt, da hier ein erhöhter Vertragszinssatz bis zum Ende der voraussichtlichen Laufzeit genommen werden kann. Der Grund liegt darin, daß im Hypothekenkredit im Unterschied zum Konsumkredit keine vorzeitige Kündigungsmöglichkeit im Sinne des § 609a BGB vorgesehen ist. Besonders teure Hypothekenkredite führen damit zu starren, der Marktentwicklung nicht angepaßten, langfristigen Möglichkeiten, hohe Verzugszinsen zu nehmen. Da dieser sachliche Unterschied nicht berechtigt erscheint, wäre es sinnvoll, die Regelung des Verbraucherkreditgesetzes, die zudem einfach handhabbar ist, auch auf den Hypothekenkredit anzuwenden. Dabei müßte der Verzugszinssatz nicht auf 5 %, sondern entsprechend dem niedrigen Zinsniveau im Hypothekenkredit auf 2 % über dem Bundesbankdiskont festgelegt werden.

2. Tilgungsverrechnung im Verzug

Es sollte auch im Hypothekenkredit eine Tilgungsverrechnung vorgesehen werden, bei der nach Scheitern der Kreditbeziehung der Schuldner durch vorrangige Verrechnung auf das Kapital die Chance erhält, einen wirklichen Abbau seiner Schulden zu erhalten. Nach dem jetzigen Modell werden gem. § 367 BGB alle Zahlungen zuerst auf Zinsen verrechnet. Da diese Zahlungen in der Regel nicht zur Tilgung der jeweils anfallenden Zinsen ausreichen, wächst die Gesamtschuld immer weiter an, so daß das entsteht, was man mit dem Begriff »Moderner Schuldturm« bezeichnet hat. Da im Konsumkredit § 11 VerbrKreditG Abhilfe geschafft hat, gibt es keinen vernünftigen Grund, warum in der Baufinanzierung nicht Ähnliches gelten soll, da man den Schulden nicht mehr ansieht, worin sie begründet waren. § 3 Abs. 2 Nr. 2 VerbrKreditG sollte Hypothekenkredite nicht mehr von der Bestimmung des § 11 ausnehmen.

3. Ausschluß des Rechtswegs durch Unterwerfung unter die sofortige Zwangsvollstreckung

Die Hypothekenfinanzierung ist, obwohl es sich hier um sehr hohe Summen handelt, in vieler Hinsicht der gerichtlichen Kontrolle entzogen. Grund dieses Entzugs ist die in der Praxis formularmässig vorzufindende Möglichkeit, notariell die Unterwerfung unter die sofortige Zwangsvollstreckung bezüglich des Grundstückes, das zur Sicherheit dient, sowie zusätzlich bezüglich der Vollstreckung in das gesamte Vermögen zu vereinbaren. Da dieses Grundstück in der Regel das wesentliche Vermögen der Kreditnehmer darstellt, bedeutet dieses, daß in der Baufinanzierung ein umfassendes Selbsthilferecht der Anbieter besteht.

Dieses Selbsthilferecht lastet als Drohung auf dem Kreditnehmer und behindert damit auch seine rechtliche Gegenwehr. Aus diesen Gründen ist es verständlich, warum eine Vielzahl von offensichtlichen Rechtsverstößen in den vorhandenen Akten nicht geahndet wurden, da die Einschaltung der Gerichte nur im Nachhinein und auf Initiative des Verbrauchers möglich ist. Ebenso wie im Konsumkredit wäre aber auch im Hypothekenkredit eine gerichtliche Überprüfung solcher Forderungen sinnvoll und notwendig, die von den Kreditnehmern zumindest teilweise bestritten werden. Die spezifische Berechtigung der formularmässigen Unterwerfung unter die sofortige Zwangsvollstreckung ist gegenüber anderen Gläubigern nicht einsichtig. Bei Sachsicherheiten besteht diese Möglichkeit ohnehin nicht. Im Interesse des Kreditnehmers wäre es daher empfehlenswert, § 800 ZPO, der eine formularmäßige Unterwerfung möglich macht, für vom Schuldner zu eigenen Wohnzwecken erworbene Grundstücke einzuschränken. Dieses Schutzprinzip für Verbraucher findet bereits in § 10 VerbrKreditG seinen Ausdruck, wonach die Rechtsverteidigung nicht durch Wechsel- oder Scheckhingabe beeinträchtigt werden darf.

Im Zwangsvollstreckungsverfahren von Grundstücken sollte im übrigen Berücksichtigung finden, daß eine Grundstücksverwertung unter den heutigen Bedingungen nur bei erheblichem Zeitaufwand und im freihändigen Verkauf die besten Möglichkeiten zur Schuldtilgung bietet. Beim Zwangsversteigerungsverfahren läßt sich nämlich nicht ausschließen, daß ein Anbieter dieses Verfahren beschleunigt betreibt, weil er nicht nur als Gläubiger, sondern eventuell auch als Erwerber des Grundstücks Vorteile hat. So kann das

Erwerberinteresse das Gläubigerinteresse überwiegen, so daß zu Lasten des Schuldners nur eine geringere als die mögliche Schuldtilgung eintritt.

D. Ergebnis

Zur Prävention des Scheiterns von Baufinanzierungen wurde ein unabhängiges, im Interesse der Verbraucher tätiges EDV-gestütztes Beratungssystem bei Baufinanzierungen entwickelt. Es soll Verbraucher-Zentralen, aber auch Mieterverbänden und anbieterunabhängigen Selbsthilfeinitiativen zur Verfügung gestellt werden, die sowohl in der Planungs- als auch in der Anpassungsphase und bei Scheitern des Kredites ökonomisch, soziologisch und juristisch fundierte Hilfe anbieten können.

Darüber hinaus wäre die Informationssituation im Hypothekenkredit entscheidend zu verbessern durch eine Vereinfachung der Steuergesetzgebung, durch Vorschriften über die tatsächliche Ratenbelastung und den Gesamtpreis bei Kombinationsfinanzierungen. Eine Reihe von weiteren Regulierungen, wie sie das Verbraucherkreditgesetz vorsieht, wären auch im Hypothekenkredit sinnvoll. Von daher würden es die Verfasser für möglich und sinnvoll halten, wenn die Ausnahmevorschrift des § 3 Abs. 2 Nr. 2 VerbrKreditG für den Wohnungsbaukredit gestrichen würde.[1]

Für variable Konditionen ließe sich eine Regelung nach dem amerikanischen Modell der Zins-Caps denken. Bezüglich der Verbraucherinformation und -beratung wären die Möglichkeiten des französischen offre préalable statt eines Widerrufsrechtes denkbar. Bei der Zwangsversteigerung sollte ein gerichtlicher Titel vorgeschrieben und die Möglichkeit der Schuldbegrenzung auf den Versteigerungserlös gegeben werden.

E. Notwendigkeit eines Umdenkens auf dem deutschen Baufinanzierungsmarkt

Die Entwicklung auf dem Markt für Wohnungsbaukredite hängt eng u. a. mit dem Wohnungs- und Baumarkt zusammen. Die schwierige **Situation auf dem Wohnungsmarkt** (u. a. steigende Mieten, höhere Nachfrage als Angebot von Wohnungen) führt dazu, daß Bevölkerungskreise angeregt bzw. genötigt werden, auf den Baufinanzierungsmarkt zu drängen, die es sich bisher und effektiv wohl auch in Zukunft bei normaler Lebensführung nicht

---

[1] Leider ist das Gegenteil der Fall. Mit der Novelle zum VerbrKreditG von 1993 wurden weitere Wohnungsbaukredite aus dem Anwendungsbereich dieses Schutzgesetzes ausgenommen.

leisten können. Ein typisches Beispiel ist hier die Werbung der Bundesregierung »Kauf statt Miete«, wo Mieter veranlaßt werden, eine Eigentumswohnung zu erwerben. In der Regel wird dieses durch bestimmte Kreditkonstruktionen gefördert (»Wohnen zu mietähnlichen Belastungen« etc.). Bedingt durch die Diskrepanz von Angebot und Nachfrage steigen die Bau- und Wohnungspreise. Zum Beispiel kostet der Bau eines Einfamilienhauses bereits etwa 500 000,– DM.

Die steigenden Kauf- und Baupreise stehen im Widerspruch zu den Finanzierungsmöglichkeiten der privaten Haushalte. Ein wesentliches Problem auf dem Baufinanzierungsmarkt entsteht durch seine **Ausrichtung auf Teilfinanzierungen**. Im Idealmodell besitzt der Kunde ein Eigenkapital von 20 bis 30 % des Preises für z. B. den Bau eines neuen Einfamilienhauses. Im obigen Beispiel wären dies ein Eigengeld von 100 000,– bis 150 000,– DM. Für einen Normalverdiener stellt dieses eine utopische Summe dar (1990 durchschnittliche Vermögensbildung eines 4-Personen-Haushalts: 659,– DM pro Monat). Desweiteren wird die Möglichkeit der Eigentumsbildung durch hohe monatliche Kreditbelastungen eingeschränkt; die Hypothekenzinsen liegen derzeit um 9 % für Hypothekenkredite mit 100 % Auszahlung. Im obigen Fall müßte eine Familie für Zins und Tilgung monatlich 3 333,33 DM aufbringen (Preis: 500 000,– DM x 80 % Finanzierungsgrenze = 400 000,– DM x (9 % p. a. Zinsen + 1 % anfängliche Tilgung) : 12). Auch bei Eigentumswohnungen steigen die Kaufpreise so stark, insbesondere in Ballungsräumen, daß eine Teilfinanzierung des Objektes durch Kredit bereits hohes Eigengeld voraussetzt. Wenn dieses nicht vorhanden ist und die Bank trotzdem finanziert (Vollfinanzierung), häufig durch hierfür extra konstruierte Finanzierungsmodelle, kann der Weg zur Überschuldung des Kreditnehmers vorprogrammiert sein. Damit fällt der Kreditnehmer wieder aus dem System raus. Obdachlosigkeit und Nachfrage nach billigem Wohnraum, der kaum zur Verfügung steht, steigen. Eine Entlastung des Wohnungsmarktes ist somit nicht erreicht.

Diese Entwicklung steht auch im Widerspruch zur **Wohnungspolitik der Bundesregierung**, die eine verstärkte Förderung des Wohnungsbaus anstrebt. Der Fehlbestand, der nach unterschiedlichen Schätzungen zwischen 1,5 Mio. und 3,0 Mio. Wohnungen liegt, bedarf eine Fertigstellung von ungefähr jährlich bis zu 600 000 neuen Wohnungen. Hierbei wirken sich diverse Faktoren aus, u. a. potentielle Zuwanderungssalden von voraussichtlich mindestens 500 000 Personen p. a. sowie Binnenwanderungen von den neuen in die alten Bundesländer (vgl. H.-G. Guse, Perspektiven der Immobilienfinanzierung in Westdeutschland, in: Sparkasse 9/91 (108. Jg.), S. 396). Dies erfordert eine sehr hohe Steigerung der momentanen Wohnungsneubauten (siehe Tabelle):

Entwicklung der Neubauten von Wohnungen: 1970–1991

	1970	1980	1990	1991
alte Bundesländer	445 000	363 000	224 000	315 000
neue Bundesländer	66 000	102 000	60 000	N. N.

Quelle: Statistisches Bundesamt 1991

Öffentliche Mittel und Steuervergünstigungen können aber das fehlende Eigengeld nicht in ausreichendem Maße ersetzen. Außerdem verfehlen sie (zumindest zum Teil) ihre Wirkung, was die Sachvermögensbildung zeigt. So ist zu erwarten, daß die zusätzlichen Fördermittel zur Bildung von Eigentum durch höhere Preissteigerungen, u. a. für die Bauleistung, »verpuffen« (vgl. Monatsberichte der Deutschen Bundesbank, 44. Jg., Nr. 4, April 1992, S. 18). Die Notwendigkeit alternativer Konzepte steigt zusätzlich durch die dramatische Wohnungssituation in den neuen Bundesländern. Ihre spezifischen Probleme sind hierbei zu bedenken, da die Situation des Baufinanzierungsmarktes hier noch anders gestaltet ist. So besteht u. a. eine geringere Ersparnisbildung als in den alten Bundesländern, die Rückübertragung und Eigentumsansprüche ehemaliger Eigentümer durch die Auflösung der ehemaligen DDR sind noch ungeklärt und die Grundbuchämter sind nur bedingt funktionsfähig, da eine Vielzahl von Eintragungen in der ehemaligen DDR unkorrekt gehandhabt oder unterlassen wurden.

Eine wesentliche Verbesserung der Situation läßt sich zumindest auf mittelfristige Sicht nicht erwarten. Auch zusätzliche Faktoren, wie zum Beispiel das Umschichten und damit die Neuanlage von Vermögen durch eine prognostizierte starke Zunahme von Erbschaften (»Generation der Erben«), sollte nicht zu optimistisch bewertet werden. In welcher Höhe sich in Deutschland im kommenden Jahrzehnt die »Generation der Erben« positiv auf den Baufinanzierungsmarkt auswirken wird, ist noch schwer einzuschätzen. Fraglich ist, ob überhaupt vererbte Immobilien am Markt abgesetzt werden können, um wiederum freie Gelder für zukünftige Neubauten zu erhalten. Außerdem bleibt abzuwarten, in welcher Höhe die vererbten Barvermögen tatsächlich zur Baufinanzierung eingesetzt werden. Voraussichtlich werden die sozial schwächeren Haushalte davon keine merklichen positiven Entwicklungen verspüren, da zu beobachten ist, daß das ehemalige Prinzip des »Nachrückens«, wo eine Familie, die in eine größere Wohnung zieht, eine preiswerte Wohnung für andere freigibt, nicht mehr funktioniert (vgl. u. a. R. Stimpel, Der verbaute Markt, Villenglück und Wohnungsnot, Frankfurt/M. 1991).

Diese Entwicklungen bedeuten in ihrer Summme nicht, daß das Marktwachstum auf dem deutschen Baufinanzierungsmarkt eingeschränkt wird. Im Gegenteil, es wird ein jährliches Wachstum von bis zu 150 Mrd. DM erwartet (vgl. Th. Köpfler, a. a. O.). Die Problemvielfalt zeigt aber, daß auf dem deutschen Baufinanzierungsmarkt neue Wege zur Bewältigung der hohen Finanzierungserfordernisse und der Wohnungsprobleme gesucht werden müssen, wobei auf Seiten der Verbraucher als Kreditnehmer und als Mieter ein erhöhtes Schutzbedürfnis entsteht.